权威·前沿·原创

皮书系列为
“十二五”“十三五”国家重点图书出版规划项目

北京市哲学社会科学研究基地智库报告系列丛书

首都文化贸易蓝皮书

BLUE BOOK OF BEIJING INTERNATIONAL CULTURAL TRADE

首都文化贸易发展报告（2018）

RESEARCH REPORT OF BEIJING INTERNATIONAL CULTURAL TRADE (2018)

主 编／李嘉珊

社会科学文献出版社
SOCIAL SCIENCES ACADEMIC PRESS (CHINA)

图书在版编目（CIP）数据

首都文化贸易发展报告. 2018 / 李嘉珊主编. -- 北京：社会科学文献出版社，2018. 12

（首都文化贸易蓝皮书）

ISBN 978 - 7 - 5097 - 7217 - 1

Ⅰ. ①首… Ⅱ. ①李… Ⅲ. ①文化产业 - 研究报告 - 北京 - 2018 Ⅳ. ①G124

中国版本图书馆 CIP 数据核字（2018）第 280342 号

首都文化贸易蓝皮书

首都文化贸易发展报告（2018）

主　　编 / 李嘉珊

出 版 人 / 谢寿光

项目统筹 / 蔡继辉

责任编辑 / 吴　丹　朱子晔　李吉环

出　　版 / 社会科学文献出版社 · 皮书研究院（010）59367092

地址：北京市北三环中路甲 29 号院华龙大厦　邮编：100029

网址：www. ssap. com. cn

发　　行 / 市场营销中心（010）59367081　59367083

印　　装 / 三河市龙林印务有限公司

规　　格 / 开 本：787mm × 1092mm　1/16

印 张：20　字 数：299 千字

版　　次 / 2018 年 12 月第 1 版　2018 年 12 月第 1 次印刷

书　　号 / ISBN 978 - 7 - 5097 - 7217 - 1

定　　价 / 109. 00 元

皮书序列号 / PSN B - 2018 - 782 - 1/1

为贯彻落实中共中央和北京市委关于繁荣发展哲学社会科学的系列指示精神，北京市社科规划办和北京市教委自2004年以来，依托首都高校、科研机构优势学科领域，建设了一批北京市哲学社会科学研究基地。研究基地在优化整合社科资源、体制创新、资政育人、服务首都改革发展等方面发挥了生力军作用，为首都新型高端智库建设作出了积极探索与贡献。

围绕新时期首都改革发展的重点热点问题，市社科规划办与社科文献出版社联合推出“北京市哲学社会科学研究基地智库报告系列丛书”，以推动研究基地成果深度转化，打造新型智库拳头产品。

首都文化贸易发展报告（2018）
编委会

撰　　稿（姓氏笔画排序）

马千惠　王伯港　王海文　孙　静　孙俊新
刘　淼　刘颖异　祁增华　杨树霞　李继东
李嘉珊　吴　茜　张　伟　张宇航　张家玲
陈　飞　郝京清　高　绮　粘　青　程　可
程相宾　靳　飞

主要编撰者简介

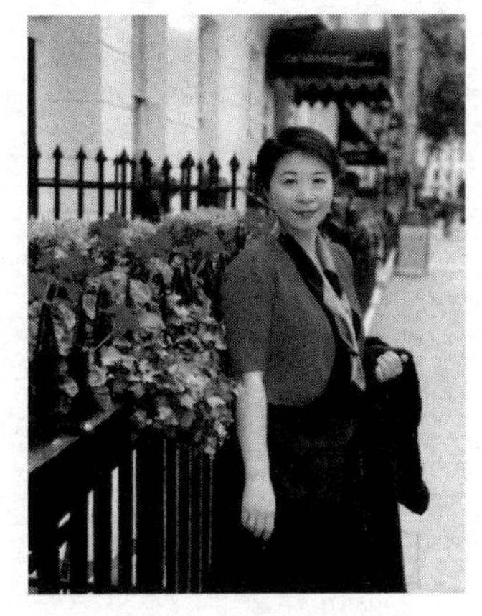

李嘉珊教授　北京第二外国语学院国家文化发展国际战略研究院常务副院长，首都对外文化贸易研究基地首席专家、国家文化贸易学术研究平台专家兼秘书长、国际服务贸易暨国际文化贸易研究中心执行主任，京剧传承与发展（国际）研究中心主任，兼任中国国际贸易学会专家委员会副主任、常务理事，英国纽卡斯尔大学、伦敦大学金史密斯学院客座研究员。

作为负责人主持并完成国家社会科学基金艺术学项目“国有表演艺术院团改革及其国际化发展战略研究”、北京市哲学社会科学规划重点项目“京津冀一体化背景下的对外文化贸易发展模式协同创新研究”、国家文物局委托项目“博物馆陈列展览质量提升研究”、北京市哲学社会科学规划项目“首都文化贸易现状及发展对策研究”等20余项，多项研究成果被采纳。出版学术专著《国际文化贸易论》《国际文化贸易研究》，主编社会科学文献出版社文化贸易蓝皮书系列“中国国际文化贸易发展报告”“首都文化贸易发展年度报告”（2008年至2018年）等，并作为总主编策划、组织、编撰“‘一带一路’沿线主要国家文化市场研究系列丛书”，编著《中国文化贸易经典案例研究》《各国驰名院团发展研究－改革与创新》等，编著高等教育出版社国际文化贸易系列教材《中国对外文化贸易概论》等。发表学术论文《演艺进出口：贸易标的独特属性及发展趋势》《“一带一路”倡议背景下中国对外文化投资的机遇与挑战》等30余篇。学术专著《国际文化贸易论》荣获商务发展研究成果奖（2017）论著类二等奖。

摘　要

2017 年，首都文化贸易发展态势良好，文化政策逐渐完善，产业基础不断夯实，外向型民营企业迅速成长，海外投融资建设卓有成效。本报告主要以 2017 年首都文化贸易的理论探索与发展实践为研究对象，结合北京作为全国文化中心的特殊优势、京津冀一体化的实施进程以及“一带一路”倡议带来的机遇与挑战，从宏观与微观两个维度对首都文化贸易的发展状况进行研究，在归纳其发展特点、研判发展趋势的同时形成具有前瞻性、务实性的对策建议，以期对“十三五”时期首都文化贸易发展产生积极影响，进而为文化贸易发展提供智力支持。

《首都文化贸易发展报告（2018）》以 2017 年首都文化贸易发展研究总报告为开篇，概述了首都文化贸易发展的总体情况。在此基础上，通过分报告、年度专题篇、政策篇和比较与借鉴篇四个部分，综合运用实地考察与典型案例研究、文献数据分析与比较研究等方法，对首都文化贸易理论与实践中的热点问题进行探讨与剖析。

分报告从演艺、广播影视、图书版权、游戏产业、文化旅游和艺术品六个核心行业领域展开研究。总体而言，2017 年，北京上述六个行业领域发展势头向好，在对外贸易发展中各有特色和亮点，但仍存在贸易逆差、人才缺失、政策制度不完善等问题，本报告在进行分析、研判的基础上，给出具有针对性的意见和建议，以促进核心行业领域产业贸易的健康可持续发展。年度专题篇选取 2017 年度北京具有国际影响力的文化贸易热点问题进行研究，涉及京剧的国际传播与市场开拓，北京国际电影节的市场运作、产业升级与创新，首都国际交往中心建设，中华传统文化创造性转化与创新性发展以及冬奥会背景下延庆文化市场的发展多个专题。政策篇包括莫斯科市政府出版基金规划服务于整个首都文化国际发展的主要经验、北京文化保税区政策分析和北京服务业扩大开放试点对文化服务发展的影响。比较与借鉴篇研究芝加哥、伦敦和东京三个世界城市的文化发展成功案例，对北京作为国际化、特大型首都的高质量发展具有借鉴意义。

本报告基于交叉学科视角，关注首都文化贸易发展。在国家“十三五”规划、北京市“十三五”发展规划纲要中，文化发展作为重要目标与内容，为北京文化产业国际化发展带来了新的契机和挑战。在各项利好政策的推动下，北京作为首都正逐步发挥其在文化贸易领域的引领作用，也使本报告更具理论与实践价值。

关键词： 文化贸易　文化市场　北京

序　言

中国国际贸易学会会长　王俊文

改革开放40年来，中国特色社会主义文化事业不断发展，文化产业也蒸蒸日上。特别是近年来，随着改革开放的进一步深化，文化产业已经成为人民过上美好生活、经济转型发展的重要因素。

国民经济与社会发展的“十三五”规划将“文化产业成为国民经济支柱性产业，中华文化影响持续扩大”作为重要目标。随着中国特色社会主义进入新时代，我国文化产业发展正进入结构性调整阶段。党的十九大报告十分重视我国文化产业的发展，提出了“健全现代文化产业体系和市场体系，创新生产经营机制，完善文化经济政策，培育新型文化业态”的总体指导方针，为我国文化产业的发展指明了方向。

新时代文化的主要矛盾已经发生根本性变化，而要有效解决这些矛盾就需要我们站在历史的新起点上，以习近平主席的“四个自信”为指导，采取新理念、新思路和新方法，规划和构建我国文化产业的新格局。

我国文化产业以供给侧结构性改革促进和引导大众文化消费需求、实现创新发展的趋势充分凸显，创新驱动的效用也进一步增强。国家统计局数据显示，2017年全国规模以上文化及相关产业企业实现营业收入近9.2万亿元，比上年增长10.8%。另据国家工商总局统计，截至2018年2月底，全国文化及相关产业企业数量为341.81万家。

作为国际贸易的重要组成部分，文化贸易已经成为当今世界贸易的重要领域之一。我国主要文化产品和服务进出口金额迅速增长，根据商务部发布的数据，2017年我国文化贸易总额为1265.1亿美元，同比增长11.1%。其中，文化产品进出口总额为971.2亿美元，同比增长10.2%；文化服务进出口总额为293.9亿美元，同比增长14.4%。我国对外文化贸易结构呈现明显优化的调整趋势，文化产品出口模式也向着多元化的方向发展，文化内容、核心技术和标准的出口比例大幅度提高。

我们还必须看到，对外文化贸易的传统问题仍然存在，例如，文化服务贸易逆差大，2017年文化服务进口总额为232.2亿美元，出口总额为61.7亿美元，逆差达到170.5亿美元。此外，文化产业区域性发展不平衡，辐射不均匀、国际竞争力弱等是我们“构建文化贸易的新格局”需要解决的基础问题。

“一带一路”是习近平总书记统筹国内国际两个大局、顺应地区和全球经济合作潮流提出的宏伟构想。我国发布了一系列对外文化贸易政策，包括2014年《国务院关于加快发展对外文化贸易的意见》、2016年《开拓海外文化市场行动计划（2016—2020年）》和2017年《文化部“一带一路”文化发展行动计划（2016—2020年）》等，为促进对外文化贸易和“一带一路”人文合作发挥了重要作用。

“一带一路”与文化产业结合将产生巨大的发展空间。与此同时，有一点我们必须统一认识到：加强对外文化贸易的发展是中国走和平、包容、发展道路的必然选择。加强文化商品与服务的跨国贸易，加大文化产业的跨国投资力度，是一国提高本国的国际形象，推广和宣传本民族文化的最佳途径，也是形成多元、互相包容的全球价值观，实现文化认同基础上的国与国之间良性互动关系的主要手段。新时代中国特色大国外交要推动构建新型国际关系，推动构建人类命运共同体。文化贸易将是沟通中国人民的梦想同各国人民的梦想的重要桥梁。中国经济实力的增强要求提升与之匹配的中国文化的国际影响力，这将是我国优秀文化走向世界舞台、提高国家文化软实力的重要动力。

当前，经济全球化正在发生深刻变化，我国经济发展面临全面转型升级和提质增效，我国的改革开放也将步入一个新的升级时代。我国文化产业在不断壮大的同时也将迎来服务业的进一步开放。在未来的发展过程中，我国的对外文化贸易既面临开放的机遇，也面临全球化竞争的挑战。以全球化发展为目标，促进文化产品和服务形式多样化，开拓文化贸易发展思路，延展文化产业链和价值链，培养具有跨文化能力的专业队伍，将是我国文化产业发展和对外文化贸易不断扩大的根本出路。文化产业具有丰富的内涵与外延特性，中国文化源远流长、博大精深，对今天中国人的价值观念、生活方式和中国的发展道路具有深刻的影响，使“中国文化+”这个概念被赋予了无限的创新想象空间和潜力，也对推动世界文化的发展起到重大的作用。

《中国国际文化贸易发展报告（2018）》《首都文化贸易发展报告（2018）》等文化贸易系列蓝皮书，在国家和首都两个层面，展示了我国文化贸易取得的成果，汇集了专家学者对文化贸易发展的深度思考和战略判断，既有宏观研究，也有微观探索，是洞悉我国文化贸易发展的重要文献。系列蓝皮书即将付梓，在此，我代表中国国际贸易学会表示祝贺，也向以北京第二外国语学院为主体的多学科研究团队的不懈努力表示感谢，感谢他们在国际贸易研究领域对文化贸易研究做出的贡献，是他们丰富了我国国际贸易研究的理论与实务。值得一提的是，这是一个中国文化贸易研究领域最具“工匠精神”、最年轻、最具活力的学术机构。他们执着坚守、真诚努力十五年，致力于国际文化贸易理论与实践的研究，他们博采广取、兼收并蓄，形成了既有国际视野也有中国特色的研究体系。目前，以国家文化发展国际战略研究院这一实体机构为依托，首都文化贸易研究基地和国家文化贸易学术研究平台形成具有联动机制的创新型文化贸易学术服务综合体，成为中国最务实进取的文化贸易智库，并承担了促进中华文化复兴的“学术外交”角色，推动了中国与世界各国文化创意产业的合作。

目 录

Ⅰ 总报告

B.1 2017年首都文化贸易发展研究 …………………………… 李嘉珊 / 001

一 北京对外文化贸易发展概况 …………………………………… / 002

二 北京对外文化贸易发展特点 …………………………………… / 003

三 北京对外文化贸易发展成因 …………………………………… / 008

四 北京对外文化贸易发展展望 …………………………………… / 011

Ⅱ 分报告

B.2 首都演艺贸易发展报告 …………………………………… 张 伟 / 014

B.3 新时代、新广电、新起点：首都广播影视对外贸易发展报告 …………………………………… 李继东 吴 茜 / 033

B.4 首都图书版权对外贸易发展报告 ………………… 孙俊新 程 可 / 040

B.5 首都游戏产业对外贸易发展报告 …………………………… 孙 静 / 053

B.6 首都文化旅游服务贸易发展报告 ………………… 王海文 马千惠 / 067

B.7 首都艺术品对外贸易发展报告 …………………… 程相宾 粘 青 / 080

Ⅲ 年度专题篇

B.8 京剧的国际传播与市场开拓 …………………… 靳 飞 陈 飞 / 101
B.9 大师、大众、大市场：2017北京国际电影节 …………… 王伯港 / 119
B.10 发挥文化贸易优势，加强首都国际交往中心建设 …… 郝京清 / 130
B.11 推动中华传统文化创造性转化与创新性发展的经验做法研究
…………………………………………………………… 高 绮 / 146
B.12 紧抓冬奥会世园会机遇，推动延庆文化走出去
——延庆文化市场化路径初探 …………………… 祁增华 / 181

Ⅳ 政策篇

B.13 莫斯科市政府出版基金规划服务于首都文化
国际发展的主要经验 ………………………… 刘 森 张家玲 / 187
B.14 北京市文化保税区政策分析
……………………《首都文化贸易发展报告（2018）》课题组 / 200
B.15 北京服务业扩大开放试点对文化服务发展的影响
……………………《首都文化贸易发展报告（2018）》课题组 / 221

Ⅴ 比较与借鉴篇

B.16 芝加哥：传统工业型城市的文化转身 ………………… 杨树霞 / 243
B.17 伦敦：后工业时代的文化创意产业之都 ……………… 刘颖异 / 257
B.18 东京：世界城市文化经济发展的代表 ………………… 张宇航 / 269

Abstract …………………………………………………………… / 285
Contents …………………………………………………………… / 287

皮书数据库阅读**使用指南**

总 报 告

General Report

B.1
2017年首都文化贸易发展研究

李嘉珊*

摘 要： 2017 年，北京文化贸易规模持续增长，结构进一步改善，文化贸易交流平台作用逐渐显现，文化企业“走出去”优势明显，文化“引进来”模式不断创新。总体来看，北京文化贸易产业基础不断夯实，政策逐步完善，外向型文化企业成长迅速，海外投资深化“走出去”成效显著。其成因在于全国文化中心建设的推动、京津冀一体化的促进，以及“一带一路”倡议的助力。促进北京文化贸易发展，要创造更高品质更多样式的文化产品和服务，吸引和造就更多优质的文化市场主体，培育有支付能力和审美品位的消费群体，构建

* 李嘉珊，北京第二外国语学院教授，国家文化发展国际战略研究院常务副院长，首都对外文化贸易研究基地首席专家，国家文化贸易学术研究平台专家兼秘书长，研究领域：国际文化贸易等。

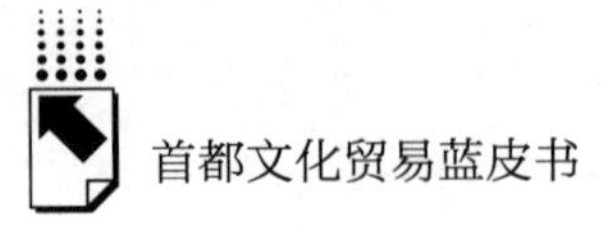

良好的市场内在运行机制，完善市场规则，充分利用文化保税政策。

关键词： 文化贸易　文化产业　北京

北京作为全国文化中心，是向世界展示中华文化魅力和社会主义文化繁荣发展成就的窗口。北京大力发展对外文化贸易，符合提高国家文化开放水平、增强文化软实力的时代任务，符合北京作为全国文化中心发挥示范带动作用的城市定位，符合北京迈向国际文化中心城市的建设目标，符合北京当前解决城市转型发展问题的内在需求。今天的北京正围绕“全国政治中心、文化中心、国际交往中心、科技创新中心”的定位站在新起点上，在吸纳资本、技术、人才等要素上占得先机。北京文化贸易呈现文化企业“走出去”优势明显、方式灵活多元、文化贸易交流平台作用逐渐显现、文化领域境外投资活跃、文化“引进来”模式不断创新等特点。发展文化创意产业与对外文化贸易对加快落实首都城市战略新定位，推进疏解非首都核心功能，构建“高精尖”经济结构，建设国际一流和谐宜居之都具有重要意义。

一　北京对外文化贸易发展概况

2017 年，北京市文化贸易进出口总额达 51.2 亿美元，同比增长 9.2%。其中，进口 29.1 亿美元，同比增长 5.8%；出口 22.1 亿美元，同比增长 14.0%。从具体分类来看，核心文化服务进出口总额 30.4 亿美元、增长 12.8%，进口 14.1 亿美元、增长 2.5%，出口 16.3 亿美元、增长 23.5%；核心文化产品进出口总额 20.8 亿美元、增长 4.3%，进口 15.0 亿美元、增长 9.1%，出口 5.8 亿美元、下降 6.2%（见图 1）。从文化产品和文化服务的贸易结构层面来看，北京市对外文化贸易结构有所改善。我国文化贸易结构长期以文化产品的进出口为主，联合国教科文组织认定我国自 2011 年起就已经成为全球“文化贸易第一大国”，而这几乎是因我国文化产品贸易对全球文化的贡献。2017 年，北京市核心文化服务的进出口增速（12.8%）明显快于核心文化产品的进出口增速（4.3%），文化服务贸易在北京市对外文化贸易中的比重和地位快速提升。相比文化产品贸易，文化服务贸易的发展程度更能体现文化软实力和文化内容竞争力。

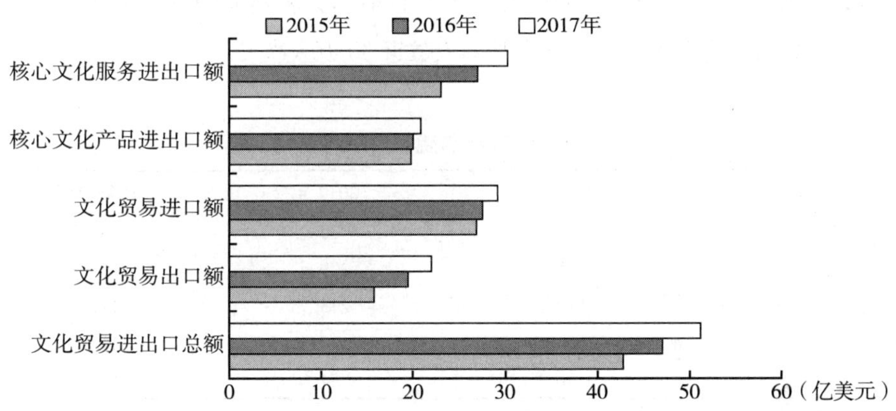

图 1　北京市 2015～2017 年文化贸易进出口额数据对比

资料来源：中华人民共和国商务部驻天津特派员办事处：《2017 年北京市文化贸易进出口总额保持增长》，http：//tjtb. mofcom. gov. cn/article/y/my/201802/20180202710149. shtml。

二　北京对外文化贸易发展特点

（一）对外文化贸易产业基础不断夯实

产业是贸易的基础，文化创意产业的深入发展直接推动对外文化贸易的繁荣发展。近年来，北京文化创意产业迅猛发展，取得了不俗的成绩。

一方面，文化创意产业的支柱地位更加稳固。2010～2017 年，北京文化产业增加值从 2010 年的 1697.7 亿元增加到 2017 年的 3908.8 亿元，累计增长

130.2%，居于全国首位。同时，核心文化产业发展迅速，文化创意产业迅猛发展，电影、动漫游戏等核心文化产业尤为突出。2012年，北京地区仅有的17条院线135家影院票房收入16.1亿元，到2017年，北京地区票房收入达到34.0亿元，电影票房收入增长88.0%（见表1）。第二十四届北京国际图书博览会（简称“图博会”）于2017年8月27日在北京闭幕。本届图博会共达成中外版权贸易协议5262项，同比增长4.9%。其中，达成各类版权输出与合作出版协议3244项，同比增长5.5%，达成引进协议2018项，同比增长3.9%，引进输出比为1∶1.61。[①] 在五天时间里，图博会展览展示了30多万种精品图书，举办了近千场文化交流活动，前来图博会参展参观的人数近30万人次。

表1　北京电影院线发展情况

指标名称	2012年	2017年	增减(%)
院线(条)	17	25	47.1
影院(家)	135	209	54.8
放映电影(万场)	119.9	273.7	128.3
观众(万人)	3752.6	7636.3	103.5
票房收入(亿元)	16.1	34.0	110.9

资料来源：依据北京市新闻出版广电局资料整理。

另一方面，文化创意产业的发展质量获得有效提升。北京发布实施文化创意产业功能区和产业提升规划，使全市文化创意产业结构和布局更加优化。国家文化产业创新实验区、国家对外文化贸易基地等重点园区的引领和辐射作用进一步凸显。文化科技“双轮驱动”战略深入推进，文化与科技、金融等行业融合发展成为潮流，“文化+”新兴业态不断发展，文化创新驱动格局初步形成，市场体系不断完善，文化产品和要素市场更加活跃，现代市场体系基本建立。[②]

① 路艳霞：《图博会达成版权贸易5262项》，《北京日报》2017年8月28日，http://bjrb.bjd.com.cn/html/2017-08/28/content_170518.htm。

② 中共北京市委宣传部、北京市发展和改革委员会：《北京市“十三五”时期文化创意产业发展规划》。

（二）文化贸易政策逐步完善

在国务院颁布《关于加快发展对外文化贸易的意见》两年后，2016 年 4 月，北京市政府办公厅发布了《关于加快发展对外文化贸易的实施意见》（以下简称《实施意见》），首次就对外文化贸易发展做出专项部署。《实施意见》确定了加快发展对外文化贸易的战略目标：到 2020 年，培育一批具有国际竞争力的外向型文化企业，形成一批具有核心竞争优势的文化产品和服务，打造一批具有国际影响力的文化品牌，使对外文化贸易额在北京市对外贸易总额中的比重明显提高，使文化整体实力和竞争力显著增强，使对外文化贸易在推动经济转型升级、树立北京城市品牌形象、建设国际一流和谐宜居之都方面的作用更加凸显。①

《北京市文化创意产业提升规划（2014～2020 年）》提出了构建“一核、一带、两轴、多中心”的空间格局和“两条主线带动、七大板块支撑”的产业支撑体系。其中，文化贸易是七大板块中的重要板块。文化贸易板块依托北京市众多金融机构总部、博物馆资源和国家级文化贸易口岸、原创艺术基地及传统文化艺术品展示交易中心，以天竺文化保税功能区为重要载体，大力集聚国内外文化贸易企业、人才等要素，建设交易平台、文物艺术品监管库、物流体系等配套设施，助力北京建设亚太文化艺术品交易中心。②

自 2011 年 10 月以来，原中华人民共和国文化部相继确立上海、北京、深圳为国家对外文化贸易基地。作为中国文化“引进来、走出去”的前沿阵地，国家对外文化贸易基地（北京）依托政策叠加的综合优势，经过一系列的国际交流和贸易活动，将中国文化推向海外，为众多海内外文化企业搭建全方位战略合作平台，推动对外文化贸易快速深度发展。文化保税区及自由贸易试验区成为对外文化贸易发展的重要推动力量。文化保税区的诞生也被赋予了国际文化贸易领域的中国特色。2017 年，国家对外文化贸易基

① 国务院：《关于加快发展对外文化贸易的意见》。

② 北京市国有资产监督管理办公室：《北京市文化创意产业提升规划（2014～2020 年）》。

地（北京）二期开工，与20余家中外企业签约合作，立足于建设成为国际影视贸易、国际文化产品展览展示与国际交流贸易方面的重要引擎，为推进国内文化产品与服务“走出去”以及国际文化产品与服务“引进来”发挥重要的平台作用。

（三）外向型文化企业成长迅速

作为全国文化中心，北京集聚了众多具有较强实力的大型文化企业集团和创新型文化企业。根据《2017—2018年度国家文化出口重点企业和重点项目名单》可知，北京市共有37家企业、18个项目入选，在全国的占比分别为12.54%和16.67%，数量均居全国省市首位。这些具有代表性的首都外向型文化企业“走出去”的步伐不断加快，推动中华文化加速“出海远航”。国有文化企业作为发展对外文化贸易的重要力量，积极参与国际文化市场竞争，其动漫、网络游戏、图书版权和电影等产品与服务出口贸易居全国前列，一批具有国际影响力的外向型文化企业正在蓄势待发，重点企业的国际竞争力在不断增强。

在由中非工业合作发展论坛、中国外文局北京周报社共同主办的“2017最值得向非洲推荐的100家中国企业”评选名单中，中国工艺品进出口总公司、北京四达时代通讯网络科技有限公司等文化贸易企业成为榜上亮点，入围的中国企业在非洲的发展将受到当地政府、中国驻非使馆、相关金融机构等政府以及社会组织的认可和支持。北京四达时代通讯网络科技有限公司由单一的设备提供商成功转变为集网络运营、内容提供、集成播控于一体的综合运营服务商，成为泛非洲地区最具潜力的数字电视运营商，每年营收超过5000万美元。北京四达时代通讯网络科技有限公司从数字电视投建入手，目前已在28个非洲国家注册成立公司，在其中16个国家开展数字电视运营，发展用户超过1000万人，成为非洲发展最快、影响最大的电视运营商之一。北京出版集团近两年来不断加大与“一带一路”沿线国家与地区发展版贸合作的力度，现已与马来西亚、越南、泰国、新加坡、印度尼西亚、黎巴嫩、俄罗斯、白俄罗斯、塞尔维亚、捷克、新西兰等多个沿线国家和地区建立了长期的合作关系。版权贸易的产品从单一的图书、期刊拓展为报纸、音像、电子产品等多种形态。

（四）海外投资深化“走出去”成效显著

对外文化投资是更加有效的文化“走出去”，随着中国经济结构调整和转型升级，文化贸易和投资增长的趋势得到了延续，对外文化投资可以有效打开当地文化市场，拓展海外市场规模，同时也能够深入发掘当地文化市场，最大限度地为文化产品和服务“走出去”创造适宜的市场环境。中国整体经济实力的提升刺激了外部强烈的文化需求，其他国家与中国合作的意愿普遍上升；文化产业发展也为对外文化投资奠定了坚实基础，“一带一路”倡议的实施为中国对外文化投资发展带来了巨大的政策助力。通过更加有效的对外投资方式，使文化资源在国际范围内得到更加合理的配置，促进中国对外文化贸易的进一步发展。近年来，北京地区文化企业海外投资逐渐增多，规模逐步扩大，重点项目不断涌现。[①] 据北京市商务委统计，2017年全年，北京市企业共对全球73个国家和地区的618家境外企业新增非金融类直接投资61.02亿美元，海外投资深化“走出去”成效显著。

北京四达时代集团在非洲卢旺达、几内亚、尼日利亚等10多个国家取得了有关数字电视的运营资质。北京四达时代通讯网络科技有限公司在非洲数字电视整转、运营业务方面发展迅速。截至2017年底，该公司已在非洲17个国家累计投资约25亿美元，开设了200个品牌展示厅、3000间便利店及5000家经销商，数字电视用户超过1000万人，成为非洲大陆主要的电视运营商之一。区别于其他中资企业在非洲多投资基础设施和制造业等传统行业，北京四达时代通讯网络科技有限公司以传媒为主体，以较低的价格为普通民众提供数字电视服务，成为中非人文交流合作的重要载体之一，在非洲引起较大反响。

① 李慧：《调结构 重质量 拓领域——盘点上半年文化贸易成绩单》，《光明日报》2018年8月22日，第15版。

三　北京对外文化贸易发展成因

（一）全国文化中心建设推动形成北京文化贸易新格局

党的十九大报告提出，当前我国社会主要矛盾已经转化为人民日益增长的美好生活需要和不平衡不充分的发展之间的矛盾。作为人民精神和文化需求的重要组成部分，文化产业及其相关的园区、示范区无疑将肩负重要的历史重任。2016 年，北京市人民政府发布《关于加快发展对外文化贸易的实施意见》，指出要“加快推进国家对外文化贸易基地（北京）建设”。2017 年，《北京城市总体规划（2016～2035 年）》明确指出要“发挥国家对外文化贸易基地等文化功能区的示范引领作用”。政策支持、企业加码使国家对外文化贸易基地（北京）建设进入加速阶段。据了解，国家对外文化贸易基地（北京）将被建设成为国际影视贸易、国际文化产品展览展示的重要引擎。

新时代全国文化中心建设激发了北京建设全国文化中心的市场活力，促进了对外传播、文化交流、文化贸易手段的创新。在全国文化中心建设的推动下，北京对外文化贸易得到新发展，以北京为中心，天津、河北为两翼，形成文化贸易协同创新发展新格局，北京率先建设成为京津冀都市圈文化市场中心，进而建设成为全国统一开放文化市场的中心，并推动自身成为国际文化交易中心，这是北京进一步彰显其新时代的全国文化中心地位的新作为。

在京津冀都市圈建设的进程中，历史与现实的诸多要素，以及北京建设“四个中心”的功能定位，都决定了北京必然担任京津冀都市圈文化市场中心的角色。同时，北京正努力建设成为全国统一开放文化市场的中心。全国统一开放文化市场的中心应该成为联结优质文化产品与文化服务的生产者、经营者、消费者的纽带。国际文化市场筛选出来的产品与服务必将具有更强的国际竞争力，从而推动北京成为国际文化交易中心。北京是中国的北京，更是世界的北京。随着国家“一带一路”倡议及京津冀一体化战略的实施，北京着力创新对外传播、文化交流、文化贸易手段，与“一带一路”沿线国家发展国际文化贸易，以市场为导向，以交易为手段，逐渐提升自身的国际影响力，打造文化贸易发展新格局。

（二）京津冀一体化推动对外文化贸易协同发展

2015 年 4 月 30 日，中共中央政治局召开会议，审议通过的《京津冀协同发展规划纲要》提出，京津冀整体定位是“以首都为核心的世界级城市群、区域整体协同发展改革引领区、全国创新驱动经济增长新引擎、生态修复环境改善示范区”。[①] 在新时代建设中国特色社会主义文化强国以及京津冀一体化战略的背景下，推动首都文化贸易发展，进一步提升区域开放水平，促进文化贸易发展，成为加快我国经济发展方式转变，推进全国文化大发展大繁荣的重要手段。

2017 年，京津冀协同发展获得重大突破。发挥京津冀地域相近、文脉相亲的地缘优势，统筹推动长城文化带、运河文化带、西山文化带建设，实现历史文化遗产连片、成线整体保护；推动公共文化服务共建共享，带动提升区域公共文化服务均等化、标准化水平；加强产业链上下游和区域分工协作，构建以重要城市为支点、以交通干线和高速公路为辐射带、文化要素有序流动的京津冀文化创意产业协同发展格局；推动建立文化旅游、体育赛事等协作机制，形成京津冀全方位、宽领域、多层次文化交流合作的良好局面。[②]

北京作为京津冀都市圈的核心城市，在我国对外文化贸易发展的过程中起到了至关重要的作用。北京通过将文化资源、人才、技术、资金等优势向天津、河北地区辐射，由点及面带动京津冀文化产业整体提升，形成有机联系的区域整体，从而实现京津冀对外文化贸易协同发展的目标。

北京对外文化贸易的相关资源统筹机制愈趋完善，通过对京津冀都市圈自然资源、人力资源、产业资源、文化资源等一系列要素的整合及相关信息的共享，构建了京津冀一体化发展的大平台。同时，市场融通促进了京津冀文化贸易一体化的发展。以发展彼此优势为基础，京津冀三地明确产业发展

---

① 中共中央政治局：《京津冀协同发展规划纲要》。

② 北京市人民政府：《北京市“十三五”时期加强全国文化中心建设规划》。

定位，推动产业转移对接，理顺产业发展链条，加快产业转型升级，打造立足区域、服务全国、辐射全球的优势产业集聚区。北京围绕全国政治中心、文化中心、国际交往中心、科技创新中心的定位发展探索，在吸纳资本、技术、人才等要素上占得先机。北京作为全国文化中心，是向世界展示中华文化魅力和社会主义文化繁荣发展成就的窗口。北京由于其作为全国文化中心发挥示范带动作用的城市定位，成为京津冀一体化发展的对外窗口和贸易入口。

（三）“一带一路”倡议助推北京文化贸易成长

随着“一带一路”建设的深入，中国在沿线国家的投资、贸易等方面取得巨大进展，沿线国家对中国文化及中国人民生活方式等方面的兴趣持续提升，对中国文化产品和服务的需求明显增加。“一带一路”沿线国家作为中国文化贸易对象国的重要性显著上升。中东欧国家普遍重视文化产业发展，又地处连接欧亚的枢纽位置，加之中国与中东欧国家形成的“16+1”合作机制也将成为“一带一路”倡议融入欧洲经济圈的重要接口、中欧四大伙伴关系落地的优先区域和中欧合作新增长极，因此，中东欧或将成为中国对外文化贸易的先发腹地。

“一带一路”作为中国首倡、高层推动的国家倡议，在首都文化贸易的发展进程中提供了机遇与挑战。北京在统筹规划、科学布局、聚焦内容主业的基础上，突出文化内涵，围绕演艺、电影、电视、广播、音乐、动漫、游戏、创意设计、艺术品及授权产品等核心文化领域，开拓完善国际合作渠道，推广民族文化品牌，鼓励文化企业在“一带一路”沿线国家和地区投资，鼓励国有企业及社会资本参与“一带一路”文化贸易。① 同时，在推动文创企业“走出去”的过程中，通过加大交流力度，北京与“一带一路”沿线国家的文化创意产业交流与互利合作得到加强。创新文创企业的对外文化贸易投融资服务，促进文化和资本市场深度对接，推动文化投资与文化贸易相互促进，能够为北京文化贸易发展提供有力支撑，进一步提升北京文创

① 中共北京市委宣传部、北京市发展和改革委员会：《北京市“十三五”时期文化创意产业发展规划》。

产业“走出去”的有效性和影响力。利用好大型国际化、综合性交易展会，能够促进京津冀文化创意企业和项目的国际合作及国际竞争力的不断提升。

四　北京对外文化贸易发展展望

在中国共产党第十九次全国代表大会上，习近平总书记在总结十八大以来中国发生的历史性巨变后指出，中国文化产业和文化建设仍需大步向前迈进。中国经济的快速发展使得中国拥有更高的国际地位，世界普遍希望更多地了解中国、认识中国，中国的文化形象也亟待为世界所认知，这说明中国对外文化贸易的发展恰逢其时。随着全球化程度的日益提高，各国文化发展顺应“天时地利人和”，不断探索、相互融通。

面向未来，不忘初心，持续探索，借鉴学习，兼收并蓄，包容发展。北京对外文化贸易的发展，从微观来看，要实现培育一批具有国际竞争力的外向型文化企业，形成一批具有核心竞争力的文化产品，打造一批具有国际影响力的文化品牌，搭建若干具有较强辐射力的国际文化交易平台的目标；从宏观来看，要达到使北京核心文化产品和服务贸易逆差状况得以扭转，对外文化贸易额在对外贸易总额中的比重大幅度提高，文化产品和服务在国际市场的份额进一步扩大，文化整体实力和竞争力显著提升的目的。①

展望未来，新时代发展对外文化贸易大有可为。“十三五”时期是我国全面建成小康社会的决胜阶段，是发展对外文化贸易的关键时期。加快落实政治中心、文化中心、国际交往中心和科技创新中心的新时期城市战略定位，着眼于有序疏解非首都功能，推进京津冀协同发展，将为首都文化创意产业与对外文化贸易提供更加广阔的发展前景，拓展更大的发展空间。②

第一，创造更高品质、更多样化的文化产品和服务。减少文化产业发展对末端文化产品本身的生产制作的依赖，重视上游文化内容创作，尤其是文

① 国务院：《国务院关于加快发展对外文化贸易的意见》。

② 中共北京市委宣传部、北京市发展和改革委员会：《北京市“十三五”时期文化创意产业发展规划》。

化服务的创作，有效推动文化版权进出口。

第二，吸引和造就更多优质的文化市场主体。积极推动文化市场中的混合所有制经济发展，充分发挥民营企业的创造性，激发国有文化企业的发展活力；挖掘潜在消费市场，吸收旅游市场消费者成为文化消费者，为北京文化市场创造可持续的消费需求。

第三，培育有支付能力和审美品位的消费群体。卖方向市场提供一定数量的商品后，还需找到既有需求又具备支付能力的购买者，否则商品交换无法完成，市场也就不复存在。消费者购买商品的愿望、要求和动机是真实地把消费者的潜在购买力变为现实购买力的重要条件。

第四，构建良好的市场内在运行机制。完善市场规则，充分利用文化保税政策，建立由政府引导的拥有自我调控与造血机能的市场运行机制。政府从长远发展和长效监督的角度制定与执行管理和支持政策，同时利用北京良好的区位优势，联通资源、渠道、政策，建立互补型的区域协同发展模式，充分发挥各门类企业的国际优势。

发展文化服务贸易是调整我国国际贸易结构的着力点，加强文化服务贸易的高质量发展和文化产品贸易的转型升级是一个漫长的过程。先成为京津冀文化市场中心，进而成为中国文化市场中心，最后成为国际文化交易中心，是北京进一步彰显其全国文化中心功能地位的不同发展阶段的三个发展目标，三者相互促进、互为前提。一是推动北京成为京津冀文化市场中心，以北京为总部基地，津冀分别为两翼，承接贸易供给与贸易渠道功能。二是将北京建设成为中国统一开放的文化市场中心，从内向外延伸，如同纽约是美国的文化市场中心，北京必然是世界第二大经济体——中国的文化市场中心，进而受到世界瞩目。三是推动北京成为世界的文化市场中心，从外向内聚焦，必然会提升北京的国际地位和文化品质。这是中华文化“走出去”“提质增效”的重要内容，促使中华文化步入新时代、努力新作为、彰显新气象。

在新的时代条件下，强化质量发展是对外文化贸易和投资发展的现实要求。北京要进一步夯实文化产业基础，推动文化贸易优化和升级，创新文化贸易发展模式，保持并提升文化贸易核心竞争力，同时对文化投资的投资领域、投资方式、投资主体进行有效引导，以“一带一路”建设为契机，开拓北京文化贸易和投资发展的新空间，以更好地实现中华优秀文化的对外传播。①

参考文献

李小牧、李嘉珊：《国际文化贸易——关于概念的总数和辨析》，《国际贸易》2007年第2期。

王海文：《国际文化贸易繁荣背景下的我国文化保税研究》，中国商务出版社，2015。

连玉明：《京津冀协同发展的共赢之路》，当代中国出版社，2015。

李嘉珊：《国际文化贸易论》，中国商务出版社，2016。

马臻郱：《数字媒体发展对戏剧演出创作及传播的影响》，《艺术教育》2016年第7期。

李渡石：《京津冀一体化背景下的对外文化贸易协同发展模式创新研究》，2016。

李冰燕、刘新霞：《京津冀一体化视角下文化产业整合优化发展》，《当代经济》2016年第16期。

陈静芳、陈淼、刘媛媛：《京津冀文化协同发展背景下影视基地产业集群建设必要性研究》，《视听》2016年第12期。

王海文：《以文化自信助推我国对外文化贸易的繁荣发展》，《国际贸易》2016年第10期。

王海文：《国际文化贸易大国的衡量维度与中国文化经济强国路探索》，《社会科学研究》2016年第5期。

李嘉珊：《北京文化“走出去”的理论探索与实践创新》，《人民论坛》2016年第12期。

李嘉珊、宋瑞雪：《“一带一路”倡议背景下中国对外文化投资的机遇与挑战》，《国际贸易》2017年第2期。

王海文：《我国文化贸易人才需求现状分析与展望》，《中国大学教学》2017年第1期。

李嘉珊：《首都文化贸易发展报告2017》，中国商务出版社，2017。

费春放：《“剧本戏剧”的盛衰与英国“国家剧院现场”》，《戏剧艺术》2017年第5期。

王林生、金元浦：《文化自信、文化协同与文化创新发展——2017年文化北京研究综述》，《北京联合大学学报》（人文社会科学版）2018年第1期。

① 张振鹏：《2018上半年文化旅游与文化贸易发展状况》，http://www.sohu.com/a/249846597_800278。

分 报 告

Lease Reports

B.2
首都演艺贸易发展报告

张 伟*

摘 要： 2017年，北京演艺市场稳中有增，不同类别的演出有不同程度的增长，演艺集群的发展和票务市场的复合化发展成为2017年北京演艺市场的亮点，而演艺对外贸易进口多于出口的顺差结构依然是现实情况，全国演艺市场的一体化趋势、国家更大力度的支持政策以及京津冀区域协同发展等都为改变北京市演艺贸易结构创造了更多可能，北京演艺贸易在不断面对问题、解决问题的过程中逐步实现优化升级。

关键词： 演艺贸易 演艺市场 北京

* 张伟，华谊兄弟实景娱乐发展合作部项目主管，研究领域：演艺对外贸易。

2018年，走过40年的中国改革开放为中国发展提供了源源不断的动力，中国的高速发展也为世界前进注入了强大力量。改革开放的40年，正是世界见证中国对外文化贸易从无到有、从浅到深、从弱到强蓬勃发展的40年。伴随中国综合国力的提升和文化的繁荣发展，中国国际贸易快速成长，中国文化产品和文化服务有了更加丰富的呈现，中国对外文化贸易正是在改革开放这一进程中不断成长起来的。中国的发展离不开世界，世界的发展也离不开中国。演艺也正是随着改革开放的推进从文化交流的主要载体逐渐发展成为文化产业及其对外贸易的一大核心领域的。

一　2017年首都演艺业发展概况

2017年，北京市共有140家营业性演出场所，各类营业性演出场次共计24557场，观众人数共计1075.80万人次，演出票房共计17.17亿元（见图1）。在演艺市场规模不断增长的背景下，北京演艺业呈现演艺产品与服务竞争力增强、演艺市场更加开放等特点。①

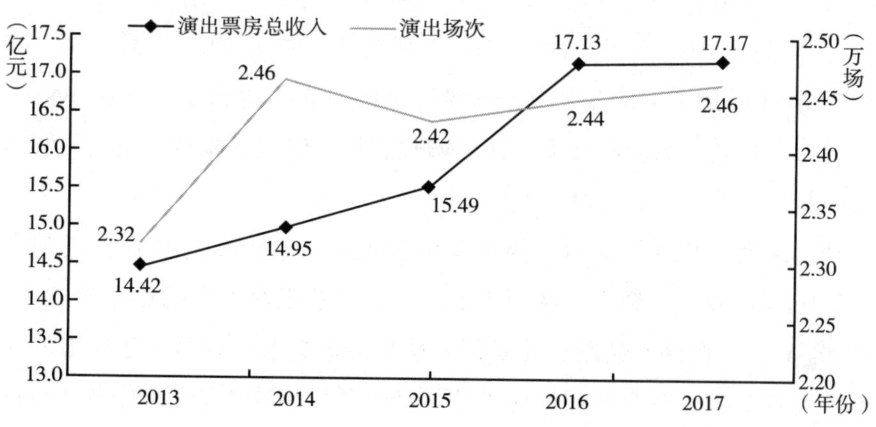

图1　2013～2017年演艺场次及演艺收入情况

① 资料来源：北京市演出行业协会，http：//www.bjycxh.com/news/251.html。

（一）演艺市场规模不断增长

2017年，全市140家营业性演出场所共计演出票房总收入达17.17亿元，比上年同期（17.13亿元）上升0.2%。其中，大型体育场馆在2017年共演出205场，票房共计5.80亿元，观众人数突破125万人次；大中型（600座位及以上）场馆对北京演出市场贡献最多，共演出6403场，观众人数接近495万人次，实现票房收入7.72亿元，占票房总收入的44.96%；小剧场演出以8199场居于首位，在总场次中的占比达到33.38%。有18家小剧场年演出场次超过200场，包括繁星戏剧村壹剧场、雷剧场等；年度演出场次超100场的小剧场数量达31家，占小剧场总数的50%以上，为活跃北京演出市场做出了重要贡献。北京旅游驻场演出场次为9325场，吸引观众约298万人，实现票房收入2.0亿元，与2016年基本持平。[①]

（二）各类演出发展不一

2017年，全市140家营业性演出场所共举办营业性演出24557场，比2016年的24440场略有增长，增幅达0.48%。北京市演出场所观众总人数在2017年达到1075.8万人次，2016年观众总人数为1071.4万人次，2017年比2016年增加了4.4万人次，增幅约为0.41%，达到近年来最高水平。

北京市演艺市场演出规模总体呈增长态势，但就具体某一门类的演出场次来说却是此消彼长。话剧、戏曲、舞蹈等演出场次均增长100场以上，成为推动演出增长的重要动力。各类演出中观众人数最多的是戏剧类和音乐类，2016年的观众人数在734万人次以上，占总观众人次的比重超过半数，达到68.51%。此外，话剧、儿童剧、马戏杂技魔术、演唱会等演出形式也受到消费者欢迎，观演人数分别超过了100万人。票房方面的分布又与观演人次有所不同，演出票房最突出的是演唱会、话剧，相比之下音乐会、旅游驻场演出的票房则略有下降。在2017年全部的演出场次中，戏剧类演出有

① 资料来源：北京市演出行业协会，http：//www.bjycxh.com/news/251.html。

12091 场，在总演出场次中的占比为 49.24%；戏剧演出吸引观众人数达 467.4 万人次，在北京演出市场总观众人人数中占比为 43.45%，成为北京市消费者观看演出的重要演出类型；戏剧演出票房收入同样表现良好，达到 5.59 亿元，在总票房中的占比达到 32.56%。①

1. 中国话剧诞生110周年，话剧演出市场活跃

2017 年是中国话剧诞生 110 周年，北京话剧演出共 4915 场，占演出总场次的 20.01%，比 2016 年增长 7.80%；吸引观众 190.3 万人次，比 2016 年增长 7.03%；票房收入达 2.92 亿元，占据整个演出市场票房收入的 17.01%，较 2016 年增长 12.30%。北京市文化局推出了“纪念中国话剧 110 周年演出季”活动，区政府如东城区人民政府与中国话剧协会等演艺行业组织共同举办了“纪念中国话剧诞生 110 周年暨戏剧东城 10 周年”品牌活动，这些都充分激发了话剧市场活力，满足了人民日益增长的美好生活需要。②

2. 儿童剧市场规模稳定

2017 年，北京市儿童剧共计演出 3848 场，与 2016 年的 3817 场相比略有增长，占据整个戏剧演出市场的 31.83%，吸引观众 145.1 万人次，票房收入 1.54 亿元，与 2016 年同期相比增长 42.20%，创历史新高。③

3. 戏曲市场观众培育成效显著

2017 年，戏曲演出了 2164 场，比上年增加 8.3%。观众数量为 89.1 万人次，比 2016 年同期的 84.9 万人次增长 4.95%；票房收入为 0.81 亿，比 2016 年同期增长 15.7%。北京市文化局积极落实《关于支持戏曲传承发展实施意见》，通过出台相应扶持政策，提高戏曲剧目比重。同时，传统戏曲积极与现代媒体融合发展，通过“直播 + 戏曲”的模式，让更多年轻人接触戏曲、了解戏曲，并进入线下现场欣赏戏曲。④

---

① 资料来源：北京市演出行业协会，http：//www.bjycxh.com/news/251.html。

② 资料来源：北京市演出行业协会，http：//www.bjycxh.com/news/251.html。

③ 资料来源：北京市演出行业协会，http：//www.bjycxh.com/news/251.html。

④ 资料来源：北京市演出行业协会，http：//www.bjycxh.com/news/251.html。

4. 音乐类演出票房下降，歌剧市场有所升温

2017 年，北京市音乐类演出 2364 场，吸引观众 266.9 万人次，票房收入达 8.19 亿元，比 2016 年略有下降。演唱会市场大幅度下降影响了整体市场，2017 年受大型体育场馆档期较少的影响，票房收入仅 5.11 亿元，同比下降 13.9%。音乐会全年演出 1307 场，比 2016 年减少 64 场。2017 年，歌剧演出场次 131 场，同比增长 4.0%；观众人次 18.5 万人次，同比增长 0.7%；票房收入 0.40 亿元，同期增长 13.8%。[①]

5. 舞蹈类演出表现强势

2017 年，舞蹈演出共 428 场，比 2016 年上涨 31.3%，吸引观众约 40.3 万人次，票房总收入约 0.77 亿元，比 2016 年增长 42.1%。天桥剧场、国家大剧院、北展剧场等多个场馆加大舞蹈市场开拓力度，积极发展舞蹈演出，引进立陶宛国家歌剧院芭蕾舞团、俄罗斯芭蕾国家剧院等众多国外知名团体，使演出场次均大幅增长。

（三）入京国外演出继续保持高态势

2017 年，港澳台地区文艺表演团体及个人在京演出 191 场，比 2016 年同期的 127 场增长 50.4%；观众数量为 60.9 万人次，比 2016 年同期增长了 68.7%；票房收入为 2.72 亿元，比 2016 年增长 38.8%。[②]

在 2016 年纪念莎士比亚逝世 400 周年演出高峰之后，2017 年，国外文艺表演团体及个人在京演出场次回归常态，共演出 1301 场，观众数量为 90.7 万人次，票房收入达 1.98 亿元。[③] 2017 年 5 月，北京市文化局审批并向外商独资演出经纪机构——龙之传奇（北京）国际艺术有限公司颁发首张外商独资“营业性演出许可证”，意味着北京市文化领域服务业扩大开放试点工作取得实质性进展，这是推动演出市场管理政策创新的重大举措。

2017 年北京市演艺市场音乐剧引入成绩依然不凡。北京市演艺市场

① 资料来源：北京市演出行业协会，http：//www.bjycxh.com/news/251.html。
② 资料来源：北京市演出行业协会，http：//www.bjycxh.com/news/251.html。
③ 资料来源：北京市演出行业协会，http：//www.bjycxh.com/news/251.html。

2017 年度引进的原版音乐剧合计 6 部，由引进的外国音乐剧进行中文版制作的合计 6 部，此外还有 12 部本土原创音乐剧，北京演艺市场上的中外音乐剧剧目数量持平。在引进的音乐剧中，除了《人鬼情未了》是二次引进外，《金牌制作人》《泽西男孩》《修女也疯狂》《保镖》《魔法坏女巫》等原版音乐剧都是首次进入北京演艺市场。《想变成人的猫》《洗衣服》《我，堂吉诃德》《变身怪医》《音乐之声》《谋杀歌谣》等音乐剧则以中文版的形式亮相北京演艺市场。以投资期望回报为目标，金融资本也在 2017 年继续注入演艺市场，其中最典型的是聚橙网和七幕人生。原版引进巡演及中文版引进都将大幅度降低成本，大大增加长远收益。

另外，国外演出团体在互动式舞台剧、默剧、多媒体儿童剧等领域内的演出广受欢迎，演出内容所带来的沉浸式互动体验成为演艺市场消费新热点。

与美国百老汇以音乐剧为主要演出剧目不同，北京演艺市场没有特定类别的演出能够始终维持较高的演出场次并在北京演艺市场中拥有足够多的市场份额，各类演出场次总在不断变换，究其原因，在于不同类别的演出尚未拥有相对固定的观演人群，消费者观演一次性消费仍占较大比例，同一剧目演出周期短，同类剧目的被接受程度不高，观众忠诚度远未建立。这一方面反映了北京演艺市场演出类别丰富，有催生优秀演艺剧目的可能性，另一方面从侧面凸显了北京演艺市场尚未有成熟的演艺门类形成，演艺市场尚未完善。

（四）演艺集群初具模型

在市场的主导和政策的扶持下，北京演艺市场的产业布局不断优化，演艺集聚区开始呈现。东城区发布了《戏剧东城发展规划（2016—2020）》，提出要不断做大做强“戏剧东城”品牌，重视人才培养和人才储备，积极构建人才汇集、剧目涌现、机构领先、演出活跃、交流密集和消费集聚的“戏剧生态”，业已形成王府井、东二环、南锣鼓巷、前门、龙潭五大剧场群。西城区以天桥演艺区为核心，打造国家大剧院演出季、天桥艺术中心夏秋冬音乐剧演出季品牌活动，一批优秀原创剧目纷纷完成创排，向着“首都文化中心，百姓艺术殿堂”的目标大踏步前进。海淀区以演唱会为抓手，联手互联网园区和学院高校，打造“文化 + 旅游、科教 + 旅游”的高新文化集群。朝阳区以旅游演出为重点，贯通演艺营销及宣传链条，建成演艺创新孵化产业基地。

（五）票务市场加速整合

票务市场重新布局产业链，逐步从中介角色转变为演出市场中的支柱。

以永乐文化集团为例，其以票务为基，实现多轮驱动。永乐文化集团上市以后，从最初单纯的票务公司发展为综合性文化娱乐企业，以打造泛娱乐生态圈为发展目标：强化主营业务，以票务代理业务、组织商业演出活动、运营体育比赛项目、开展影视宣发投资等业务为主线，同时还整合了相关产业，如商演发行、艺人推广甚至互动娱乐等；此外还增加了文化管理服务的输出，选择永乐科技的“互联网票务销售管理系统平台”所提供的服务作为基础，为大型博物馆和游乐园、旅游景点、演艺场馆等提供个性化票务管理和人流管理解决方案。

2017 年票务市场的最大变动莫过于阿里巴巴文化娱乐集团收购大麦网。阿里在收购大麦网之后随即成立阿里文娱现场娱乐事业群，下属大麦网、MaiLive 和麦座三大业务品牌。阿里文娱现场娱乐事业群未来将在用户触达、内容生产和商业化三个方向上，为现场娱乐行业赋能，票务营销、内容出品和智慧场馆将被作为三大业务抓手。

二　首都演艺业对外贸易发展特点

近年来，在全球文化产业和服务贸易发展的宏观背景下，国际演出市场竞争要素流动性加速，跨国演出活动和剧目版权贸易日趋频繁。在政府相关产业政策、行业规范和配套服务平台不断健全的影响下，依托于北京市演艺市场的持续繁荣，北京市演艺对外贸易在剧目数量、巡演场次、观演人次及演出贸易额等方面继续呈现稳步增长的态势。

（一）演艺产品出口竞争力有所提升

2017 年，北京演艺市场内容更加多元，细分更加突出，创新作品大量涌现。《三体》实现了科技作品与文化产品的创新性交融，沉浸式体验令无数科幻迷为之疯狂；《二马》激发大众对传统文化、经典文学的热情，并融合当下流行元素，与当下年轻人进行一场超越百年的妙趣对话；《大清相国》从传统文化中汲取力量，赋予其新的时代意义，由小见大、见微知著。

传统演艺试水互联网新模式，网络直播为传统艺术提供了走近大众、走进现代生活的渠道，和与广大网友直接沟通交流的平台，为传统艺术注入新活力。演艺产业环节更多元、复杂，产业链纵向延伸趋势明显，演艺市场由剧目驻演、巡演等单一销售形式逐步向演艺品牌的综合打造转化。IP 内容的培养与孵化乃至运营倒流，形成引起以粉丝为核心的消费群体共鸣的文娱方式，进而创造更大的衍生品等商业价值。同时，市场直接反映也会倒逼内容创作，形成良性循环。演出衍生品的开发、演出版权机制的建立，以及演艺渠道的打通将不断完善演出产业链。

新兴的实景演出已出现向海外输出的趋势。北京市文化投资发展集团与中国港中旅有限公司战略合作成立的天创文投在接手破产重整的《印象·刘三姐》后，将着手对园区进行规划升级，对节目进行优化，提升服务水平；同时依托深厚的演艺资源，在尊重和保留节目整体风貌的基础上，为其注入时代新元素，使其在内容与形式上更加贴合时代发展，扩大品牌影响力，实现与国际接轨，使《印象·刘三姐》成为让世界认识桂林、认识广西、认识中国的文化窗口。

天创文投投资的第一部剧目《马可·波罗传奇》曾在美国布兰森白宫剧院连续 3 年演了近千场，创造了中国驻外（驻场）演出的新纪录，天创文投也将利用这一宝贵的海外运作经验将《印象·刘三姐》这一具有民族特色的文化产品升级打造后沿着“一带一路”输出国外。

（二）改革开放以来统一开放的演艺市场开始形成

中国对外贸易的基础是国内市场的高度繁荣，国内演艺市场的高度发展才能催生出高质量的演出剧目，利用国内市场演艺收入平摊演艺产品与服务开拓海外市场的成本，使其在国际演艺市场上更具竞争力。北京、上海、广州等一线城市优秀的文化资源和院团相对成熟的运作模式已经成功向演艺市场仍在起步、发展阶段的二、三线城市传播，缩短了不同地区演艺市场与演艺主体之间发展的差距，使全国向着统一的文化市场方向发展，从而提升全国的演艺业水平，进一步为北京市乃至全国演艺产品与服务的出口打下产业基础。

1. 演艺市场化推动演艺市场的均衡发展

2017 年，中国二、三线城市演出行业发展迅速。北上广过去长期占据国内现场娱乐演出的主要市场，但近几年来，二、三线城市在这方面呈现强劲的上升趋势，开始对北上广造成竞争压力，主要表现在演唱会、音乐节、话剧等演出持续向二、三线城市拓展，不少小城市逐渐成为演出常见目的地。以大麦平台演唱会统计信息为例，在 2017 年演唱会票房同比增速最快的城市中，排名前三的城市是金华市、宁波市和绍兴市，均为来自浙江省的二、三线城市，其中金华市以 1109% 的大幅增速稳居第一，众多具有票房号召力的歌手，如张学友、谭咏麟、刘若英等都曾在金华市开过演唱会。[①]

除了演唱会、音乐节之外，二、三线城市在依托文化旅游而火热起来的实景演出方面也呈现一些特有优势。有媒体统计，截至 2017 年，全国各地规模不同、类型各异的实景演出有近 60 台，其中的大部分分布在我国中西部地区，湖南省拥有的实景演出多达 6 台，居全国首位。实景演出与常规意义上的演出不同，作为旅游产业链的一部分，其对于自然景观和人文景观的依赖程度较高，加上实景演出一般是半露天或露天演出，出场演员多、演出场地大，这样一来，受地理条件、土地价格以及人力成本的限制，北上广等一线城市不容易出现大型实景演出，二、三线城市则成为当前实景演出落地的首选。

2. 政策支持演艺市场进一步开放

2017 年，国务院发布了《关于在北京市暂时调整有关行政审批和准入特别管理措施的决定》，明确了北京市需要暂时调整的有关行政法规、经国务院批准的部门规章规定的行政审批和准入特别管理措施，包括暂时调整《营业性演出管理条例》《娱乐场所管理条例》《中华人民共和国外资银行管

① 大麦网、中国演出行业协会、第一财经商业数据中心：《中国现场娱乐消费洞察报告（2012—2017）》。

理条例》《外商投资民用航空业规定》和《外商投资产业指导目录》相关条款的规定，允许外商从事开放的相关业务。其中包括选择文化娱乐业聚集的特定区域，允许外商投资设立演出场所经营单位，不设置投资比例的限制（见表1）。之后北京市文化局发布了《关于开展外国投资者在北京市特定区域内设立演出场所经营单位和娱乐场所审批工作的公告》，意味着自此开始外国投资者就可以在北京市特定区域内设立演出场所经营单位。特定区域指的是朝阳区的北京朝阳国家文化产业创新实验区、丰台区的中关村科技园区丰台园区、通州区的马驹桥镇全部行政辖区、海淀区、石景山区、顺义区全区；企业性质也覆盖外商独资、中外合资、中外合作等各类企业。此外，2017年，北京市还取消了对在京举办外国的和香港、澳门特别行政区的文艺表演团体、个人参加的营业性演出审批中的资金证明的要求，不再需要提供由银行、会计师事务所等有资质的机构出具的资金证明材料，改为需要由演出举办单位提供演出活动所需的资金声明。

与此同时，2018年2月国家发改委发布的《关于发布境外投资敏感行业目录》中提及了新闻传媒、娱乐业、体育业，并没有将演出行业列入敏感行业。以上一系列从国家到地方的鼓励政策都为北京演艺市场开展国际合作、北京演艺剧目进入海外市场提供了系统的政策保障，也为全国演艺市场的标准化、国际化创造了良好的宏观环境。

表1　国务院决定在北京市暂时调整有关行政法规和经国务院批准的部门规章规定的行政审批和准入特别管理措施目录

序号	行政法规和经国务院批准的部门规章的有关规定	调整实施情况
1	《营业性演出管理条例》 第十条第一款、第二款：外国投资者可以与中国投资者依法设立中外合资经营、中外合作经营的演出经纪机构、演出场所经营单位；不得设立中外合资经营、中外合作经营、外资经营的文艺表演团体，不得设立外资经营的演出经纪机构、演出场所经营单位 设立中外合资经营的演出经纪机构、演出场所经营单位，中国合营者的投资比例应当不低于51%；设立中外合作经营的演出经纪机构、演出场所经营单位，中国合作者应当拥有经营主导权	选择文化娱乐业聚集的特定区域，允许外商投资设立演出场所经营单位，不设投资比例的限制

续表

序号	行政法规和经国务院批准的部门规章的有关规定	调整实施情况
2	《娱乐场所管理条例》 第六条:外国投资者可以与中国投资者依法设立中外合资经营、中外合作经营的娱乐场所,不得设立外商独资经营的娱乐场所	选择文化娱乐业聚集的特定区域,允许外商投资设立娱乐场所,不设投资比例的限制
3	《中华人民共和国外资银行管理条例》 第三十四条第一款第一项:外资银行营业性机构经营本条例第二十九条或者第三十一条规定业务范围内的人民币业务的,应当具备下列条件,并经国务院银行业监督管理机构批准: (一)提出申请前在中华人民共和国境内开业 1 年以上……	研究允许新设或改制成立的外商独资银行、中外合资银行或者外国银行分行在提交开业申请时可以同时申请人民币业务
4	《外商投资民用航空业规定》 第三条:外商投资民航业范围包括民用机场、公共航空运输企业、通用航空企业和航空运输相关项目……	允许外商投资航空运输销售代理企业
5	《外商投资产业指导目录》 禁止外商投资产业目录 22. 音像制品和电子出版物的编辑、出版、制作业务……	允许外商投资音像制品制作业务(限于在北京国家音乐产业基地、中国北京出版创意产业园区、北京国家数字出版基地内开展合作,中方应掌握经营主导权和内容终审权)

资料来源:国务院:《营业性演出管理条例》《娱乐场所管理条例》《中华人民共和国外资银行管理条例》《外商投资民用航空业规定》《外商投资产业指导目录》。

(三)与“一带一路”沿线国家的演艺产业合作不断增长

随着《文化部“一带一路”文化发展行动计划(2016—2020 年)》的发布，中国与中东欧国家的文化产业合作在 2017 年进入实施阶段，北京市演艺业与中东欧国家演艺产业合作也在不断增加。如第七届林兆华戏剧邀请展闭幕大戏《铸剑》，剧本是由中国文学家鲁迅的同名小说改编而成的，特邀波兰著名导演、华沙多样剧团的创建者格热戈日·亚日那以话剧的形式进行全新的诠释和演绎，并与中国演员首次合作后在北京呈现。《铸剑》故事源自鲁迅同名小说和《干将莫邪》神话，戏剧词汇集合了西方与亚洲传统元素，突出强调演员的肢体呈现。在文化部2018年公布的40个“一带一路”文化贸易与投资重点项目中，有9个项目是由北京的文化企业（含在京中央企业）所申报的，其中有3个项目与演艺相关（见表2）。

表2 文化部“一带一路”文化贸易与投资重点项目中在京企业申报的演艺类项目

序号	项目名称	申报单位
1	“丝绸之路国际剧院联盟”剧院技术咨询服务计划	中国对外文化集团公司
2	舞剧《大唐玄奘》	中国歌剧舞剧院
3	“聆听中国”音乐会丝路巡演	北京市演出有限责任公司

（四）京津冀协同发展为北京演艺对外贸易创造机遇

京津冀演艺协同发展的跨区域合作趋势明显。由北京市文化局、天津市文化广播影视局、河北省文化厅共同支持成立的“京津冀演艺联盟”在搭建演艺资讯平台、培育演艺平台方面继续发挥作用，三地之间的展演、交流活动持续增加，联盟成员在三地享有场地优先租赁权及租赁优惠、票务销售优惠等。由北京市文化局主办的“北京市剧院运营服务平台”发挥主导作用，为津冀两地剧目进京演出提供政策、资金、运营等服务。2017年，由京津冀三地联合主办、投资的京津冀精品剧目展演、“丝绸之路”中国民谣音乐节等系列活动的成功举办，推动京津冀三地文化协同发展迈向更深层次、更高水平。

三 首都演艺业对外贸易亟待破解的问题

（一）急需建立系统的统计评估体系

当前，在演出数据和演出贸易统计方面，我国文化主管部门和相关的演艺行业组织依旧处于非规范或标准不统一的状态，包括北京市在内的各级省市没有通用的演艺产业统计制度和标准，甚至是仅仅就演艺事业发展进行了统计，各级行业组织所发布的年度报告使用数据的统计口径差异较大，也说明了对外演出贸易监管的缺位。北京市演出行业协会发布的数据具有较高的准确度，也是目前普遍使用的北京演艺业年度数据。但是，北京市演出行业协会的统计指标仅包含演出场次、票房、票价等主要的演艺数据，并没有更系统和细化的指标设计，而且由于全国没有建立统一的统计体系，也没有规定统计标准，导致北京市与全国其他省市、地区的演艺数据没有可比性，这对跨地区的统计数据分析造成严重阻碍，给演艺市场研究分析的客观性带来局限和干扰。同时，对相关演艺支持政策发挥的调控作用、国家资助资金的使用成效、演艺院团演出取得的经济和社会效益等缺乏合理的评估体系，导致演艺政策得不到反馈，也无法通过事后绩效考核的形式监管院团享受政府政策优惠产生的作用以及支持资金的用途，不能对院团产生约束。

统计评估体系的缺失使得无论是政府还是演艺院团、演艺行业组织机构，都无法通过演艺市场规模、剧目类型、观众票房等市场要素的量化来对演艺市场的发展规律进行总结，也就不能更好地预测和调控演艺市场未来的发展，不能对北京市演艺市场当前的发展有更全面的认识，进而影响北京市对演艺市场未来走向的预判，导致政府决策没有依据，院团发展把握不准方向。

（二）优秀演艺品牌缺失，院团国际化被动发展

2017 年依然是演艺贸易逆差的一年，具有国际竞争力的演艺剧目和演艺品牌的缺乏仍是制约演艺对外贸易的关键因素。2017 年，北京演艺市场新创剧目众多，其中也不乏获得票房成功的演出新剧目，也产生了一定的品牌效应，但统观北京演艺市场，演艺对于明星效应的依赖性依旧明显，仍然没有具有国际影响力和持久演艺活力的院团或剧目品牌脱颖而出。品牌的树立不仅取决于演艺作品创作这一核心环节，还受管理、宣传推广、营销等诸多环节的影响。运作资金不足、管理失衡、定位不准确都会阻碍演艺品牌的产生。资金不足将无法支撑从创作、排演到宣传、销售的整个产业链条；管理的缺失则会降低剧院的运营效率，增大运营风险，甚至导致优秀创作、演艺人才的流失；如果市场定位不准确，则会难以实现优秀的演出剧目与有观演需求的市场受众的有效对接，造成资源的浪费。国际演艺市场长期被欧美

国家占据，主要原因就是这些国家已经形成具有国际知名度、影响力的高质量演艺品牌，北京演艺院团、企业建立自己的有持续生命力的演艺品牌是与欧美成熟演艺院团、企业竞争的最直接、最有效的办法。

目前北京演艺院团的国际化主要受引进的海外剧目拉动，即在引进海外剧目的过程中通过学习借鉴其成熟的运作经验从侧面推动北京市演艺院团国际化进程，尤其是通过引进版权以及经过本土化改编的剧目使院团对国际经典剧目的创作、排演、推广营销都有了细致的认识。但是，这种被动的国际化途径相比院团主动参与国际演艺市场竞争而言显得缓慢而滞后，究其原因还是没有能经得住国际市场检验的优秀剧目。

（三）现代企业制度不完善

转制国有演艺院团与民营演艺院团在不同方面都存在现代企业制度不完善的问题。转制国有演艺院团管理机构臃肿，权责不明，管理效率低下。国有院团通过转企改制虽然剥离了行政事业单位建立了企业制度，但文化企业内部法人结构还不完善。大部分国有演艺院团转制后的投资主体依然是国家，产权非常单一且产权不清，目前许多转制国有演艺院团本质上还是“事业编制、企业管理”模式，计划经济时代国有企业的种种弊端在当前各转制国有演艺院团中依然严重存在。转制国有演艺院团位经营管理人员多为专业的艺术工作者，专业的企业运营知识相对匮乏，管理相对随意，不能与企业的法人治理结构相适应；同时也存在人才选拔不以市场为导向的情况，由于转制国有演艺院团依然主要依靠国家投资，一些转制国有文化经营单位专门招聘人员借调至文化部等政府部门工作，造成了额外的人力资源成本。

民营演艺院团规模小，难以形成规范的法人治理结构。当前许多民营演艺院团处于发展初期，属于中小甚至小微企业，由于股权单一、企业规模小、产品单一、管理简单等，民营演艺院团实行的都是投资者与经营者二者合一的管理体制，由投资者直接经营管理企业，还没有将企业的所有权与经营权实行分离的需要，也不具备相应条件，因此很难建立起成熟而系统的法人治理结构。

（四）外向型演艺经营管理人才仍然匮乏

北京因其在全国的特殊地位，拥有其他任何城市无法比拟的资源与政策优势，特别是拥有一批国家顶级艺术院团和国内外知名的表演艺术家、世界级文化经纪公司等。此外，北京还是全国高等学府的聚集地。然而，北京虽有众多优秀的演艺人员和高质量的教育资源，但其演艺业的发展依然缺乏大量创作人才和经营管理人才。演艺创作人才的缺乏主要是由于合理的鼓励机制和版权保护机制的缺失，而演艺经营管理人才尤其是外向型经营管理人才的匮乏则说明北京市在演艺业人才培养方面还存在空白。

在人才培养方面，相比伦敦、纽约等著名的国际化演艺大都市，北京市演艺人才的培养与演艺市场的应用与实践严重脱节，高校对于演艺经营管理人才的培养仍处于“闭门造车”阶段，或者只关注演艺作品的生产环节，或者只局限于演艺产品的推广营销，更多的则是拘泥于理论研究层面，从而缺少对于整个演艺业发展现状的清晰认识以及对整个产业链全局观的把握，不能及时对演艺市场的需求做出反应与调整，因此无法实现人才供需的有效对接。应用型、复合型、外向型经营管理人才的培养越发急迫。

四　促进首都演艺业对外贸易的建议

（一）构建科学的演艺院团统计与评估体系

演艺审批制度向演艺备案制度过渡，针对演艺市场建立事后监管体系，将标准统一、结构合理的统计指标体系、评估体系与政府资助、政策扶持相结合，将演艺院团的演出绩效和奖励政策挂钩，以自发资助的市场运作为导向倒逼院团不断升级。

首先应建立覆盖全市以及全国的演艺数据统计平台，摸清北京演艺资源、演艺企业、演艺市场的完整情况。在北京演艺市场建立数据统计收集和监测试点平台，统筹北京文化主管部门和统计局，逐渐完善对外演出剧目的类型、主创团队、演出票房及演出影响力等要素的备案和数据统计。

其次要科学构建市场监管和绩效考评体系，引导演艺企业“融入”市场而非“存在”于市场，以市场回报为演艺企业运作成效的重要参考指标，鼓励企业自发参与国际国内演艺市场竞争，激发院团专注演出质量和市场效益的动力。构建科学合理的指标体系，需要将监管与评价的指标权重切实落在创作、生产、营销等诸多环节上，避免单纯依据场次、数量等单一指标简单地评判院团绩效。在评估方面，委托第三方社会组织进行专业的、公开的、公平的、公正的评估，避免参评者本身也是评估者或者参评者与评估者存在之间、间接关联的情况出现。在政府引导下，指标体系为市场接受和认可后，则应该授权专门的行业组织、机构，如演出行业协会等进行统计数据的收集汇总和院团绩效评估的组织实施，并在艺术基金、财政资助、入围重点出口文化企业目录等资金、政策优惠的适用对象和用途方面，给予行业组织、机构更大的话语权。

（二）打造中国特色世界驰名院团

1. 推动演艺产品和服务的贸易模式创新

扩大演艺对外贸易的规模和增强演艺的国际影响力，应丰富和完善演艺产品和服务的贸易模式，实现要素输出、驻场演出、巡回演出、版权交易，以及与其他产业的交融互动等多种模式共同发展。

2. 政府政策与市场有效对接

有效对接市场是文化发展政策的重要前提，政府政策支持目标要保持单一、清晰，支持方式上可以采用多样化、有针对性和多渠道的形式，一方面政策要服务于建设统一、开放的文化市场，另一方面演艺文化发展政策要关注市场诉求。

3. 推动市场主体的多元化发展

不同市场主体在演艺市场中的职能、运作方式都不同，不同发展阶段和特色的演艺主体应从市场、企业管理、艺术评价机制等方面有针对性地进行调整，“对症下药”，实现差异化发展，避免用单一标准评判院团演出与经

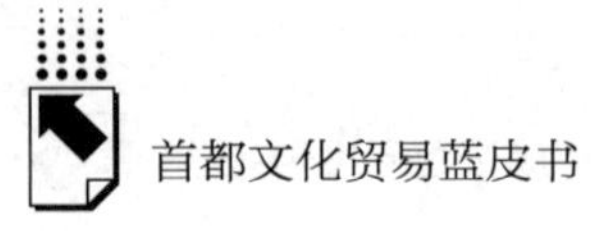

营成效，以多元化演艺市场供给满足日益增长和不断变化的演艺消费需求。

4. 结合中国特色建立国家荣誉制度

针对特别优异、对中国演艺发展有突出贡献的企业、组织、团体或个人，给予官方颁发的荣誉认证。坚持开放性和国际化的原则，可考虑在国庆节或其他重要传统节日举办庄严、隆重的授予仪式，由国家元首亲自授予勋章、奖章，以示重视和鼓励。同时，从制度上以完善的法律法规保障国家荣誉制度的健康运行。

（三）演艺文化交流与演艺贸易并行发展

文化贸易是最广义的文化交流。演艺文化交流与演艺贸易同为演艺领域内促进中国文化海外传播、提升中国文化影响的重要手段，二者是相辅相成的关系，缺少一方就会使整个演艺行业的发展失衡——过度依赖文化交流而轻视市场运作的重要性，在持续消耗政府资金的情况下很难长久，也会缺乏活力和更新的动力，而仅仅依靠市场机制会导致部分资本薄弱、盈利空间小的成长期演艺院团、小规模院团单靠自主的市场化运作，无法负担海外人力物力及相关的推广成本，将优秀剧目投入国际演艺市场将会面临重重市场障碍。因此，北京演艺院团不应当将文化交流当作“政府指派”的任务而轻视，应当充分利用演艺文化交流所能够带来的海外渠道和推广平台，充分借助参与文化交流的机会，认识和了解国际演艺市场，为国际商演提前做好市场调研和准备。目前中国已在海外建立了20多个中国文化中心，这个数字还在不断增长。海外文化中心作为一个长期存在的政府官方平台所拥有的空间和能够接触当地最新市场信息的平台，还没有得到最大化的有效利用，如果北京演艺企业能够对接中国文化中心的平台，那么就能够在很大程度上节省海外推广时的宣传场地、渠道获取、市场调研的成本开销。

（四）寻求院团体制机制创新

1. 支持非营利性组织的建设

正如演艺市场主体是多元的，适应市场规律但不以创造商业利润为目的非营利机构也有存在的必要。因而要对部分演艺机构进行非营利性组织认定，从政府的角度支持非营利性组织的发展，提供必需的资金、税收优惠等支持，确保非营利组织以实现社会价值为宗旨，保持其客观性，不被市场利益所诱导。

2. 鼓励国有、民营演艺企业的公平竞争

公平对待国有演艺企业和民营演艺企业，使其能在演艺市场中作为独立的市场参与者健康自由地发展。只有这样，才能实现演艺市场主体间演艺资源的均等化与共享。避免没有意义的重复建设以及演艺资源的无谓浪费，需要建立演艺设备与资源统合平台，促进北京市内部以及北京市与其他省市、地区演艺设备、空间等资源的共享。完善演艺市场退出机制，正视院团生存与发展的不同层次，重组、整合不适应市场发展甚至勉强维生的院团，鼓励、支持自主营利院团的发展，盘活演艺市场。

（五）完善演艺创作与国际经营管理人才培养机制

中国现有教育体制往往把演艺人才狭义地限定为表演人才，表演专业与相关的管理学、经济学以及传媒类学科之间存在教育体制设计方面的隔阂，艺术院校与普通高校之间在人才培养上很少出现联合培养，这就导致今天在北京市这样高校云集的首都城市，演艺产业在国际化发展道路上依然极度缺乏演艺创作人才和演艺经营管理人才，同时，系统的职业教育的缺乏导致大量的表演人才在无法继续演出职业生涯的时候面临转岗、下岗、提前退休等问题。因此要构建完善的演艺人才培养体系，鼓励协同创新和共同发展。

要继续加强核心创作人才以及外向型、复合型高级经营管理人才的培养，依托高校的专业课程教学，以市场为导向，搭建实践平台，创造实践机会，建立高校演艺产业、演艺贸易专业人才联动机制。坚持产学研一体化的培养模式，利用政、产、学、研各方资源为推动演艺贸易人才的合作培养模式的建立提供平台，以打造熟悉国内外演艺市场和对外演艺贸易的全方位人才为人才培养的国际标准。

2017 年的北京演艺市场已经有了国家级、专门性的服务平台的建立，以及国家艺术基金、北京文化艺术基金的大力支持，这些都为北京演艺市场的发展提供了政策环境和资金支持等各方面的发展新机遇，同时也有诸如统计评估体系等长期被忽视的问题变得越发显著。总体来看，北京演艺市场在平稳中度过，这种稳中有增的市场环境是演艺对外贸易顺利发展的必要条件，平稳发展的北京市演艺市场在经过合理优化市场结构和出台配套政策后必将迎来新的增长点。

参考文献

李嘉珊：《中国文化贸易经典案例研究》，中国商务出版社，2013。

北京第二外国语学院国家文化发展国际战略研究院：《首都文化贸易发展报告（2016）》，中国商务出版社，2016。

崔俊超：《世界旅游演艺现状剖析，打造品牌可借鉴百老汇 6 个方法》，道略网，2016 年 1 月 13 日，http：//www. idaolue. com/News/Detail. aspx? id = 762。

韩立萍：《文化大发展与北京演艺市场》，《中国音乐》2009 年第 2 期 。

商务部服务贸易司课题组：《加快文化贸易发展，推动中国文化出口》，《国际贸易》2008 年第 10 期。

B.3

新时代、新广电、新起点：首都广播影视对外贸易发展报告*

李继东　吴　茜**

摘　要： 2017年，首都广播影视不断加强对外交流合作机制建设，扩大对提升影视对外传播力的支持范围。在这些政策措施的促进下，北京创作影片票房领航全国，现象级影片层出不穷，获奖影片数量位居全国之首。同时，海外北京主题影视展播季的成果丰硕，北京影视品牌国际影响力进一步提高，北京国际电影节签约数量再创历史新高。随着新时代的到来，首都广播影视应基于新全球化的国家话语体系建设升级产业价值链，充分发挥京津冀地区协同效应，完善国际化大都市影视对外贸易机制，同时强化融通中外人才的培养，进一步提高首都广播影视的创造力。

关键词： 广播影视　文化贸易　国际影响力　文化中心　北京

在提高文化软实力，讲好中国故事、传播中国声音等助力广播影视

---

* 说明：本文未做注释的数据、引文均源于北京市新闻出版广电局2017年年度总结以及首都之窗发布的《北京市新闻出版广电局关于2017年度绩效管理自查情况的报告》，2018年3月1日，http://zfxxgk.beijing.gov.cn/110090/zzgcjzfss52/2018-01/05/content_4f9152d7f8fc48abb11ad35148d2362f.shtml，恕不一一注明。

** 李继东，中国传媒大学国家传播创新研究中心研究员、博士生导师。吴茜，中国传媒大学传播研究院博士生。

产业“走出去”的国家政策鼓励下，特别是党的十九大报告明确了中国特色社会主义新时代的战略目标和任务，北京市也发布了《北京城市总体规划（2016－2030年）》，由此，北京市新闻出版广电局出台了一系列政策措施，促进北京广播影视产业对外贸易迅速发展，完善国际话语体系建设，提高对外传播能力，助力将北京建设成为国际一流的和谐宜居之都。

一　2017年首都广播影视对外贸易政策：机制建设与扶持广度

（一）加强对外交流合作机制建设，提高国际话语体系建设能力

2017年，北京市新闻出版广电局强化中外官方电影交流协调机制建设，借力国家领导人出访等外交活动，先后与塞尔维亚电影中心、新西兰惠灵顿市分别签署了《电影合作谅解备忘录》，并在塞尔维亚举办“北京日”活动，这不仅有利于提升北京影视剧海外展播季的品牌效应，而且有助于提升中国广电影视的国际影响力，还有利于完善国际话语体系建设；同时，积极开展依托国际外事等多种协同机制推动北京广电影视出版产品和服务“走出去”，将广电影视纳入国际外交话语体系建设之中；此外，继续组织企业积极参与戛纳电视节、美国电影市场、美国广播电视及设备展览会等国际广播影视行业节展，进一步完善国际话语体系建设。

（二）拓宽扶持广度，提升对外传播能力

2017年，北京市新闻出版广电局将北京影视剧非洲展播项目调整为面向全行业的北京市提升广播影视业国际传播力奖励扶持专项项目，拓宽奖励扶持广电影视产业的类型和扶持范围，使得产业内更多企业主体得到公平的发展机会。据统计，2014年至今，北京市新闻出版广电局推动实施了300多个广电影视产业项目，其中影视服务类项目约占10%。

同时，继续推动中国（北京）影视剧译制基地建设，实现首都影视译制完整产业链条。

二　2017年北京广播影视产业的对外贸易成就：北京创作、影视节展

（一）电影票房收入持续增长，北京创作领航高票房国产影片

截至 2017 年 11 月，北京地区新闻出版广播影视规模以上收入 1140.1 亿元，其中，广播影视服务收入 704.9 亿元，比上年同期增长 1.5%。2017 年，北京市电影票房收入 33.95 亿元，同比增长 12.1%，继续保持增长势头。在全国 6 部票房过 10 亿元的国产影片中，冠军《战狼 2》、亚军《羞羞的铁拳》均为北京创作生产作品，贡献票房 78.95 亿元，占 6 部国产影片总票房的 58.7%，占全国国产影片总票房的 26.23%，这在增加国产影片占比、全国票房增长方面具有决定性作用，有力地提升了国产影片的竞争力。

2017 年，北京市新闻出版广电局受理电影立项报备 2529 部，占全国受理总量的 49.0%。年审影片 350 部，同比增长 11.1%。其中，年审故事影片 317 部，占全国总量的 39.7%。

（二）北京创作的现象级影片不断涌现，获奖数量居全国之首

2017 年北京创作涌现《战狼 2》《红海行动》《不成问题的问题》《羞羞的铁拳》《冈仁波齐》《相爱相亲》等一批思想性、艺术性和观赏性俱佳的现象级优秀影片，为多类型题材电影创作开辟拓展了创新之路，以更大的担当和作为促进了北京电影产业的繁荣兴盛。同时，在第十四届全国“五个一精神文明建设奖”评比中，《战狼 2》《湄公河行动》《智取威虎山》《百团大战》四部北京创作的影片获奖，占全部 13 部获项影片的 30.8%，居于全国首位，也创造了历届获奖作品之最。

（三）境外主题节展常态化，北京影视主题展播季成果丰硕

2017 年，北京市新闻出版广电局继续组织首都广电企业赴非洲、英国、法国、俄罗斯、匈牙利开展北京优秀影视剧等主题海外展播季活动，有力地提升了北京广播影视的国际交流合作能力、传播力和影响力。同年 7 月 31 日，由北京市新闻出版广电局主办、北京四达时代通讯网络技术有限公司承办的“2017 北京影视剧非洲展播季”活动在赞比亚首都卢萨卡拉开帷幕，《守护丽人》《咱们相爱吧》《奋斗》《一切都好》等 8 部优秀北京影视剧在此展播，全年将有 17 部电影和 400 集电视剧用英、法、葡萄牙、斯瓦希里、豪萨等 7 个语种播出，不仅影视作品展播数量继续增长，而且展播常态化机制更加完善。同年 9 月，北京市新闻出版广电局分别到圣彼得堡和莫斯科举办“北京优秀影视剧俄罗斯展播季”系列活动。这次活动由影视展映、电影文化讲座、中俄影视交流三大主题活动组成。①

（四）积极参加顶级国际节展，北京影视品牌国际影响力日益提高

近年来，北京市广播影视企业积极参加国际大型节展活动，“北京日”“与中国合作”等主题活动异彩纷呈，有力地提升了北京影视品牌的国际影响力。2017 年，北京市新闻出版广电局组织企业积极参加 2017 年美国广播电视（NAB）展、法国戛纳电视节、加拿大 HOTDOCS 国际纪录片节、法国昂西国际动画电影节。同时，北京市新闻出版广电局在法国戛纳电视节、电视剧 MIP Drama、展商项目推介酒会等活动中，推介作品 30 部，共计 1000 余集；在加拿大 HOTDOCS 国际纪录片节上，北京市新闻出版广电局举办了“与中国合作”主题联合制作论坛、“北京日”等广播影视国际贸易活动；在法国昂西国际动画电影节上，北京市新闻出版广电局共计推出包括《冰雪冬奥村》在内的 40 余部优秀国产动画作品参展。

① 北京市新闻出版广电局：《北京市新闻出版广电局关于 2017 年年度绩效管理自查情况的报告》，http：//zfxxgk. beijing. gov. cn/110090/zzgcjzfss52/2018 -01/05/content_ 4f9152d7f8fc48abb11ad35148d2362f. shtml。

（五）北京境内广播影视贸易展会成绩斐然，北京国际电影节签约额再创历史最高

2017 年，北京市新闻出版广电局继续组织举办了多次大型广电影视贸易展览会，北京电视节目交易会、北京国际电影节等境内影视贸易展会已成为享誉国内外的知名品牌，特别是后者已成为国内外电影行业人士交流的重要平台，连续四年签约额过百亿元，2017 年再创新高。2017 年春秋两季北京电视节目交易会，共吸引海内外节目制作播出机构 1240 家，推介电视节目 2000 余部。在第七届北京国际电影节期间，108 家企业的 56 个重点项目达成签约合作，总金额达到 174. 58 亿元，比 2016 年增长 6. 9%，再创历年新高。“2017 北京纪实影像周”设置六大板块，举办多场主题论坛，吸引全国影视机构 80 余家、近 3000 人参加，展映影片 70 场。

三　北京广播影视对外贸易发展趋势

北京作为国家的文化中心，也是广电影视产业的聚集地。广电影视产业是文化产业的引擎，同时更是传播中国文化软实力的窗口。北京要建设成为国际化的影视之都，就需要提升自己的文化软实力，升级产业结构，完善产业配套措施。特别是随着新时代的到来，全球化步入了新阶段，北京作为广电影视文化产业的聚集地，立足于中国文化的巅峰，应提高广电影视产业的产品创新能力，使得产品兼具经济价值、文化价值，要多产出具有首都标准、两个效益俱佳的影视出版精品，实现以一流内容支撑全国文化中心的建设。

（一）基于新全球化的国家话语体系建设，升级广电影视产业价值链

虽然在政策的指导下，北京的广电影视产业贸易有了初步的成就，但相比发达国家城市的影视产业来看仍有差距。影视产业的融资、制作、放映、

发行等环节的全球化产业市场仍有待开拓。尤其是广电影视产业的衍生品开发不够，广告、票房成为经济收入的主要来源。因此，政府应当在广电影视产业的资源配置中发挥主要作用，在制度、政策方面将北京广电影视产业纳入全球广电影视产业价值链之中，构建融资、制作、发行、放映一体化的协调机制。同时，广电影视企业要提高品牌价值，提升影视产品的附加值，推动北京广电影视产业的发展。

（二）发挥京津冀地区协同效应，完善国际化大都市影视对外贸易机制

政府牵头，以政策为主导，打造京津冀三地联动的广电影视产业基地。根据三地广电影视产业发展的不同情况以及传统特色，打造广电影视产业集群。政府牵头出台相应的配套政策以及产业规划，明确三地在国际影视之都建设中所承担的区域职能地位和所扮演的角色。从目前三地广电影视文化产业的发展情况来看，其展开的具体合作项目以及活动趋于碎片化，缺少整体的联动，应尽快建立权威的、统一的广电影视对外贸易协调机制，从法制、体制、机制和组织层面提高京津冀影视国际竞争力。

（三）培养融通中外的人才，提升首都广播影视创新力

目前广电影视产业的作品数量虽有所提升，但质量仍有待提高。究其原因，在于缺少兼具国际战略化视野和北京等中国传统文化洞察力的广电影视人才。广电影视产品的创作缺少独创性。国有广电影视企业制度创新缺乏动力，导致作品创新凝滞。商业型广电影视企业又过度以美国好莱坞影视商业模式为导向，导致广电影视作品跟风商业大片，而在受众心理把握、叙事模式以及技术冲击力方面却无法与之相比拟，成为美国广电影视文化产业的东方注脚。因此，在广电影视产业的专业教育以及人才培育方面，要让从业人员兼具国际化视野与传统文化洞察力。在此方面，印度宝莱坞的影视创作风格或许可以成为我国广电影视产品创意的借鉴，在以国际化叙事方式降低文化折扣的同时，也以传统文化特色，如中医、功夫、书法、国学等为影视创

作涂上中国独有的绚丽色彩。

2017 年 9 月 29 日，中共北京市委、北京市人民政府发布并实施的《北京城市总体规划（2016－2030 年）》明确了北京的四个中心战略定位，其中文化中心的建设关乎全局，也是发挥首都凝聚荟萃、辐射带动、创新引领、传播交流和服务保障功能的关键所在。为此，该规划拟定了“三步走”的阶段性目标，即在 2020 年进一步增强北京作为全国文化中心的地位，到 2035 年将北京建设成为彰显文化自信与多元包容魅力的世界文化名城，到 2050 年使北京成为弘扬中华文明和引领时代潮流的世界文脉标志。可以看出，首都北京作为文化中心不仅要在全国具有领先地位，更为重要的是要垂范世界，为人类文明的发展贡献融通中华文化、时代潮流的中国智慧，这应是北京广播影视的对外贸易发展目标。也就是说，步入新时代的北京广播影视应胸怀寰宇，站在人类命运共同体的高度，面向全球创造和传播“首都风范、古都风韵、时代风貌”的思想精深、艺术精湛和制作精良的影视作品、产销机制体制。

参考文献

北京市新闻出版广电局：《北京市新闻出版广电局关于 2017 年度绩效管理自查情况的报告》，http：//zfxxgk. beijing. gov. cn/110090/zzgcjzfss52/2018 － 01/05/content _ 4f9152d7f8fc48abb11ad35148d2362f. shtml。

李秋红、周菁、王羽：《2017 年广播影视产业发展情况分析》，《新闻战线》2018 年第 1 期。

惠东坡：《打造国际影视之都：北京面临的挑战与对策》，《当代电视》2018 年第 1 期。

王坤宁、李婧璇：《弘扬丝路精神　深化产业合作》，《中国新闻出版广电报》2018 年 3 月 28 日。

朱新梅：《广播影视走出去实现跨越式发展》，《中国广播电视学刊》2017 年第 10 期。

B.4 首都图书版权对外贸易发展报告

孙俊新 程 可*

摘 要： 本文通过对首都图书版权对外贸易2017年数据与行情的整理，分析首都图书版权对外贸易的发展现状、发展特点以及相应的问题，对首都的图书版权对外贸易提出有针对性的意见和建议。首都图书版权对外贸易整体增速快，展会作用显著，注重培养市民阅读习惯，但仍有较大的贸易逆差，输出图书品类较单一，输出产品质量有待提升。建议通过丰富输出图书内容品类、加强版权保护、全面调整图书版权输出的考核指标等手段促进首都图书版权对外贸易发展。

关键词： 图书版权 文化贸易 北京

一 2017年首都图书版权业对外贸易发展概况

2017年是中央实行“十三五”规划的第二年，同时也是北京在中央领导下将城市功能调整为“全国政治中心、文化中心、国际交往中心、科技

* 孙俊新，北京第二外国语学院经贸与会展学院副教授，博士，系主任，研究方向为国际贸易与投资、国际文化贸易与投资。程可，北京第二外国语学院贸易经济专业（国际文化贸易方向）2015级本科生，国家文化发展国际战略研究院雏鹰计划成员。本文是2018年北京社会科学基金研究基地一般项目“中国主题图书开拓全球市场路径研究”（项目编号：18JDYJB018）的阶段性成果。

创新中心”的第四年。在这样的背景下，对 2017 年首都图书版权业的发展状况以及整体情况进行统计报告尤为重要。这不仅仅能够展现中央“十三五”规划对文化服务业目标的实现情况，也能切实体现首都在建立、完善其“文化中心”功能定位方面的具体成果。

（一）图书版权业活动

作为首都，北京在促进国内外及本地区文化产品贸易、交流上一直表现出积极活跃的态度。2017 年 1 月 8 ~ 11 日于北京华北宾馆由北京新闻出版广电局、北京出版发行业协会共同主办的“2017 北京出版发行产业促进交易会”，共吸引了全国 800 余家国营出版单位以及民营文化产业公司参展，展品涉及政治、历史、艺术、文学、少儿、哲学、科普等多个领域，共计 10 万余本。①

2017 年 4 月 14 ~ 24 日的“2017 北京书市”活动同样是由北京市新闻出版广电局主办的，该活动已有 20 年的历史，本次活动共吸引了 300 余家国内知名的出版发行机构参展，为 40 万种优秀正版出版物提供了集中展销平台。此次活动共设展位 600 个，相较 2016 年增加了 100 余个展位，并且增设的展位全部用于图书、电子出版物的展示展销，极大地提升了活动的展品内容丰富度与展品容纳量。本次展会还通过在“京城四大书城”即北京图书大厦、王府井书店、中关村图书大厦、亚运村图书大厦设立分会场来提升活动的影响力与普及度。②

“第 24 届北京国际图书博览会”于 2017 年 8 月 23 ~ 27 日举办，在 5 天的时间内共达成了 5262 项中外版权贸易协议，同比增长 4.9%，其中图书版权输出引进比为 1∶1.61。本次博览会共有 2500 多家图书出版企业参加，展出图书共计 30 万余册。在参展的 89 个地区和国家中，海外国家占比 58.0%，“一带一路”沿线国家共占 28 个，并且成为版权输出热点地区。

① 郭虹：《2017 北京出版发行产业促进交易会专注一流品质》，中国出版传媒网，2017 年 1 月 10 日，http://www.cbbr.com.cn/article/109420.html。

② 卢扬、郑蕊：《2017 北京书市展销 40 万种出版物》，北京商报讯，2017 年 4 月 13 日，http://news.sina.com.cn/c/2017-04-13/doc-ifyeimzx6057905.shtml。

伊朗作为本次博览会的主宾国，派出了拥有13家出版商共计100人规模的代表团参会。同时，在本次博览会中设立的“文创展区”吸引了众多参展人员的目光，各个博物馆推出的文化创意产品，不仅仅展现了中华文化的博大精深，也真正做到了让传统文化、古籍珍宝“活”起来。同时，针对不同国家和地区设立的“国际绘本展”共涉及了13种语言的中外优秀绘本作品，引起了消费者极大的兴趣，这对于推动我国绘本出版产业发展、培养消费者兴趣、打破有关绘本产品的传统观念有丰富的益处。同时，针对儿童出版物，博览会通过设立“我的城堡”“恐龙”等主题展区来吸引不同年龄层次、不同兴趣爱好的消费者，立体书、布艺书等通常放置在展柜中的精品书目也出现在公开区域供消费者随意翻阅，大大地增加了少儿出版物的吸引力。

在“一带一路”的发展前景下，北京作为“文化中心”必将成为中国在国际文化贸易中的图书出版业、文化产业等相关产业的贸易中心。展销与书市活动不仅能大大提高图书产品在消费者心中的重要程度，培养消费者的阅读习惯，也能推广优秀的文化作品，为图书出版业调查北京市消费者市场提供平台，增加图书出版市场的广度，还有利于吸引国际上优秀图书作品的版权持有人以及国外出版商，推动其与北京市各图书版权企业达成合作意向，从而拓展北京图书版权业的国际贸易市场。

（二）图书版权引进与输出

据北京市新闻出版广电局（北京市版权局）于2017年12月22日发布的数据，2016年北京地区的总体版权输出、引进贸易状况，与2015年相比都出现了大幅度的贸易增长。其中，2016年北京地区引进出版物物权共计10185种（见表1），同比增长18.73%，[①] 占全国的比重为59.04%，其以绝对的数据体现了北京作为“文化中心”的功能性优势。

---

① 北京市新闻出版广电局：《2016年北京地区版权管理及版权贸易》，2017年12月22日，http：//www.bjpprft.gov.cn/zwxx/xytj/201712/t20171222_ 3934.html。

表 1　2016 年北京市出版物物权引进类目明细

单位：种

出版物版权引进类目	数量	出版物版权引进类目	数量
图书	9994	软件	3
电子出版物	188	合计	10185

资料来源：北京市新闻出版广电局。

北京市的出版物物权引进的地区相对集中（见表 2），美国、英国以及日本占据重要地位，而作为文化同源的台湾、香港地区却仍有待进一步加强与北京在图书出版业方面的贸易合作。同时，在以图书版权为主要交易对象的情况下，欧洲国家呈现了较为良好的文化产品交流意向。

表 2　2016 年北京市图书版权引进国家分布状况

单位：种

图书版权引进国家和地区	数量	图书版权引进国家和地区	数量
美国	3498	德国	492
英国	1717	新加坡	213
日本	1141	加拿大	82
韩国	576	香港地区	55
法国	554	俄罗斯	41
台湾地区	550	其他国家或地区	1075

资料来源：北京市新闻出版广电局。

与图书版权的引进相比，北京地区图书版权的输出还有待进一步加强。据统计，2016 年北京输出出版物物权共 5347 种（见表 3），占全国总输出的比重为 48.03%，同比增长 15.21%。虽然北京地区的输出数量占据了全国总量的半壁江山，但是贸易数量却远远低于出版物物权的引进数量，体现了北京地区在图书版权对外贸易方面的逆差。由此也能看出，中国图书出版物在国际贸易市场上仍有很大的发展空间。

表 3　2016 年北京市出版物物权输出类目明细

单位：种

出版物版权输出类目	数量	出版物版权输出类目	数量
图书	4058	电子出版物	1149
录音制品	71	其他	57
录像制品	12	合计	5347

资料来源：北京市新闻出版广电局。

从表 3 可以看出，在北京市 2016 年的出版物物权输出中，图书版权以绝对的优势占据了首要地位，但是电子出版物的崛起也令人不容小觑。随着互联网行业、共享软件、线上图书出版业的发展，电子出版物的普及令其在图书版权交易市场上逐渐占据更为重要的地位。相较于图书出版产品不便于携带、保管的弊端，电子出版物能够依托数字智能产品，随时随地进行翻阅浏览，而且同样的书目作为电子出版物，售价往往低于图书出版物，由此电子出版物在价格上也更加具有竞争力。因此，在北京出版物物权输出类目中，电子出版物能够占据这样的份额并不令人惊讶。

从北京地区的图书版权输出数据可以看出（见表 4），文化同源的国家和地区更愿意接受中国优秀的图书产品。台湾地区、韩国、香港地区名列前三位，在市场中展现了极大的活力，而在图书版权引进国家和地区中占据数量第一位的美国却在引进中国图书版权方面表现欠佳。这也不由得让人感受到中国的图书版权在文化产品交易中，尤其是在跨文化背景的图书类文字产品的国际贸易中，仍有很大的前进空间。这样的数据也并不令人难以理解，中文的文字表达具有特殊性，其单字即可成意与拉丁语系中的连续解释性语句习惯具有较大差异，以致二者在文字翻译过程中往往会遇到较多的问题。同时，中文的图书出版作品往往具有较强的地域性，更容易被文化同源的亚洲地区和国家所接受，但对于拥有完全不同文化背景的美洲、欧洲国家来说则是一个难以逾越的鸿沟。

表 4　2016 年北京市图书版权输出国家分布状况

单位：种

图书版权输出国家	数量	图书版权输出国家	数量
台湾地区	769	日本	139
韩国	326	新加坡	119
香港地区	321	法国	78
俄罗斯	257	澳门地区	48
美国	209	加拿大	9
英国	171	其他国家或地区	1444
德国	168		

资料来源：北京市新闻出版广电局。

北京地区的版权贸易呈逐年上升趋势，并且增速较快。这不仅仅表明了北京图书出版业市场将在未来迎来更多的国外贸易市场，也代表了中国优秀的图书文化作品能够得到世界人民的认可，还推动了我国将文化产业建设成为国民生产总值的支柱型产业的进程。在“四个中心”的定位下，北京将不断促进文化产业、图书出版业的进出口贸易，起好带头作用，充分体现其功能性。

二　2017年首都图书出版对外贸易发展特点

2017 年，北京通过组织各种各样的图书文化活动，增强了其与国内外图书出版业的联系与合作，为首都民众提供了丰富的图书阅览平台，并且通过图书版权的对外贸易，有侧重性地推动了与“一带一路”沿线国家和地区的文化产业合作。对于在未来有很大发展前景的北京图书出版对外贸易行业，只有充分分析其发展特点，并且据此找出其未来的发展方向，明确其相关产业的发展前景与发展市场，才能进一步促进首都地区图书出版对外贸易的发展。

（一）与“一带一路”沿线国家的贸易合作加强

北京作为文化中心，一直致力于为文化产业、文化产品、图书版权对外贸易合作搭建国际平台。以“第24届北京国际图书博览会”为例，在2017年8月25日，借助博览会平台，接力出版社举办了“‘一带一路’结硕果：76中图书版权输出签约仪式”，与作为“一带一路”国家出版机构代表的印度尼西亚BIP出版社及斯里兰卡海王星出版公司在仪式上共同签订了图书版权的输出合约。此次签约共涵盖印度尼西亚、斯里兰卡、尼泊尔、以色列、越南及接力出版社埃及分社等图书出版企业，输出的图书版权品类丰富，涉及范围广，有优秀作家的最新创作，也有新人写手的著作，满足了从低龄幼儿到成人等各个年龄层次读者的消费需要。

“2017北京国际出版论坛”于2017年9月12日举办，本次论坛聚焦于将“一带一路”作为中国图书版权对外贸易的新引擎。随着近年来中国与“一带一路”沿线国家出版机构的版权合作不断推进，北京地区的版权输出得到了持续的增长。[①] 中国已与“一带一路”沿线的29个国家和相关地区签订了政府间互译（图书）协议，在协议的推动下，中俄经典与现代作品出版项目已成功推出经典图书共57种，中阿典籍的互译项目也完成了对29种图书的翻译出版。[②] 虽然在北京的图书版权国际贸易市场中，“一带一路”沿线国家在以往并没有占据主要的输出或引入国地位，但是这也恰恰为中国的图书版权企业提供了广阔的空白市场。通过加强与沿线国家的合作，能够促进合作伙伴间的文化交流，在展现我国“文化自信”的同时感受他国优秀文化，并且吸纳其他国家图书出版企业的优秀运营模式，从而为我国的图书版权业对外贸易提供良好的发展前景。

---

① 应妮：《接力出版社76种图书版权输出到“一带一路”国家》，中国新闻网，2017年8月26日，http：//www. chinanews. com/cul/2017/08 -25/8314254. shtml。

② 林维：《2017北京国际出版论坛聚焦“一带一路”出版引擎》，中国国际图书博览会，2017年9月12日，http：//www. bibf. net/CN/NewsDetail. aspx? Id =455&NID =35&PID =35。

（二）注重培养国民阅读习惯

北京是一个拥有2170.7万常住人口的一线城市，其图书出版业的市场资源丰富，需求量大且需求种类广泛。因而，北京的图书出版行业在拓展海外市场的同时，也与政府合力推出了许多文化活动，培养国民的阅读习惯，以增加北京的图书出版市场对国外出版社的吸引力与容纳量。

为了响应“全民阅读”倡议，北京于2017年4月下旬正式启动了“第七届书香中国·北京阅读季”活动，共持续8个月，其间推出阅读活动3万余场，覆盖和影响人群共计超过1000万人。这一阅读季活动根据时间、季节的变化推出了不同的阅读主题。6月开展的夏季主题阅读，以阅读季为平台，联结了所有关注儿童阅读、青少年成长、家庭亲子阅读、全民阅读的社会力量，以培养青少年阅读习惯为重点，着力提高弱势群体的阅读水平，促进全民阅读体验升级，并且通过宣传、活动让更多的家庭、校园、企业乃至社会养成“好读书”的风气。当活动进行到9月时，阅读季的读书主题变为秋季阅读主题，以微型书展、讲座为载体，将优秀的图书出版作品推广到北京的十六区中，深入社区，拉近城市居民与图书出版作品之间的距离。

2017年10月12日，第二届“北京十月文学月”活动正式启动，在活动举办的20天时间内，围绕相关文学主题展开了包括“名家荟萃”“国际交流”“大众文学”“青少文学”“网络文学”五大板块在内的百余场活动。其中叶广芩、张之路等一众优秀作家、文学评论家，以及来自英国、捷克、俄罗斯、尼泊尔等国家和地区的学者、作家、翻译家参加了文学月活动。同时，文学月开展了“文学朗读欢盛会”“文学进社区、进校园”等公开活动，并且还以青少年为受众主体开展了一系列有针对性的文学活动。据不完全统计，活动的直接参与人数超过50万人，网络活动覆盖人次近1.9亿人。

在政府和社会的共同努力下，据2017年12月阅读盛典上发布的《2016～2017年度北京市全民阅读综合评估报告》，2016～2017年，北京市的居民人均纸质图书阅读量为10.97本，纸质图书与数字图书阅读日均时长为65.09分钟。通过活动的举办来培养北京市民的阅读习惯，不仅能够为图书出版业提供展示的平台，同时也利于图书出版企业挖掘潜在市场，调查消费者行为喜好，从而出版、引入更多的消费者喜爱的优秀图书作品。

（三）多方合作，引进输出共同发展

图书出版业作为高度凝结社会价值、文化内涵的产业，在促进文化交流、文化传播上有着非同一般的意义与效果。相比电影、话剧等以表演者为依托的经过二次创作的文化产品来说，图书产品以文字为依托，能够更大限度地激发读者对于作品的想象与主观感受，同时通过文字的描述，能够更加直观地感受到不同地区的作者所展现的文字世界。因而，引进优秀的图书作品在当今提倡文化交流的全球大背景下具有重要战略价值。根据北京地区版权贸易状况对比可知，2016年的北京地区图书版权引进相较于2015年增长18.73%，出现了跨越性增长（见表5）。同时，该时期北京图书版权进出口贸易的引进与输出比达到了1.904∶1，虽然仍存在较大的贸易逆差，但是如此大量的图书版权引进种类也极大地促进了北京地区的文化市场繁荣发展。

表5　2015～2016年北京地区版权贸易状况

指标名称	2016年	2015年	同比增减(%)
版权引进(项)	10185	8578	18.73
版权输出(项)	5347	4641	15.21

资料来源：北京市新闻出版广电局。

（四）数字化产品表现抢眼

随着互联网以及网络共享云端硬盘的发展，出版业现已不仅仅局限于纸质图书的出版发行，电子图书的线上推广逐渐占据更为重要的地位。数字出版企业、数字平台以及电商平台是图书出版产业与互联网产业融合发展趋势的具体表现，例如现已有的较大规模的亚马逊、当当网、晋江文学城、小说阅读网、同方知网等。同时，配合出版业的上下游企业也并行发展，3D 打印、环境友好、数字按需、跨媒体融合等技术方面的成就也不断促进图书形式多样化。同时，针对不同的阅读目标，相关企业将会有选择性地使用相应的印刷方式，例如运用 3D 打印技术生产的立体书、运用毛毡等不同材质制作的布艺书等，都会在未来得到进一步的发展。

对于电子图书出版业来说，在 2016 年的出版物物权进出口贸易中，电子出版物占总量的比重为 21.5%，这样高的占比也在一定程度上说明了在今后图书版权对外贸易的市场上，电子图书出版物必定会不断占据更为重要的位置。与传统的纸质图书出版物相比，电子图书出版物能够借助网络平台达到实时交换信息、扩大传播范围的目的，同时通过上传网络云盘进行信息储存能够提升作品的保存时效并且更利于保管整理。此外，电子图书出版物能够以个人智能终端、Kindle 电子书等形式为依托，在减轻读者随身携带的负担问题后，能充分地利用碎片时间，在当下社会快节奏的生活模式下为消费者提供最为便利快捷的阅读方式。

综上，不断加大对于新型图书出版产品的研发与调查，是促进图书出版业进入新时代、跟随科技发展脚步的重要举措。传统的图书出版产业固然重要，但是文化的传播方式不应受到局限，不断探索推出市场以及消费者所喜爱的产品才是文化产业不断发展的根本性动力。

三　2017年首都图书版权业对外贸易问题

（一）贸易逆差依然存在

在北京地区的图书版权对外贸易中，贸易逆差依旧存在，引进与输出比达到 1.904∶1。外国文化的传播与交流居于强势地位，而本土文化的输出却处于较为弱势的地位。在不同国家和地区具有不同文化背景的情况下，如何缩减贸易逆差，发扬文化自信，展现中国和北京的文化特色与文化名片，推动首都乃至全国图书出版业“走出去”，成为图书版权业在对外贸易时应当思考的重要问题。

（二）版权保护仍需加强

如何维护版权也是图书版权业在对外贸易时面临的重要问题。在电子图书产业蓬勃发展的情况下，侵权行为相较以往也更容易发生。在版权归属可能存在争议的情况下，图书版权的输出必将受到制约，同时可能出现较多盗版，注重版权保护的国家以及出版商在同中国出版企业合作时会抱有较大顾虑。

当今世界，欧美国家早已针对版权产业成立了相当系统、明确的法律与行业规则，但北京作为一个刚刚成长起来的发展中国家的城市，仍有很多需要在版权中明确的问题。版权保护与立法的加强也能促进图书版权在发展中的规范化，从而使其在对外贸易的工程中与国际接轨，在保护当地作者、出版商权益的情况下最大限度地促进图书版权业的进出口贸易。

（三）输出产品质量有待提升

在首都地区的图书版权对外贸易中，官方的贸易指标以引入与输出质量为基础进行统计，而非采用实际销售收入数据。在现在的对外贸易市场中，存在引入图书以畅销书版权为主，外方版税利润丰厚，而输出图书难成为畅销书，国内版权方收益较少的问题。若按照贸易图书版权所带来的经济效益来看，北京的贸易逆差必将更大。因而，提升国内输出产品的质量就显得尤为重要。在提升数量的同时，也要注重质量。作家如何能创作出符合国际市场的作品，出版商如何能挖掘出适应对外贸易的图书，我国如何在图书版权输出中提升中国、北京的图书热度与品牌口碑，这些都将成为继续发展首都图书版权对外贸易所要面临的重要问题。

四　2018年首都图书版权对外贸易发展建议

（一）提升图书版权出口内容多样性

在对外文化贸易市场中，北京地区的消费者对引入文学的兴趣不小。

2017年，从图书出版品类来看，少儿、文学市场保持快速增长，少儿阅读和休闲阅读成为市场的主要增长点。从版权输出来看，主要内容为传统文化，虽然近年来的科技、少儿、教育、文化、文学领域的图书品类输出数量也在增加，但是主要内容并没有产生根本性的变化。北京需要不断挖掘、发展适应国外文化、市场的优秀图书作品，提升文学、科技、教育等方面的图书品质，助推文化“走出去”。

当然，传统文化的图书出版作品也不应降低标准，要在保持原有水平的基础上，激发传统文化图书作品的新活力，促进图书文创产品、百科全书、教育科普性书目的发展，不断刺激原有的对外贸易市场，并且令其爆发出新的活力。这在推动文化交流、促进产业发展、树立文化自信中有着深远的意义。

（二）完善知识产权保护

对图书出版物版权的保护需要国内版权法的进一步完善。虽然《中华人民共和国著作权法》及《关于修改〈中华人民共和国著作权法〉的决定》已经在很大程度上完善了文化产业在对外贸易中的版权保护问题，但是对于相应盗版、抄袭问题的处理仍有待进一步加强。同时，在现如今网络文学、电子图书出版业蓬勃发展的情况下，如何能够在最大程度上保护原创作者与平台的权益成为我国在今后需要进一步探讨研究的方向。

（三）调整图书版权输出的考核指标

统计图书版权引进与输出所带来的实际经济收益将会比计算图书品类更为客观全面地体现首都乃至全国图书版权业的对外贸易发展状况。如将销售码洋等作为考核和统计的基础指标，并且对重要图书在引进或输出后的销售情况、读者人群、市场份额进行持续性的跟踪调查。这样可以更加全面地反映在不同地区、市场差异和文化差异大的情况下的读者偏好与市场指向。通过这样标准的数据呈现，可以为出版商提供更全面的资料，使其在今后的市场贸易中能够有针对性地进行作品的选择与推广，引导版权输出向高质量高收入的方向发展。

北京作为中国的首都，在政治、经济、文化上都拥有非同一般的影响力与号召力，首都的图书版权对外贸易需依托这样得天独厚的市场条件，不断完善自身的产业制度，探索符合时代发展的图书出版方式，发掘优秀的图书作品，并且在以后的发展中，为其他城市的图书出版业的对外贸易起到榜样作用。这样也是进一步落实国家“十三五”规划以及北京的“国家首都、政治中心、文化中心、宜居城市”城市功能的重要组成部分。

参考文献

郭虹：《2017 北京出版发行产业促进交易会专注一流品质》，2017 年 1 月 10 日，http：//www. cbbr. com. cn/article/109420. html。

卢杨、郑蕊：《2017 北京书市展销 40 万种出版物》，2017 年 4 月 13 日，http：//news. sina. com. cn/c/2017 – 04 – 13/doc – ifyeimzx6057905. shtml。

B.5

首都游戏产业对外贸易发展报告

孙 静*

摘 要： 游戏产业是北京对外文化贸易的重要组成部分。在2017年的北京动漫游戏产业产值中，游戏产业占绝对优势。本年度首都游戏产业海外市场呈现快速增长的趋势。这一日益兴起的文化现象引起了学术界的关注，但北京地区游戏产业对外贸易的发展情况还有待深入探讨。本文从首都主要游戏公司及游戏产品、游戏媒体两个方面论述了首都游戏文化发展现状，指出当前首都游戏产业对外贸易存在的问题及其原因，并从学术研究、游戏创新、游戏传播及如何提升游戏产能等方面提出相应建议。

关键词： 北京 游戏产业 文化贸易 游戏文化

一 2017年首都游戏产业现状

（一）首都主要游戏公司及产品

根据中国音数协游戏工委等机构联合发布的《2017年中国游戏产业报告》可知，中国游戏市场实际销售收入已达2036.1亿元，[①] 游戏用户达到5.83亿人。[②]

---

* 孙静，社会科学文献出版社博士后科研工作站博士后，讲师。研究方向：游戏文化、新媒体与社会、批判理论。

① 刘杰华：《2017年中国游戏产业报告》（摘要版），中国书籍出版社，2017，第6页。

② 刘杰华：《2017年中国游戏产业报告》（摘要版），中国书籍出版社，2017，第8页。

在游戏产业对外贸易方面，2017 年中国自主研发网络游戏海外市场实际销售收入达到 82.8 亿美元（约 520.5 亿元），较 2016 年增长 14.5%（见图 1）。

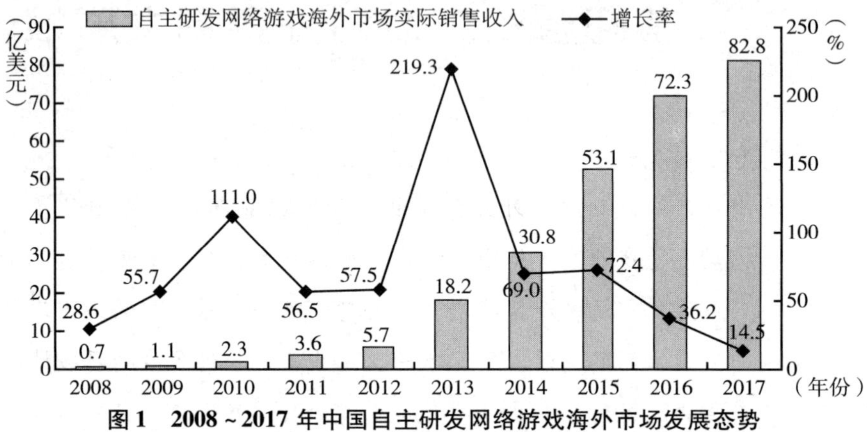

图 1　2008～2017 年中国自主研发网络游戏海外市场发展态势

资料来源：刘杰华：《2017 年中国游戏产业报告》（摘要版），中国书籍出版社，2017，第 39 页。

在中国 158 家游戏上市公司中，北京游戏上市企业占 24.1%；在全国 115 家新三板挂牌游戏企业中，北京地区挂牌企业占 32.2%：北京皆居全国首位。根据北京市文化局和北京动漫游戏产业联盟的统计数据，2017 年北京动漫游戏产业产值约达 627.0 亿元，较上年增长 20.3%（见图 2）。

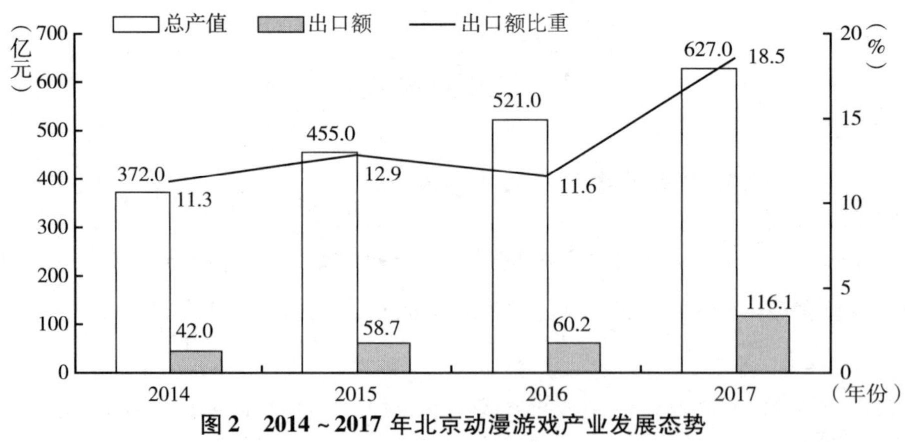

图 2　2014～2017 年北京动漫游戏产业发展态势

资料来源：孟竹、鲍聪颖：《2017 年北京动漫游戏产业产值达 627 亿元　再创历史新高》，人民网，2018 年 1 月 9 日，http://bj.people.com.cn/n2/2018/0109/c82839-31120894.html。

如图2所示，2017年北京动漫游戏产业出口额出现了显著增长，高达116.1亿元，约占全国游戏市场出口总额的22%。值得注意的是，2017年的海外产值约为当年北京动漫游戏总收入的五分之一。进一步来看，与2016年相比，2017年首都动漫游戏产业增长总额为106.0亿元，其中有约50%是海外游戏市场收入。由此可见，作为文化产业重镇，北京的游戏企业在海内外市场成绩斐然。

2017年12月18～20日，“2017年中国游戏产业年会”于海南海口举办。该年会由国家新闻出版广电总局主管，中国音像与数字出版协会等单位联合主办，由中国音像与数字出版协会游戏出版工作委员会与海南生态软件园投资发展有限公司联合承办。在本次年会中，首都地区游戏企业及游戏产品成绩傲人，具体获奖信息见表1所示。

表1　2017年中国游戏产业年会获奖游戏企业（北京地区）

2017年度中国十大品牌游戏企业	完美世界(北京)软件科技发展有限公司
	北京畅游时代数码技术有限公司
2017年度中国十大新锐游戏企业	北京点翼科技有限公司
	北京飞扬天下网络科技股份有限公司
	北京乐享互动网络科技股份有限公司
	北京漫亚娱乐文化传播有限公司
	北京龙创悦动网络科技有限公司
2017年度中国十大游戏研发商	完美世界(北京)软件科技发展有限公司
2017年度中国十大游戏出版商	完美世界(北京)软件科技发展有限公司
	北京光宇在线科技有限责任公司
	北京网元圣唐娱乐科技有限公司
2017年度中国十大移动游戏运营商	完美世界(北京)软件科技发展有限公司
	北京奇虎科技有限公司
	北京巴别时代科技有限公司
2017年度中国十大游戏服务商	北京奇光影业有限公司
	北京触控科技有限公司
	北京智明星通科技股份有限公司

续表

2017 年度中国十大海外拓展游戏企业	北京智明星通科技股份有限公司
	点点互动(北京)科技有限公司
	三七互娱(上海)科技有限公司
	北京昆仑万维科技股份有限公司
	北京掌趣科技股份有限公司

资料来源:《2017 年中国“游戏十强”获奖名单》,游戏产业网,http://2017gametop.cgigc.com.cn/。

由此可见,首都地区的游戏企业是全国游戏市场的核心组成部分,亦在全球游戏市场中具有巨大发展潜力。根据 2017 年第一季度的统计数据,北京地区的游戏企业多达 394 家,占全国游戏企业总数的 25.5%,游戏数量达到 1803 款,高居全国同领域榜首(见图 3)。

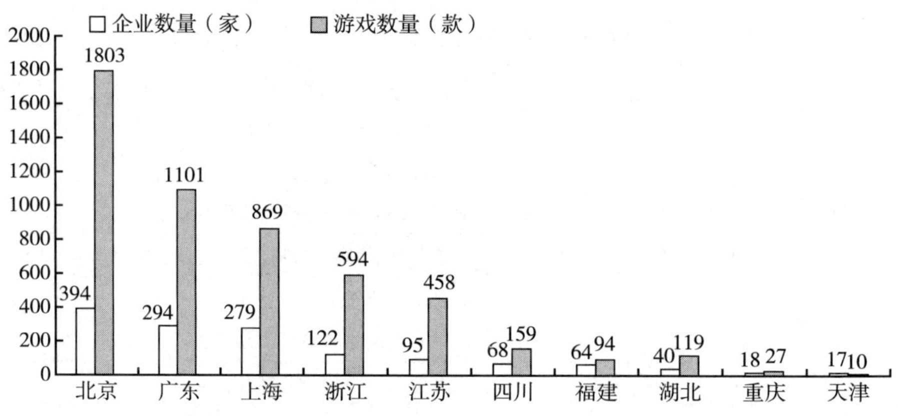

图 3　2017 年第一季度中国游戏企业及产品数量

资料来源:《中国游企版图 2017Q1 研究报告:游戏产业机遇透视》,游戏产业网,2017 年 6 月 15 日,http://www.cgigc.com.cn/subject/12015.html。

2017 年,中国主要游戏产区共有 5234 款国产游戏获批出版,其中有约三分之一的产品来自北京游戏公司,北京位居全国首位。在“2017 年中国游戏产业年会”的优秀游戏作品评选中,以完美世界、英雄互娱为代表的北京游戏企业亦取得了优秀成绩(见表 2)。

表 2　2017 年海外市场优秀中国自主研发网络游戏产品（北京地区）

最终幻想:觉醒	完美世界(北京)软件科技发展有限公司
诛仙	完美世界(北京)软件科技发展有限公司
全民枪战	英雄互娱
一起来飞车	英雄互娱
阿瓦隆之王	北京趣加科技有限公司
热血江湖	龙图游戏
战火与秩序	壳木软件
偶像梦幻祭	乐元素
战舰帝国	华清飞扬
丧尸之战	龙创悦动
列王的纷争	智明星通

资料来源：刘杰华：《2017 年中国游戏产业报告》（摘要版），中国书籍出版社，2017，第 40 页。

（二）游戏媒体

游戏媒体是指提供游戏资讯的杂志、网站等，例如国外的“游戏雷达”（gamesradar. com）、“小宅网”（kotaku. com）、“多边形”（polygon. com），受众通常是游戏玩家或游戏产业从业者。北京地区的游戏媒体大致可以分为两类。

一是首都主流媒体的游戏频道。例如，《人民日报》的官网人民网开设了游戏专栏（game. people. com. cn）。值得注意的是，《环球时报英文版》（*Global Times*）和《第六声》（*Sixth Tone*）两家著名英文媒体界开设了面向国外读者的游戏专栏，前者在“艺术”一栏下设置了游戏子类，与电影、电视、图书等内容并列，后者则提供最新游戏资讯和深度游戏评论。

二是北京地区的专业游戏媒体。首都的专业游戏媒体相对独立，以微信公众号或微博的形式分享游戏资讯，多数具有独立网站，如“IGN 中国”“独立精神”（indinova. com）等。值得注意的是，“IGN 中国”是游戏媒体跨国合作的产物。IGN 是国外著名的游戏媒体，总部设在美国加利福尼亚州。北京岸基恩娱乐科技有限公司引入 IGN 品牌授权，旨在借鉴其成熟的游戏媒体理念，推动中国的游戏传播。

与之相比，“独立精神”则立足本土，致力于中外游戏文化交流。例如，该网站的“古登堡计划”专门为中外玩家及游戏制作人提供字幕翻译工作，其志愿者团队包括许多留学生及游戏爱好者。该项目已经为多个独立游戏制作人和游戏作品提供了中英文字幕翻译帮助。2017 年，该网站又与欧洲、北美等多所大学及研究所合作，提供游戏设计交流项目，组织参与国内外的游戏设计比赛，译介国外游戏研究文章等，极大地推动了中外游戏文化交流。

二　首都游戏产业存在的主要问题

如上文所述，2017 年首都地区游戏产业发展迅猛。值得注意的是，在快速发展中，首都游戏对外贸易存在不容忽视的问题，主要集中在学术研究、游戏制作、传播及产业产能方面。

（一）理论视野空白，缺乏学术研究

纵观 2017 年度北京地区游戏文化发展态势，一方面，北京的游戏产业和游戏用户呈现快速增长的趋势，游戏成了北京居民日常生活中重要的娱乐形式之一；另一方面，学术界对于北京地区游戏文化的关注和分析还方兴未艾。在美国亚马逊官网，笔者以“游戏”为关键词搜索图书，会出现 738168 条记录。令人吃惊的是，如果以“首都”和“游戏”两个词为关键词在亚马逊中国官网检索，只能搜到一本图书，名为《越玩越聪明：0～3 岁宝宝最爱玩的经典益智游戏》（北京联合出版公司 2014 年出版）。如果将关键词“首都”替换成“北京”，则找不到任何相关的游戏研究著作。当当网图书的相关检索结果与之类似。在京东图书上，“首都”和“游戏”两个关键词可以检索到首都师范大学出版的图书，数量不足 20 本，主要涉及幼儿教育和人力资源两个方面。

就期刊论文而言，如果以“首都”和“游戏”两个词为关键词在中国知网（CNKI）检索，该网站就只有两个结果，皆是有关网络游戏维权的文章。如果以“北京”和“游戏”两个词为关键词检索，可得到以下结果（见图4）。

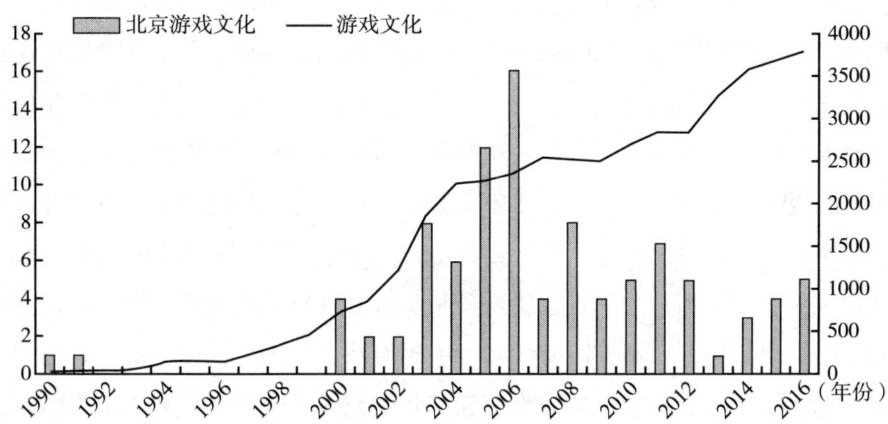

图4　“北京游戏文化”与“游戏文化”研究文献概览（1990～2016年）

说明：数据采集于2017年6月19日。

如图4所示，有关北京游戏文化的讨论始于1990年，平均每年文献数仅为3.6篇。与此同时，有关游戏文化的研究却呈高速增长的态势。如果以“游戏”为关键词搜索，CNKI的相关文献可以追溯到20世纪50年代。1990～2016年，平均每年有1617.7篇有关“游戏文化”的文章发表，是“北京游戏文化”年均文章数量的近450倍。

在这些文献中，我们可以发现两个问题。其一是有关北京游戏文化的研究极为滞后，尤其需要开展针对北京地区特色的游戏文化学术研究。其二是游戏文化研究存在一个普遍问题，即缺乏理论视野。在国外，游戏研究已经成为相对成熟的学科，名为游戏学（ludology），一些权威出版社每年都会推出游戏文化研究专著及论文。反观国内，当前的游戏文化研究多为报纸等非权威媒体对游戏的介绍，相关研究还是一块飞地。

之所以缺乏游戏研究理论视野，究其原因，首先是主流学者对游戏存在偏见，认为游戏意味着玩物丧志，从而忽视了游戏是首都文化研究的重要课题这一事实。作为为全国乃至全世界游戏玩家提供游戏产品的地区，北京应该成为全国游戏文化研究的领头者，探索关于游戏的学术研究和批判性反思。

其次是当前学者缺乏讨论游戏的学术平台。近年来，欧美及澳洲等地区每年都会举办多次游戏研究国际会议，其研究对象也会涉及中国的游戏文化。以中国电子游戏研究协会（Chinese DiGRA）的历届年会为例，作为一个以中国游戏文化为研究对象的国际学术会议，历届会议均以英文论文为主，2017 年的年会甚至没有设立中文小组。值得关注的是，西方学者的解读方式往往带有某些偏见性预设，从东方主义的角度将中国游戏视作他者。与此同时，我国并没有为国内游戏学者提供合适的学术会议平台，他们只能转而参加国外会议。然而，囿于语言因素，一些国内学者无法与国际学者实现有效的沟通。因此，国内外游戏话语之间的断裂加剧了国外学者对中国游戏文化的误读。当前，首都地区作为全国游戏文化的重镇，应该承担起游戏研究的社会责任。然而，当前北京地区的出版社及学术期刊还没有将游戏文化纳入考察范畴，因此缺少国际视野和地域观照。相关机构不仅忽视了对国外文献的译介，也缺少了对游戏研究科研项目及研究成果的支持和引导，还没有建立起常规的游戏文化学术平台。

（二）制作群体单一，产品同质化严重

如上文所述，在我国 2017 年的游戏市场实际收入中，自主研发网络游戏市场实际销售收入达到 1397.4 亿元，较上年增长 18.2%。虽然当前国内游戏公司加强研发力度，并向国内及海外市场推出自研产品，但游戏产品的同质化问题极为严重。

根据中国音数协游戏工委（GPC）和伽马数据（CNG 中新游戏研究）联合发布的《中国游戏企业品牌报告》（摘要版），游戏产业产品“同质化严重，抄袭、山寨问题屡见不鲜，造成产品生命周期不长，新品成功率低，不利于品牌的可持续性”。[①] 与此同时，游戏过度商业化以及用户体验差等问题成为国产游戏的顽症（见图 5）。

① 伽马数据（CNG 中新游戏研究）：《中国游戏企业品牌报告》（摘要版），2017，第 4 页。

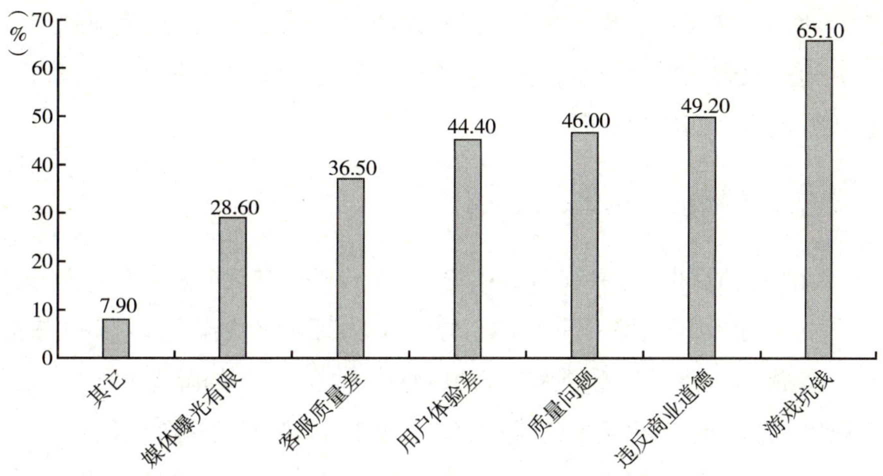

图 5　影响中国游戏企业品牌形象因素

资料来源：伽马数据（CNG 中新游戏研究）：《中国游戏企业品牌报告》（摘要版），2017，第 8 页。

产品之所以缺乏多样性，首先是因为游戏市场被少数大型游戏公司主导。以移动游戏市场为例，网易、腾讯两家公司的市场份额为 70%，其余小公司的市场占有率皆不足 5%。许多小团队为了快速获取利润，盲目模仿既有的游戏产品，使得自身产品的死亡率提升。

其次是因为缺乏具有创新性的游戏人才。当前的游戏开发者往往是从美术设计、编程等专业领域进入游戏团队的，缺少对游戏的整体及深入认识。鉴于我国游戏学术研究滞后，游戏从业者往往过于从商业角度思考游戏，缺乏对游戏的社会价值及艺术价值的理解。

最后是因为独立游戏制作人缺少支持及发行渠道。如果说大公司容易造成游戏产品同质化，那么独立游戏无疑孕育了游戏产业创新的契机。2017 年，伴随全球独立游戏的热潮，北京地区也出现了少量独立游戏活动。如中国独立游戏联盟（CiGA）主办的“全球游戏创作节（北京站）”“2017 年 indiePlay 中国独立游戏嘉年华”，再如中国传媒大学主办的“第五届定福庄游戏开发者大会”。然而，首都地区的独立游戏制作人依然缺乏相应的资金及政策支持，更缺少有效的发行渠道。

因此，只有改善游戏产业人才的知识结构，提升企业对游戏学的深入认知，并为独立游戏提供制作和发行的平台，带动游戏产业的创新意识，才能够根治游戏产品同质化的问题。

（三）传播乱象丛生，缺乏引导

当前的首都游戏传播存在两个极端。一个极端是缺乏专业视角，没有原创内容，如上文提及的人民网等传统媒体。一部分原因是主流媒体对游戏依然或多或少存在偏见，另一部分原因是在这些媒体中缺乏专业的游戏研究者。因此，此类媒体只能转发其他网站的相关内容，鲜少出现对游戏的深度讨论。

另一个极端是过于商业化，一味迎合玩家（尤其是男性玩家）口味。这类游戏传媒往往拥有专业团队，且其撰稿人多数是资深游戏玩家，或者在游戏产业浸润多年，具备深厚的游戏专业知识。虽然原创性内容和专业视角是此类游戏媒体的特色，但其游戏评论容易成为产品推广的软文，甚至过于媚俗。

不难看出，以上两类游戏媒体都对游戏缺乏专业的批判思维。批判思维的养成要建立在对游戏的深入研究基础之上，只有评论者对游戏这一大众文化产品具有批判意识和审美能力，才能够从专业角度对游戏产品和产业做出评论，继而引导和监督首都游戏产业健康发展。

（四）游戏产业效能受限，集中在纯粹娱乐

当前，国内依然对游戏存在一定程度的偏见，认为游戏只是一种玩物丧志的纯粹娱乐。实际上，游戏思维和游戏元素可以被应用到娱乐之外的多个领域，从而提升游戏产业的社会效能。荷兰文化史学家约翰·赫依津哈在其经典著作《游戏的人》（*Homo Ludens Study of the Play-Element in Culture*）中指出，“文明是在游戏之中成长的，是在游戏之中展开的，文明就是游戏”。[①] 可以说，游戏元素贯穿人类历史，并散播于人们的日常生

① 约翰·赫依津哈：《游戏的人：文化中游戏成分的研究》，何道宽译，花城出版社，2007，第 33 页。

活中。

就首都地区的游戏产品而言，游戏思维在公共领域的应用存在两个主要问题。首先是游戏被贴上纯粹娱乐的标签。除了作为娱乐的电子游戏，游戏思维也可以被应用到文化展览、心理治疗、教育、运动等多个领域。其次，缺乏功能游戏的研发和推广。除了娱乐维度，功能游戏（或严肃游戏）也是发挥游戏功能的有效形式。当前，满满学院已经将游戏思维应用到商务培训课程中，腾讯等公司也正在推动游戏在娱乐范围以外的实际应用。如果游戏思维能推动功能游戏的研发，用游戏的方式解决现实生活中的问题，提升教育、医疗、公共服务等体验，势必能极大促进首都游戏对外贸易的产能。

三　促进首都动漫网游对外贸易发展的建议

鉴于以上诸多问题，我们认为，只有推进游戏学术研究，培养游戏制作、传播、评论和研究等人才，才能促进首都游戏文化良性发展，亦能让其他领域的首都文化从游戏中受益。具体来说，我们可以从以下几方面做出改善。

（一）加强教育引导、推动游戏研究，为产业提供人才储备

采取相应措施支持游戏学术研究，是有效推动首都游戏文化健康发展及游戏产业创新的重要手段。具体措施包括：设立用于游戏学术研究的社会科学研究专项基金，推动国外优秀游戏研究著作的译介；通过学术会议的方式，开展国内外游戏研究学术交流活动，拓展研究视野，交流游戏研究的前沿话题；鼓励并支持首都高校及科研院所的学者针对首都地区的游戏文化展开深入的学术研究，并以游戏专题的形式在权威学术期刊推出研究成果。

此外，设立游戏教育课程，充分利用首都高校集中、青年人才众多的优势，将游戏评论、游戏编程、游戏 UI 设计、游戏策划、游戏化思维

等相关课程引进课堂，创立游戏专业课程体系，培养游戏设计及评论人才。

就课程体系而言，一方面可以参考国外游戏教育体系，构建高校游戏课程。在美国，麻省理工学院、纽约大学、南加州大学和乔治亚理工大学都开设了游戏设计及研究专业，具备完善的游戏教育体系，其课程体系和教学理念都可以为我国高校提供参考。另一方面，游戏课程需要借鉴高校中的文学研究、文化研究、社会学研究、新闻传媒等学科的研究方法，结合各学科特点开展游戏文化教育。

就授课过程来说，首都高校要有意识地培养专业游戏教育教师，既要包括学术研究者，也要邀请游戏的游戏产业从业者分享游戏设计经验。学生课程评价要兼顾理论与实践，既要有对游戏理论和游戏评论的考察，又要有小组式的游戏设计项目。首都高校要鼓励学生通过游戏思维来解决社会需求，传播传统文化，为首都公共事务和文化服务发展做出贡献。

（二）鼓励游戏产品多样化，支持独立游戏制作人

为独立游戏制作人或游戏小团队提供政策支持，鼓励开发具有创新性的游戏产品。著名华人游戏设计师陈星汉就是从独立游戏作品开始做起，他于2012年制作的《风之旅人》（*Journey*）获得多项国际游戏设计大奖，其作品因为颇具东方意境而被称为“禅派”。2017年为见证了中国独立游戏快速发展的一年，许多独立游戏作品极具创新性，是改善当前游戏产品同质化问题的有效手段。因此，文化主管部门可以提供相应的政策，推动独立游戏团队的创新。

相关部门可以从以下几方面提供相关保障措施。首先，设立独立游戏研发基金，为独立制作人（团队）提供资金支持。其次，设立游戏无成本或低成本发行平台，并塑造优秀的独立游戏品牌。最后，举办游戏制作大赛，鼓励高水平、多样化的设计。游戏大赛可以整合首都高校游戏教育资源以及首都游戏企业资源，鼓励以中国传统经典作品或当代首都文化为主题来研发

作品。此外，游戏设计比赛还要兼顾社会责任，鼓励研发有助于社会公共生活以及公益事业的设计作品。

（三）拓展游戏传播渠道，形成健康、有活力的游戏传播

鼓励首都主流媒体设立游戏专栏，通过纸媒和互联网新媒体传播首都游戏文化。首都媒体可以借鉴国外游戏媒体的传播经验。主流媒体可以与独立游戏媒体合作，前者为后者树立健康积极的传播导向，后者亦可为前者提供首都游戏文化的优质文章，二者形成优势互补。

此外，游戏学术研究为游戏传媒提供具有批判思维的人才，关注首都游戏文化资讯，引导并规范首都游戏传播的内容。作为大众文化的一部分，游戏文化也存在质量参差不齐的内容，虽然有对优秀游戏作品的审美欣赏，但也不乏对低俗口味的盲目认同。因此，游戏传媒需要引入批判思维，针对游戏文化做出深入的反思，进而提升首都游戏对外贸易产品的质量。

（四）推动游戏理念实际应用

鼓励并推动博物馆、图书馆等首都公共机构的游戏化进程，利用 VR、AR 等技术开展互动体验。当前，国内已经有一些成功案例将游戏思维运用到博物馆中，可供首都地区公共文化机构借鉴。以香港文化博物馆为例，该馆以卢浮宫展品为主题开展了多种形式的活动。其中，“德依馆长的超时空藏宝阁”构建了一个寻宝空间，通过互动节目及视频放映等形式，让参观者获得一种收集和探索体验；“细说从头 - 罗浮宫与紫禁城时光之旅”则采用互动戏剧的方式，将卢浮宫与北京的故宫并置，由专业演员扮演中法两国的历史人物，与现场参观者展开对话，从而提供一种沉浸式的互动体验。通过游戏化体验，博物馆不再是冷冰冰的物理空间，其展品也鲜活起来，促使观众能够更深入地感知中国文化，趣味性与知识性兼备。

综上所述，在前期的游戏产业基础上，2017 年的首都游戏对外贸易发展迅速，首都游戏企业依然为海外游戏市场提供大量游戏作品。此外，首都已经出现专业的游戏传媒和少量游戏设计课程，成为全国同行业的先

锋机构，为构建中国的游戏话语做出了实验性的尝试。与此同时，首都游戏对外贸易产品也存在进一步提升的空间，主要集中在游戏学术研究、游戏教育体系、游戏传媒资源整合以及提升游戏产业产能等方面。本文旨在全面透析当前首都游戏文化的现状、问题及其成因，并提供一系列有建设性的建议，进而推动首都游戏对外贸易发展。鉴于首都文化在我国的核心地位，本文亦对国内其他地区乃至整个创意文化产业具有一定的参考价值。

参考文献

刘杰华：《2017 年中国游戏产业报告》（摘要版），中国书籍出版社，2017。

伽马数据（CNG 中新游戏研究）：《中国游戏企业品牌报告》（摘要版），2017。

约翰·赫依津哈：《游戏的人：文化中游戏成分的研究》，何道宽译，花城出版社，2007。

B.6 首都文化旅游服务贸易发展报告

王海文　马千惠*

摘　要： 在文化与旅游深度融合的背景下，北京市文化旅游服务贸易迎来快速发展的战略机遇期，不仅在“四个中心”城市功能定位的引领下正实现高水平发展，而且在文旅融合、产贸基础、协同发展等方面均有不俗的表现。然而，北京市文化旅游服务贸易也存在发展模式创新能力、要素资源的市场化配置能力和品牌培育能力等方面的问题和不足。为此，北京市文化旅游服务贸易要充分发挥城市功能定位的引领作用，持续提高区域贸易协同和对外开放水平，增强文旅融合程度，推动品牌培育和国际竞争力的提升。

关键词： 文化旅游　服务贸易　北京

首都北京作为全国文化中心，有着极为丰富的文化资源和旅游资源，在推动文化与旅游融合、促进文化旅游服务贸易繁荣发展方面有着得天独厚的优势。伴随“四个中心”城市功能定位的持续推进以及经济结构的优化升级，北京文化旅游服务贸易的产业基础不仅得以夯实，而且对外开放水平也更高，正迎来快速发展的战略机遇期。

---

* 王海文，北京第二外国语学院教授、经贸与会展学院副院长，研究领域：国际文化贸易、服务贸易等。马千惠，北京第二外国语学院国际商务专业硕士研究生。本文为北京市教委面上项目“供给侧改革背景下北京对外文化贸易政策效果跟踪与评价研究”阶段性成果。

一 北京市文化旅游服务贸易发展现状

（一）“四个中心”城市功能定位正引领北京文化旅游服务贸易高水平发展

城市功能定位对于城市，尤其是特大城市的健康长远发展具有极为重要的战略意义和现实意义。从2014年习近平总书记考察北京提出“四个中心”，要求努力把北京建设成为国际一流的和谐宜居之都到现在，北京在全面重塑城市格局、全力拓宽城市发展空间的过程中迎来了城市高水平、快速发展的关键时期。在这样的背景和形势下，北京文化旅游服务贸易同样处于高水平发展的重要战略机遇期。

在北京“四个中心”的城市功能定位中，全国政治中心、文化中心和国际交往中心无疑是北京文化旅游服务贸易繁荣发展的坚实基础和独特条件，而科技创新中心则为北京文化旅游服务贸易模式创新、竞争力的提升和国际化发展插上腾飞的翅膀，从而使其形成国内其他省市无可比拟的发展优势。然而，面对底蕴深厚、丰富多彩的历史文化和各种旅游资源，以及作为首都，外交机构、国际组织、跨国公司总部云集的条件，北京在推动文化旅游服务贸易高水平发展、建设具有国际竞争力的世界文化旅游城市方面与其他城市却存在很大差距。

“四个中心”城市功能定位的提出，从战略层面为北京城市文化旅游服务贸易的繁荣打开了空间，使各种文化旅游要素实现更深层次、更高水平、更加开放的交融、集聚，使城市功能与文化旅游服务贸易相辅相成。《2016－2022年中国文化旅游市场分析及发展趋势研究报告》显示，2015年我国接待国内外旅游总人数为41.2亿人次，其中文化体验游的人群的占比已经达到50.7%。[①] 2018

① 于馨：《文化旅游融合　彰显文化自信推动旅游发展》，《中国改革报》2018年3月23日，http：//www.crd.net.cn/2018－03/23/content_24721332_0.htm。

年1月，《北京市人民政府办公厅关于印发〈北京市加快供给侧结构性改革扩大旅游消费行动计划（2018－2020年）〉的通知》提出，“到2020年，旅游消费占全市总消费比重超过25%，旅游消费结构持续优化，购物和文化娱乐消费占旅游消费比重达到35%左右，旅游业增加值占全市GDP比重超过8%”。[①] 可见，文化旅游消费以及对外服务贸易的繁荣发展不仅仅是北京“四个中心”城市功能定位的必然要求和趋势，也是北京“四个中心”建设的重要组成部分和推动力量。

如果说近年来伴随国家经济结构的优化升级以及大众对旅游消费的不断增强，国内文化旅游服务业正酝酿并将形成井喷之势，那么北京“四个中心”城市功能定位正引领北京文化旅游服务贸易在坚持“创新、协调、绿色、开放、共享”五大发展理念的基础上向高品质、高效率、高水平方向发展，并在国内探索形成彰显北京特色的独树一帜的文化旅游服务贸易发展路径与模式。

（二）文化与旅游的深度融合正推动北京文化旅游服务贸易创新发展

无论从要素资源，还是从产业组织等层面来看，文化与旅游均有着天然的联系和彼此交融的条件。为了推动旅游以及文化产业的发展，国家出台了一系列相关政策。从2009年发布《文化产业振兴规划》《关于加快发展旅游业的意见》《关于促进文化与旅游结合发展的意见》到2017年出台《“十三五”时期文化旅游提升工程实施方案》，再到2018年新组建文化和旅游部，都表明我国正在从国家政策层面着力推动文化与旅游的深度融合。随着全域旅游和“大文旅产业”的发展，文化旅游已经成为旅游产业和文化产业发展的积极力量。越来越多的地区将文化旅游作为产业转型升级的主攻方向。

有关报告指出，中国文化旅游可分为以下四个层面：以文物、史记、遗址、古建筑等为代表的历史文化层；以现代文化、艺术、技术成果为代表的

---

① 北京市人民政府办公厅：《北京市加快供给侧结构性改革扩大旅游消费行动计划（2018－2020年）》，http：//zhengce. beijing. gov. cn/zfwj/5111/5141/1344481/1542750/index. html。

现代文化层；以居民日常生活习俗、节日庆典、祭祀、婚丧、体育活动和衣着服饰等为代表的民俗文化层；以人际交流为表象的道德伦理文化层。从这四个层面来看，北京文化旅游资源的种类、数量等各方面都在全国首屈一指。在旅游产品逐渐由观光旅游占主体地位转向观光旅游、休闲度假旅游和专项旅游（商务旅游、会展旅游等）协调发展的形势下，北京文化与旅游深度融合正处于新的机遇期。

《北京市"十三五"时期旅游和会展业发展规划》指出，要打造九个特色鲜明的主题板块，包括北京古都文化旅游板块、CBD－三里屯商务休闲旅游板块、环球影城游乐度假旅游板块、冬奥运动休闲板块、奥体文博体验板块、长城文化旅游板块、三山五园皇家宫苑文化旅游板块、798 艺术区创意休闲板块以及卢沟桥－宛平城抗战文化旅游板块；十二大京郊游重点板块，包括皇家温泉度假板块、古北口－雾灵山度假休闲板块、房山世界地质公园旅游板块、爨底下－百花山生态文化休闲板块、京西古道文化与户外休闲旅游板块、世界园博休闲板块、金海湖休闲度假旅游板块、雁栖湖会议休闲旅游板块、"北京源"文化休闲旅游板块、燕山满韵山水休闲旅游板块、通州运河文化休闲旅游板块、大兴庞各庄农业休闲旅游板块。① 从上述板块可以看出，北京文化旅游资源的整合规划力度和水平进一步提升，文化旅游在北京旅游经济中的地位进一步提高。

《北京市加快供给侧结构性改革扩大旅游消费行动计划（2018－2020年)》提出，推动长城文化带、运河文化带、西山文化带建设，将大运河自然文化资源塑造成世界认可的国家文化符号；推动城市副中心文化旅游区建设，高水平建设北京环球主题公园及度假区；持续推进京郊旅游"五十百千万亿"休闲体系建设，支持十种乡村旅游新业态发展，打造 100 个具有历史记忆和地域特色的旅游村镇；支持康养旅游、研学旅游、体育旅游等"旅游＋"融合发展，启动 5 个区域旅游示范区建设等。在文化与旅游深度

① 北京市旅游发展委员会：《北京市十三五时期旅游和会展业发展规划》，http://www.bjta.gov.cn/xxgk/ghjh/index.htm。

融合的背景下，北京文化旅游服务贸易在业态、模式等方面有诸多创新，在协同中获得高效发展。

（三）产业贸易基础的持续夯实正助力北京文化旅游服务贸易快速发展

产业贸易基础对北京文化旅游服务贸易发挥了极为重要的作用。2017 年北京市旅游贸易继续保持平稳发展，实现旅游总收入 5469 亿元，增长 8.9%；接待游客总人数 29746 万人次，增长 4.3%。

就入境游而言，2017 年，北京市接待入境游客 392.6 万人次，相较于 2016 年下降 5.8%，韩国游客减少 14.4 万人次是入境量下降的主要原因。2015～2017 年，北京市入境游人数总体呈现下降态势。其中，除香港游客人数略有增加外，其他国家或地区的入境游客数量均有不同幅度的下降，尤其是澳门游客，其近三年降幅明显。虽然入境游人数有所下降，但旅游外汇收入达 51.3 亿美元，较 2016 年增长 1.2%（折合人民币 346.4 亿元，增长 2.8%）（见表 1）。

表 1　2016～2017 年北京市入境游市场概况

项目	2015 年	2016 年	2017 年	同比增长率(%)
入境旅游人数(万人次)	420	416.5	392.6	-5.8
港澳台同胞	62.4	61.8	60.6	-2.0
中国香港	34.9	35.3	35.7	1.1
中国澳门	2.1	1.6	1.4	-12.5
中国台湾	25.4	24.9	23.5	-5.6
外国人	357.6	354.8	332	-6.4
旅游外汇收入总额(万美元)	460500	506900	513000	1.2

资料来源：北京市旅游发展委员会。

从北京入境旅游者构成来看，以外国游客为主，2017 年共接待外国入境游客 332 万人次，占入境总人数的 84.6%。就地区分布而言，亚洲、欧洲和美洲游客居多，共占全部入境游客的 90% 以上（见图 1）。细分到国家，前三大客源国分别为美国、日本和韩国。

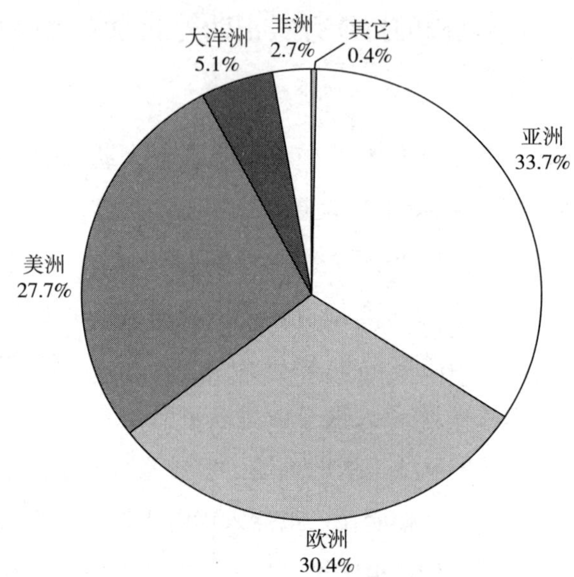

图 1　2017 年北京入境外国游客来源地区构成

资料来源：北京市旅游发展委员会。.

从北京市入境游客消费构成来看，由于地理距离，长途交通费占总支出的比重达 38.3%，相对于国内游客而言，此类支出更为突出。此外，相对于国内游，外国入境游客旅游周期普遍更长，住宿支出比重达 18.3%。购物和餐饮分别占比 18.5%、11.4%，仍然是支出重要项目（见图 2）。

就出境游而言，2017 年，北京市拥有出境经营许可权的旅行社组织公民出境游 511.5 万人次，较 2016 年减少了近 60 万人次，主要是由于赴韩国和泰国的游客分别减少了 68 万人次和 28 万人次。从地区来看，前往非洲的游客有一定幅度的增加，由 2016 年的 12.9 万人增至 16.2 万人，除此之外的其他地区多有下降（见表 2）。就国别分布而言，年度出境游热度最高的五个国家依次是：日本、泰国、法国、韩国和意大利。此外，前往港澳台地区旅游的人数也大幅度减少。

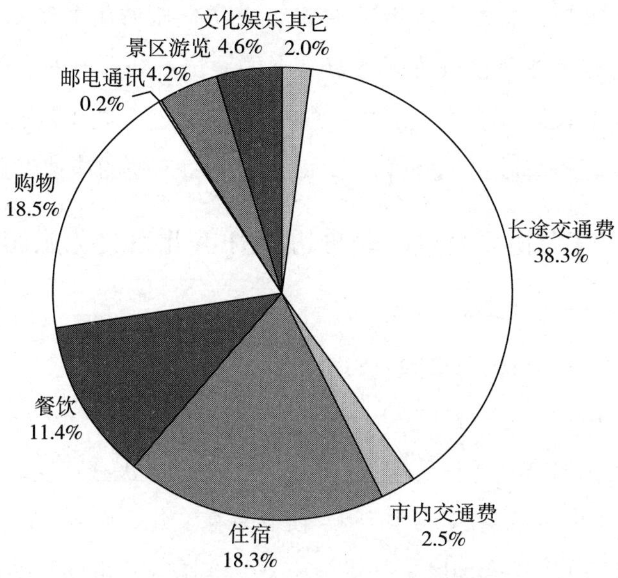

图 2　2016 年北京市入境旅游者消费构成

资料来源：北京市统计局。

表 2　2016～2017 年北京旅行社组织国内居民出境旅游情况

项目	2016 年	2017 年	同比增长率(%)
国内居民出境人数(万人次)	571.3	511.5	-10.5
前往国别及地区			
中国香港	18.5	14.8	-19.8
中国澳门	13.2	15.4	16.5
中国台湾	14.6	6.2	-57.4
亚洲	405.9	333.8	-17.7
欧洲	190.7	182.2	-4.4
拉丁美洲	2.1	2.1	-0.6
北美洲	29.7	28.9	-2.6
大洋洲	30.1	22.9	-23.8
非洲	12.9	16.2	26.1
其他	0.1	2.7	2443.1

资料来源：北京市旅游发展委员会。

虽然上述统计信息没有直接反映北京市文化旅游服务贸易的具体数据，然而鉴于文化旅游在北京旅游服务贸易中的地位不断上升的态势，加之旅游总收入的持续增长以及入境游、出境游结构的变化，北京文化旅游服务贸易总体处于产业贸易基础更加坚实、发展潜力更加强劲的快速发展阶段。

（四）京津冀协同发展战略推进正开辟北京文化旅游服务贸易广阔区域空间

截至2015年12月，京津冀区域内共有7座国家历史文化名城、8处世界文化遗产、14处5A级景区、426处全国重点文物保护单位和17家国家一级博物馆，文化遗产资源极为丰富。[①] 京津冀协同发展战略使北京文化旅游服务贸易所处的国内区域空间更加广阔，使北京在文化、旅游资源及相关要素流动配置方面与其他国家和地区更加灵活有效，在国内外市场互动方面与其他国家和地区更加紧密。

《北京市“十三五”时期旅游和会展业发展规划》指出，要强化京津冀区域旅游协同引领作用，具体包括：加速京津冀旅游服务一体化建设；引领京张运动休闲旅游合作带建设；共建大运河旅游带，凸显运河源头的龙头带动作用；先行先试引领太行山、大燕山国家公园建设；强化与天津邮轮母港的衔接，优化海陆旅游组织；推进多层次区域旅游合作走向深入。

2017年12月7日，京津冀旅游协同发展第七次工作会议在北京召开。会上发布的《京津冀旅游协同发展工作要点（2018－2020年）》强调，在2020年底前，三地将全面建立京津冀旅游协同发展试点示范区旅游组织一体化、规划一体化、市场一体化、管理一体化工作机制。根据国家发改委、民航局印发的《推进京津冀民航协同发展实施意见》，京津冀将实行144小时过境免签政策。按照规划，三地将研发京津冀144小时过境免签产品，突出京津冀地域特点，突出文化遗产、中医养生、游学、会奖定制等内容，扩大入境市场，提升服务品质，为入境游客在京津冀旅游提供便利。三地还将

① 王硕、李玉峰：《京津冀文化旅游融合发展问题与对策》，《人民论坛》2016年第5期。

优化境外旅客购物离境退税政策，实现京津冀离境退税互联互通，推广使用离境退税电子发票，充分发挥先行先试的引领示范效应。[①]

总体来看，在“四个中心”城市功能定位的引领以及京津冀区域协同战略的推动下，北京文化与旅游加速深度融合，旅游服务贸易结构发生积极变化，文化旅游服务贸易从发展动力、业态创新、产业贸易基础、区域协同空间等各方面都迎来了快速健康发展的重要战略机遇期，在城市与区域对外旅游文化服务贸易资源整合、提质增效以及协同特色发展等方面都取得了新的进步。

二　北京市文化旅游服务贸易存在问题与不足

（一）城市功能定位更高水平引领北京文化旅游服务贸易发展不足

虽然“四个中心”城市功能定位对于北京文化旅游服务贸易的高水平发展正在发挥积极作用，然而作为拥有丰富文化旅游资源的首都北京，无论是与自身发展的目标还是与全球知名世界城市文化旅游服务贸易相比，仍存在不小的差距。首先，文化旅游是一个融合、渗透特征鲜明，体现生活消费方式的新业态、新部门。文化既可以作为要素参与到包括文化产品与文化服务在内的各种产品与服务的生产中，融于社会生活的方方面面，也可以以产业的形态与其他产业产生交融，因此文化不仅仅在经济层面，同时在社会及生产、生活空间层面发挥着作用。旅游既是生活、消费的过程，同时也以产业形式改变生产、生活，并在与其他产业交融的过程中创造新的业态和方式。由此来看，文化旅游不仅应发展成为相关产业或贸易的新业态、新部门，促进产业、贸易和社会经济的发展，更应顺应未来社会发展趋势，成为与城市、乡村空间融合，体现更高文明和发展水平的生产和生活方式。从这一点来看，北京文化旅游服务贸易与城市的相依相生以及形成更高发展水平

---

① 杜佳：《京津冀旅游协同发展　要共建五大示范区》，网易新闻，2018 年 1 月 13 日，http：//hebei. news. 163. com/18/0113/09/D815LNMP04158FH3. html#。

尚有很大的差距。其次，与当前如纽约、伦敦、东京等世界城市相比，北京文化旅游服务贸易应从城市功能定位的高度加强长期发展规划，塑造彰显北京特色、北京精神的北京文化旅游品牌，以及增强国际竞争力和影响力等。

（二）面向全球市场的区域文化旅游服务贸易协同发展有待加强

虽然京津冀协同发展在国家战略背景下进入快速发展的轨道，但仍面临诸多问题。首先，从区域文化旅游服务贸易自身发展来看，三地在打破市场分割、促进区域文化旅游要素资源的合理流动，避免文化旅游资源开发、规划中的无序以及同质化竞争，打造更多集中且具有较强竞争力的区域文化旅游主体，实现高水平区域协同发展，持续夯实区域文化旅游服务贸易的产业基础等方面存在较大不足。其次，从当前区域旅游服务贸易面向全球市场情况来看，北京文化旅游服务贸易入境游、出境游市场虽在平稳发展中有加快的趋势，但是仍然存在“中心城市发达，圈内腹地落后”的问题，而且以国内游市场为主。京津冀区域对外文化旅游的整体合力以及贸易竞争力仍亟待加强。最后，从政策战略协同发力的层面来看，京津冀协同发展战略、“一带一路”倡议、雄安新区建设等战略协同水平需要进一步提升，顶层设计、整体规划、夯实基础、面向国际等方面有待进步。以“一带一路”倡议为例，京津冀文化旅游服务贸易要形成良好的分工协同格局，在发挥北京引领作用的前提下寻求更广阔的对外市场。

（三）文化旅游要素资源的市场化配置能力和品牌培育能力有待提升

文化旅游服务涉及的要素和资源种类多，差异性大。要提升北京文化旅游服务贸易的国际竞争力，不仅要高度重视和充分发挥市场机制的作用，提高文化旅游要素资源的市场化配置能力，而且要着力打造企业和服务品牌，不断提升北京文化旅游服务的品质和国际市场认可度。当前，北京文化旅游资源仍然呈现散、弱的状态，文化与旅游资源整合、融合广度不够，深度不足，内涵挖掘浅，系统性开发水平及品牌辨识度不高。事实上，文化所涉及的行业部门和业态众多，渗透融合的能力和空间非常大，而旅游的产业链很长，所涉及和影响的部门和环节众多，文化与旅游融合以及文化旅游品牌培育和打造的空间和途径相当广阔。相对于国内其他省市而言，北京文化旅游具有较好的发展基础和极大的发展潜力，而增强北京文化旅游要素资源的市场化配置能力和品牌培育能力已经成为北京文化旅游服务贸易发展中亟待破解的问题。

（四）文化旅游服务贸易发展模式创新能力和水平有待不断增强

文化旅游作为在分工深化、产业融合、消费升级背景下存在的新业态，不仅拥有变革创新的强劲动力，而且从发展的环境来看，也具有创新的条件和可能。在建设“四个中心”的过程中，北京文化旅游服务贸易在资源基础、要素禀赋、科技助力、政策支持以及开放环境等各方面都拥有良好的发展基础。然而，总体来看，北京文化旅游服务贸易发展模式依然受限于传统旅游发展模式，服务贸易模式创新不足，尚未充分发挥北京人口消费、市场规模、人才集聚、科技创新、国际交往的优势，尚未深入挖掘北京城市文化的内涵，要想高水平推动“文化 +”与“旅游 +”过程中文化旅游的创新融合，需要推动变革创新，不断提高北京文化旅游服务贸易发展模式的创新能力和水平。

三 促进北京市文化旅游服务贸易发展对策建议

（一）充分发挥城市功能定位对北京文化旅游服务贸易的引领作用

北京文化旅游服务贸易的繁荣发展不仅从经济层面促进了北京文化及旅游产业与贸易的发展，优化了相关产业、贸易及消费结构，同时也为城市文化旅游空间的拓展、大众生产与生活方式的变革带来了深远的影响。未来的北京文化旅游服务贸易要在尊重城市文化规律与经济规律的基础上，从多维度塑造并拓宽文化旅游服务贸易的发展路径和综合效应，特别是高度重视“四个中心”城市功能定位对北京文化旅游服务贸易的引领作用，提升和发挥政治中心的核心地位和发展优势，强化和宣传文化中心的特殊地位和特色，利用科技中心的创新要素和条件，开拓和加强国际交往中心的开放格局和联系，使北京文化旅游服务贸易在促进“四个中心”建设的过程中，创造彰显北京城市特色的文化旅游生产、生活的人居及消费的开放、共享空间，不断增强北京文化旅游服务贸易与城市发展的高水平互动与交融。

（二）持续加强京津冀区域文化旅游服务贸易协同和对外开放水平

京津冀区域协同为新时代北京文化旅游服务贸易的发展提供了新的机遇，在要素资源信息的共享、国内市场和腹地空间的拓展、差异化发展的合力和助力等各方面都对北京文化旅游服务贸易产生深远影响。北京文化旅游服务贸易既要立足于北京“四个中心”城市功能定位，打造高水平城市文化旅游服务贸易的典范，又要放眼于京津冀区域空间，努力成为能够引领和带动区域文化旅游服务贸易高质量发展的排头兵，同时还要面向国际市场，使城市与区域文化旅游与国际市场实现更紧密的联系和对接。为此，京津冀地区需要进一步在组织上加强统筹，制定高水准发展规划，在行动上加强协调，形成对外的合力，在政策上加强互动，注重实施的效果，尤其是针对文化旅游服务贸易存在的诸多问题进行协同破解，进一步提升区域文化旅游服务贸易的对外开放水平。

（三）不断增强北京文化旅游融合程度及相关资源的市场配置能力

增强北京文化旅游融合程度是当下北京文化旅游服务贸易创新发展的关键之一。文化与旅游的融合是文化旅游服务业及贸易的基础。从要素层面来看，要加强文化要素在旅游产业链的积极渗透融合，形成“文化 +”的产业发展态势；从资源层面来看，要强化旅游要素对文化产业的助力和推动作用，发挥“旅游 +”的支撑作用；从产业层面来看，要加强“文化 + 旅游”在各行业层面的对接、融合，创造新的业态形式。此外，要高度关注科技的渗透和助力作用，重视发挥特色文化资源和旅游资源的市场配置作用，创新北京文化旅游服务贸易的发展模式，从而使其在国内引领文化旅游的融合以及贸易的发展。

（四）大力推动北京文化旅游服务贸易品牌培育和国际竞争力提升

北京文化旅游服务贸易不仅要在发展模式上形成特色，树立标杆，更要在品牌培育上下足功夫，产生国际影响。为此，一方面，要依托现有文化旅游产品服务以及企业品牌资源与优势，顺应行业发展和业态创新趋势，充分利用国家战略机遇，重点加强和提升若干文化旅游服务贸易产品、服务和企业品牌，强化品牌推广；另一方面，从区域协同出发，围绕品牌培育，做好人、财、物方面的支持工作，强化相关政策的助力，将文化旅游品牌建设与北京城市发展以及区域协同密切结合起来，与知名文化及旅游品牌的推广互动起来，面向国际市场，从全球价值链的高度全方位提升北京文化旅游服务的国际影响力以及贸易的国际竞争力。

参考文献

尹贻梅：《创意旅游：文化旅游的可持续发展之路》，《旅游学刊》2014 年第 3 期。

王硕、李玉峰：《京津冀文化旅游融合发展问题与对策》，《人民论坛》2016 年第 5 期。

王培英：《北京市文化旅游创意产业发展路径探析》，《北京城市学院学报》2014 年第 1 期。

陈兴旺：《文化旅游产业发展的现状、问题及对策》，《长江大学学报》（社会科学版）2016 年第 5 期。

孟茂倩：《文化产业与旅游产业融合发展探析》，《中州学刊》2017 年第 11 期。

B.7

首都艺术品对外贸易发展报告

程相宾　粘　青*

摘　要： 首都艺术品市场经过多年的发展，再加上首都本身特有的得天独厚的先天条件，现已具备一定的规模，且2017年作为首都艺术品市场发展的一个时间节点，结束了艺术品市场的调整期，我国首都艺术品市场开始进入全新的发展阶段，画廊及拍卖企业在2017年均出现新的增长点，均得到快速发展。但是，首都艺术品市场也不可避免地存在一些问题，需要通过政策支持和市场引导来解决。

关键词： 艺术品市场　艺术政策　文化贸易　北京

如今，随着全球化进程的进一步推进以及贸易壁垒的日益减少，国际贸易额不断增加，同时，艺术品国际贸易的贸易额和重要性也在与日俱增。越来越多的人投入艺术品的收藏、交易、投资，从某种意义上讲，首都艺术品对外贸易不仅仅包含了经济层面的意义，还包含了文化层面的深刻含义。首都北京作为我国的文化中心和国际交往中心，是首批国家历史文化名城和世界上拥有世界文化遗产数最多的城市。798艺术区等著名的艺术聚集区及高质多量的画廊使得北京艺术品市场在全国享有先天优势，保利、嘉德、匡时

* 程相宾，社会科学文献出版社博士后科研工作站博士后，北京第二外国语学院国家文化发展国际战略研究院研究员。粘青，北京第二外国语学院国际商务专业硕士研究生，国家文化发展国际战略研究院项目研究助理。

等具有较大影响力的拍卖公司使得北京艺术品交易市场更加开放和国际化，而且北京的艺术品资源优势在全国也是非常独特的。鉴于北京自身携带的浓厚的文化和艺术氛围，文化艺术品行业越来越发展成为文化产业中重要的细分业态，首都地区艺术品对外贸易发展对于我国乃至全球艺术品贸易市场有着极为广泛的影响力。

一　首都艺术品市场宏观政策

文化创意产业已经成为我国21世纪的朝阳产业，成为文化产业发展的强力加速器，尤其是北京作为全国的文化中心，文化创意产业发展势头强劲，不仅在经济层面上创造了增加值，而且助力了文化“走出去”，提高了我国的文化软实力。艺术品交易作为文化创意产业中重要的一项，也出现了市场不断回暖的迹象。当然，包括艺术品交易在内的文化创意产业也得到了政府政策等一系列宏观层面的支持，有国家层面的文化部、国家新闻出版广电总局、财政部、科技部、工信部等，以及市级层面的市文资办、市文化局、市新出广电局、市科委、市经信委、市旅游委等。

（一）国家层面政策

近几年来，关于规范和细化艺术品贸易及经营管理的办法和意见相继出台。其中，2011年是各文化部门在保证艺术品市场规范有序、健康稳定发展的理念下出台政策最“高产”的一年，分别从艺术品管理、艺术品拍卖业、文化金融等领域规范了艺术品产业的发展方向并制定出短期发展规划。

1. 艺术品管理

虽然艺术品产业已经过多年发展，但与其他产业相比，艺术品产业从一定程度上来讲仍属于新兴产业，因此需要在艺术品市场、艺术品交易、艺术品经营等方面对该产业进行规范引导。文化部等相关文化部门相继印发《关于加强艺术品市场管理工作的通知》《关于贯彻落实国务院决定加强文

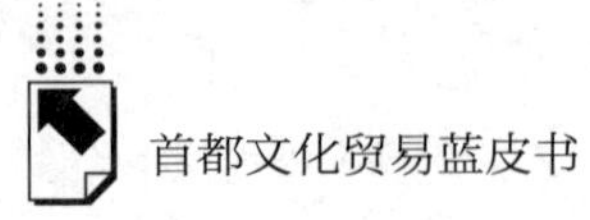

化产权交易和艺术品交易管理的意见》《艺术品经营管理办法》等政策法规，对艺术品市场的各方面进行引导建设。

《关于加强艺术品市场管理工作的通知》进一步规范了艺术品市场，并要求各地积极支持画廊业健康有序发展。《关于贯彻落实国务院决定加强文化产权交易和艺术品交易管理的意见》旨在治理各地艺术品市场，并通过对文交所审批设立程序的强调而提高准入门槛。《艺术品经营管理办法》切实加强了艺术品市场管理，促进了艺术品市场健康协调发展，该文件指出：要重视艺术品市场管理，建立健全监管制度，切实维护消费者合法权益；明确管理对象，准确研判行业现状与趋势；规范审批备案工作；建立专家委员会制度；推动建立健全经营规范。

2. 艺术品拍卖

艺术品交易二级市场拍卖行业在多年发展的过程中取得了不俗的成绩，但也在市场及流程体系建设方面暴露了一些问题，迫切需要规范引导，形成市场自律，逐步发展成为市场化、专业化、现代化的交易市场。《中国文物艺术品拍卖企业自律公约》对违规收费、知假拍假、虚假宣传等动作进行了严格限定，占据艺术品市场90%份额的拍卖企业做出承诺，支持艺术品市场的健康发展。另外，《关于“十二五”期间促进拍卖业发展的指导意见》指出将大力支持首都地区艺术品拍卖市场的发展，提升其国际影响力。

3. 产业融合发展

社会的快速发展使得各产业间的界限已经变得模糊，各产业间的联系日益密切，产业融合成为未来发展新趋势。《关于深入推进文化金融合作的意见》鼓励金融支持文化消费，促进产业融合发展。此外，《国务院关于推进文化创意和设计服务与相关产业融合发展的若干意见》大力支持产业新元素的吸收和引进，以此促进创新，鼓励艺术家及公众创作更多艺术佳品。

4. 关税

2012 年，国务院关税税则委员会将 97011019（油画、粉画及其他手绘画原件）、97020000（雕版画、印制画、石印画的原本）、97030000（各种材料制的雕塑品原件）三个税则号的关税暂行税率由12%降至6%。[①] 但是，调整后的整体税负仍然较高（进口环节另有17%进口环节增值税，如随身携带物品则一律按30%征收），通过近几年的实践来看，关税的调整并未对文物回流起到明显的促进作用。

2016年4月，中拍协艺委会年会将“文物艺术品进口（境）税率协调工作”列为年度重点任务之一。同年6月，中拍协艺委会得到国家文物局支持，就文物艺术品进口（境）税立项调研。调研工作结束后，在2016年底国务院关税税则委员会第七次全体会议上，财政部关税司（国务院关税税则委员会办公室）将上述三个涉及艺术品的税号物品列入《2017年关税调整方案》，97011019、97020000、97030000三个税则号的关税由之前的6%下降至3%。

5. 发展规划

2017年，文化部印发的《文化部“十三五”时期文化产业发展规划》中对艺术品业的全面协调发展进行了部署，规划指出：到2020年，中国艺术品市场交易总额保持在全球前列，形成2～3处具有世界影响的艺术品产业集聚区，支持创新，推动画廊业健康有序发展，促进艺术衍生品等新的增长点的发展。

（二）北京市相关政策与监管

北京市要想成为国际艺术品交易中心，除了遵循国家层面宏观政策的引导之外，还要开展一系列监管调研活动，要更有针对性地促进艺术品交易市场的不断完善和提升。

2016年3月，北京市人民政府印发了《关于加快发展对外文化贸易的实施意见》，这也是北京首次专项部署对外文化贸易发展事宜。同时，为完善艺术品交易管理，加强艺术品交易监管，北京市文化局于2017年批准了

---

① 李保兴：《艺术品进口关税降了，还需再降》，http://www.sohu.com/a/123781222_330936。

一批企业对艺术品进出口经营活动的申请并进行了备案，包括：北京嘉德艺术中心有限公司、中国对外文化集团公司、北京纽菲德商务服务有限公司、北京和祥聚瑞国际贸易有限公司、北京恒邦信大国际贸易有限公司、北京蜂巢文化艺术有限公司等。同时，市文化局还赴各类文化艺术企业进行调研，联合市财政局共同赴北京雅昌文化发展有限公司开展艺术品行业关税专项调研工作，积极推动降低艺术品行业关税。

2017 年，北京市文化执法总队严格落实“四查法”，强化重点艺术品经营市场引导监管。一是查验经营备案动态。核查待交易出售的文物艺术品备案手续，要求明示作者、年代、尺寸、材料、价格等担保信息，有效保障消费者知情权。二是查验渠道凭证留存。明确要求全市已备案的艺术品进出口经营单位、艺术品统销统购集中交易商市场可随时向消费者提供艺术品真实性证明，保证艺术品通过合法渠道被引进。三是查验艺术品指向内容。联合市艺术品协会、诗书画协会等具有资质的鉴定机构，对艺术品开展内容审查判定，确保经营的艺术品不含有禁止内容。四是查京津冀临界运输渠道。会同市交通执法总队对全市仓储行业、包装行业及进出京交通综合检查站开展“一体化”盘查执法工作，畅通与北京海关、各远郊区队及物流中心密切联系的渠道，打击非法运输、储存行为。

二　首都艺术品产业概况

从商品角度来讲，艺术品属于一种特殊的商品，它并不是为了满足人们的生活及物质需求，而是为了在精神层面上满足人们对审美的需求。2005 年，我国艺术品市场兴起，在起起伏伏十多年之后，热闹的 2017 年也许是一级市场的一个时间节点。随着社会的发展和人民生活水平的不断提高，越来越多的焦点被投放在艺术品市场上，并且艺术品市场逐渐呈现一些特点：一方面，越来越多的西方艺术家通过展览和博览会的形式进入中国市场；另一方面，艺术品产业中一级市场与二级市场的分离趋势越来越明显，一级市场越来越“脚踏实地”地培养年轻艺术家，二级市场越来越走向产出“高、精、尖”的艺术作品。

（一）一级市场——画廊

根据《北京统计年鉴2017》，北京地区2016年生产总值25669.1亿元，艺术品交易（不包括艺术品拍卖）65.6亿元，艺术品交易占北京地区全年生产总值的0.3%。2013～2016年，艺术品一级市场呈下滑趋势，艺术品市场冷清，一些小画廊甚至难以为继，部分画廊艺术品成交额出现大幅下滑。如此的市场状况迫使画廊重心由代理艺术大家作品逐步向一批新生青年艺术家作品过渡，使得艺术品价格比以往更接地气。目前，我国画廊共计4617家，其中首都地区1285家，占比高达27.8%，位居全国之最（见表1）。

表1 全国画廊数量统计

单位：家

地区	画廊数量	地区	画廊数量
全　国	4617	天　津	43
北　京	1285	江　西	43
山　东	524	甘　肃	31
上　海	442	云　南	28
广　东	406	广　西	27
台　湾	287	吉　林	27
江　苏	195	重　庆	27
浙　江	156	黑龙江	24
河　南	138	山　西	21
香　港	111	内蒙古	12
四　川	102	新　疆	9
河　北	93	贵　州	8
湖　南	72	宁　夏	7
福　建	67	海　南	5
陕　西	59	西　藏	5
湖　北	57	澳　门	2
安　徽	48	青　海	1
辽　宁	45		

资料来源：雅昌画廊，http：//gallery. artron. net/class/0 – hubei. html？userGrade =3。

北京地区艺术品一级市场在发展壮大的过程中逐渐形成数个画廊聚集区：798 艺术区、草场地、一号地、宋庄等。其中，798 艺术区聚集了北京地区近半数的前沿画廊，俨然成为北京地区文化创意产业的摇篮（见表 2）。

表 2　北京地区画廊数量统计

单位：家

北京地区艺术区	画廊数量	北京地区艺术区	画廊数量
798 艺术区	191	一号地	11
草场地	53	酒厂	9
22 院街	26	宋庄	78
观音堂	21	其他	896

资料来源：雅昌画廊，http：//gallery. artron. net/class/0 – hubei. html？ userGrade =3。

1. 画廊规模

通常情况下，画廊都是私人画廊，这意味着没有一家画廊有义务公布它的营业额或销售额等运营数据，从而导致一些价格数据信息的缺失，我们只能根据画廊的大小和商业影响力，将它们大概分类，例如新兴画廊、中型（或中档）画廊、高端画廊和巨型画廊。区分这些画廊规模的具体指标是一些公众可见的数据，如画廊的作品数量、他们参加展览和艺术博览会的次数，或者他们所代表的艺术家的数量等。表 3 为首都地区经营年限在 15 年之上的画廊部分相关数据。

表 3　首都地区部分画廊相关数据统计

画廊	经营时间（年）	艺术家（位）	作品（幅）	展览（幅）	空间地址	展厅面积（平方米）
珏澜画廊	28	31	443	8	北京西城	160
灿艺术中心	27	14	336	22	北京朝阳	450
正品斋画廊	26	61	181	5	北京西城	600
荣宝阁画廊	21	9	117	2	北京西城	90
天和轩画廊	20	84	243	—	北京西城	78
澜亭阁画廊	20	127	210	—	北京西城	60
听雨楼美术馆	19	339	777	—	北京朝阳	200

续表

画廊	经营时间（年）	艺术家（位）	作品（幅）	展览（幅）	空间地址	展厅面积（平方米）
路宽画廊	19	28	71	2	北京西城	108
涧庐画廊	18	19	16	—	北京西城	200
杏坛画廊	18	128	743	14	北京西城	—
永晟堂画廊	18	65	127	—	北京西城	—
泰康空间	15	44	104	8	北京朝阳	—

资料来源：雅昌画廊，http：//gallery. artron. net/class/0 – hubei. html？userGrade = 3。

2. 购藏群体

近几年来，不断涌现的“新”藏家成为一大特点，这些“新”藏家有从其他行业领域转入艺术品版块的；也有新入场的从事其他行业的人士；当然还有一批新兴的以“80 后”为主的年轻的藏家。艺术品市场的多元、多方向、多层次发展意味着不仅有越来越多的资金支持艺术市场的发展，也有越来越多的人对艺术品收藏感兴趣。由于画廊相比以前会推出许多青年艺术家的作品，因而其画作及其他作品价格相比之前会亲民得多，加之现在消费群体已走上高端消费路线，购买一副艺术作品对于部分人来说还在可承受范围之内。

在画廊整个藏家群体的占比上，我们发现，金融 IT 人士占比相对较高，时尚、娱乐圈人士次之，还有从事律师、教师行业的藏家以及许多年轻的藏家，另外还包括一些美术馆、机构的收藏。我们可以发现，这样的藏家群体占比与结构已经逐步与国外的情况相似，这意味着一级市场的基础已经开始变得稳固。

3. 代表画廊

今日美术馆是一家非营利性的民营机构，致力于完美衔接旧工业时代和当代艺术，重点培养当代优秀青年艺术家。美术馆主要收藏本馆藏品、虚拟藏品和捐赠作品，以当代经典架上绘画为收藏重点，形成了油画、版画、装置、雕塑、影像、国画等不同艺术形态，跨越了文化及国别的差异，推动了中国当代艺术的发展，使“今日之艺术”为“今日”所感、所知、所接受。

首都地区另一个前沿画廊当属尤伦斯当代艺术中心，该中心位于 798 艺术区核心地带，每年到访者近百万人，有力地促进了中外艺术的交流。国内外 80 多位当代艺术家和 100 多位新锐设计师汇聚于此，为艺术和设计爱好者奉献原创并具有前瞻性的创意产品。

（二）二级市场——拍卖行业

2017 年的文物艺术品拍卖市场呈现增长态势，是历年来亿元拍品最多的一年，创造了多项拍卖纪录。2017 年的全年总成交额约为 642.84 亿元，比 2016 年上涨 25%。艺术品市场由 2011 年的“高峰期”进入“低谷期”，直至 2017 年拍场上高价拍品的出现，加之成交额的大幅上涨，艺术品市场终于出现“回暖”迹象。

根据雅昌艺术市场监测中心数据，截至 2017 年第四季度，历史总成交额排名前十的拍卖公司见表 4 所示。

表 4　截至 2017 年第四季度拍卖公司总成交额 TOP10

单位：次，万元

序号	拍卖公司	拍卖场次	总成交额
1	北京保利	1135	6540413
2	中国嘉德	1601	6422365
3	佳士得	488	5979161
4	香港苏富比	404	5136605
5	纽约佳士得	154	3660622
6	北京匡时	511	2956458
7	西泠拍卖	552	1885067
8	纽约苏富比	90	1428160
9	伦敦佳士得	104	1025710
10	保利香港	128	965269
总计		5167	35999830

资料来源：雅昌艺术市场监测中心，http：//amma. artron. net/auctionrank. php。

综上，首都艺术品拍卖公司在全球拍卖公司总成交额中占据前两位，北京保利以 6540413 万元的成交额位居第一，中国嘉德以 6422365 万元的成交额位列第二，北京匡时以 2956458 万元的成交额位列第六。

在截至2017年第四季度拍卖公司总成交额TOP10中，北京保利成交额占TOP10成交总额的18.2%，中国嘉德成交额占TOP10成交总额的17.8%，北京匡时成交额占TOP10成交总额的8.2%。北京地区拍卖公司的拍卖额占TOP10拍卖成交总额的比重共计44.2%，占据TOP10近半数的成交份额。

北京保利2017年度成交额超100亿元，成功实现自2009年以来全球年度中国艺术品拍卖成交额九连冠。仅从2017年秋拍来看，我国累计成交额约达180亿元，上亿拍品20件，其中境内11件（北京保利5件、中国嘉德5件、北京匡时1件），香港地区9件。北京保利、中国嘉德、北京匡时、北京华辰拍卖进入2017年我国秋拍艺术品成交额TOP10，首都地区拍卖成交额占全国成交总额的49.8%，接近半数份额（见图1）。

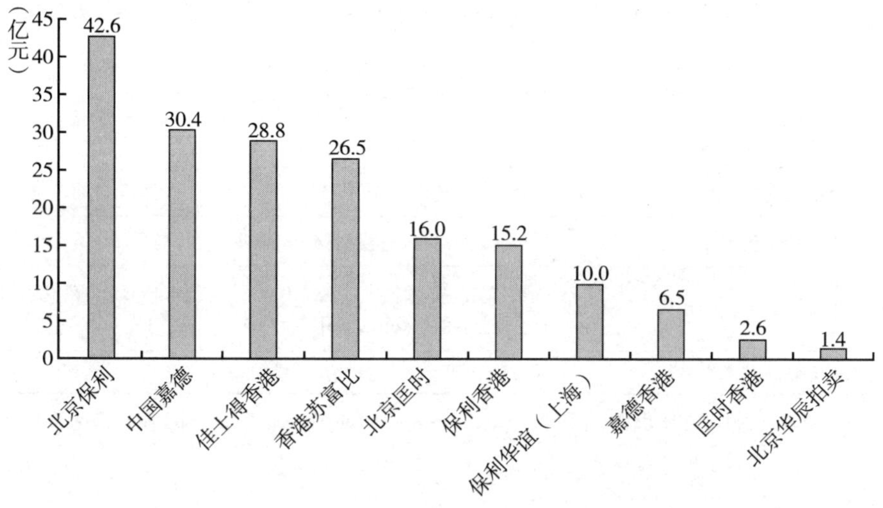

图1　2017年秋拍艺术品成交额TOP10

资料来源：新浪收藏，http：//collection. sina. com. cn/auction/pcdt/2017 - 12 - 26/doc - ifypxrpp4120057. shtml。

2018年3月，2018艺术市场价值榜揭晓，一共评出12个奖项。其中北京保利被评为2018年度行业影响力拍卖企业，其余上榜企业与个人也均位于北京地区，可见北京在全国范围艺术中心中的地位不可动摇。从数量来看，据全国拍卖行业管理系统统计，全国具备文物拍卖资质的企业及分公司共计7627家，北京占据的数量最多，北京地区的拍卖企业及分公司有747家，数量远非国内其他地区可比（见表5）。

表5　2018年艺术市场价值榜榜单

奖项	获奖对象
2018年度行业影响力拍卖企业	北京保利
2018年度品牌推动力拍卖企业	中国嘉德
2018年度市场开拓力拍卖企业	匡时国际
2018年度市场成长力拍卖企业	北京荣宝、中国嘉德、北京保利、北京华辰
2018年度经营创新力拍卖企业	北京诚轩、北京湛然、中鸿信拍卖
2018年度学术价值拍卖专场	大观——中国书画珍品之夜（中国嘉德）、仰之弥高——中国古代书画夜场（北京保利）、畅怀——历代书法夜场（匡时国际）、影像专场（北京华辰）
2018年度市场风云人物	赵旭、胡妍妍、董国强、甘学军、夏季风、董梦阳
2018年度艺术经纪人	伍劲、萧富元、刘泽
2018年度艺术家	梁铨
2018年度新锐艺术家	曾健勇、祝铮鸣、王牧羽、杜小同、蔡涵悦、马灵丽
2018年度影响力艺术机构	松美术馆、嘉德艺术中心，2018年度艺术传播力媒体为《典藏》杂志、在艺App、《艺术商业》杂志
2018年度创新艺术平台	荣宝斋在线、当当文玩拍卖、易拍全球

资料来源：《2018艺术市场价值榜》，http：//www.bjpmhyxh.com/view.asp？id＝474#list。

三　首都艺术品贸易结构分析

《商品名称及编码协调制度》（以下简称《协调制度》）将国际贸易涉及的各种商品按照生产部类、自然属性和功能用途等分为21类、97章，全面涵盖了世界国际贸易所涉及的类别，目前已为世界上200多个国家和地区所采用。其中，艺术品主要集中在第97章（见表6），其他文化商品分散在其他品类。

据商务部统计，我国文化产品贸易国内区域布局越来越集中，东部地区文化产品出口占我国文化出口总额的93.4%。艺术品贸易也呈现相同的特点，贸易额和贸易量多集中在北京、广东、上海等地。

表6 《协调制度》中的艺术品名类

章目	编号	商品名称
艺术品、收藏品及古物（第97章）	9701	油画、粉画及其他手绘画，但带有手工绘制及手工描饰的制品或品目4906的图纸除外；拼贴画及类似装饰板
	9702	雕版画、印制画、石印画的原本
	9703	各种材料制的雕塑品原件
	9704	使用过或未使用过的邮票、印花税票、邮戳印记、首日封、邮政信笺（印有邮票的纸品）及类似品，但品目4907的货品除外
	9705	具有动物学、植物学、矿物学、解剖学、历史学、考古学、古生物学、人种学或钱币学意义的收藏品及珍藏品
	9706	超过100年时间的古物

资料来源：海关信息网，http：//www.haiguan.info/OnLineSearch/TradeStat/StatComSub.aspx？TID=1。

在2017年艺术品进出口贸易额和贸易量的比较中，我们不难发现，《协调制度》所划分的第97章艺术品、收藏品及古物的贸易额和贸易量的实现主要集中在9701“油画、粉画及其他手绘画，但带有手工绘制及手工描饰的制品或品目4906的图纸除外；拼贴画及类似装饰板”名类中（见图2）。

其中，艺术品进出口贸易额位居前五位的分别为：广东省、北京市、上海市、福建省和天津市。其中，广东省占比最高，为38%，北京市位居第二，占比21%，广东省和北京市两地区占比之和超过半数，前五名地区贸易额总和占比高达84%（见图3）。在贸易数量方面，北京位居第四，并不是很高，由此可见，北京的艺术品对外贸易与广东省相比还有一定的差距（见表7）。

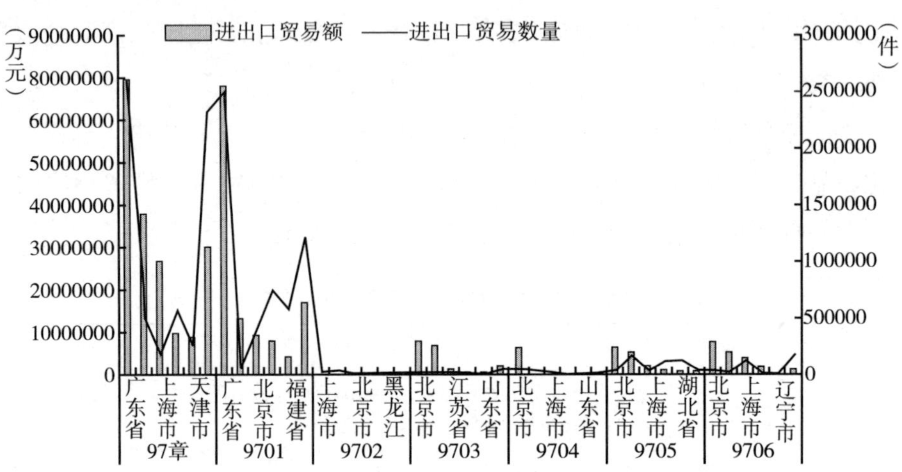

图 2　2017 年艺术品进出口贸易额和贸易数量前五名地区

资料来源：海关信息网，http：//www. haiguan. info/OnLineSearch/TradeStat/StatComSub. aspx? TID = 1。

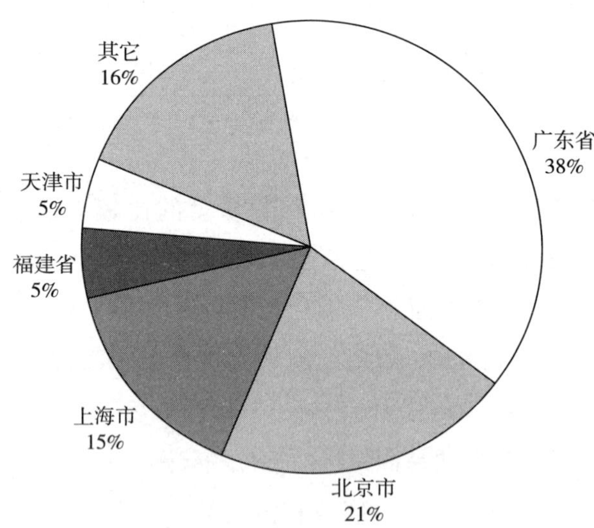

图 3　2017 年艺术品、收藏品及古物进出口贸易额占比

资料来源：海关信息网，http：//www. haiguan. info/OnLineSearch/TradeStat/StatComSub. aspx? TID = 1。

表 7　2017 年艺术品、收藏品及古物进出口贸易额和贸易数量及排名

艺术品名类	地区	进出口贸易额(美元)	进出口贸易数量(件)	贸易额全国地区排名(名)	贸易数量全国地区排名(名)
艺术品、收藏品及古物(第 97 章)	全　国	204641714	6274293	—	—
	广东省	77822635	2565265	1	1
	北京市	42212455	485249	2	4
	上海市	29843635	149547	3	9
	福建省	10881293	551715	4	3
	天津市	10311028	221444	5	8
	其　他	33570668	2301073	—	—

资料来源：海关信息网，http：//www. haiguan. info/OnLineSearch/TradeStat/StatComSub. aspx? TID = 1。

1. 艺术品9701名类

艺术品 9701 名类中所包含的艺术品种类所实现的贸易额占比最高。2017 年北京市的贸易额位居第三，占比 8%，贸易数量位居第四。

表 8　2017 年艺术品进出口贸易额和贸易数量及排名

艺术品名类	地区	进出口贸易额(美元)	进出口贸易数量(件)	贸易额全国地区排名(名)	贸易数量全国地区排名(名)
9701	全　国	133914451	5388570	—	—
	广东省	75925756	2469296	1	1
	上海市	14935313	20673	2	10
	北京市	10288253	385362	3	4
	浙江省	8847293	726231	4	2
	福建省	5000057	549995	5	3
	其　他	18917779	1237013	—	—

资料来源：海关信息网，http：//www. haiguan. info/OnLineSearch/TradeStat/StatComSub. aspx? TID = 1。

2. 艺术品9702名类

在艺术品 9702 名类中，2017 年北京市的贸易额位居第三，占比 11%，贸易数量位居第六。

表 9　2017 年 9702 名类艺术品进出口贸易额和贸易数量及排名

艺术品名类	地区	进出口贸易额(美元)	进出口贸易数量(件)	贸易额全国地区排名(名)	贸易数量全国地区排名(名)
9702	全　国	604890	33331	—	—
	上海市	283528	614	1	5
	广东省	71970	19843	2	1
	北京市	65312	534	3	6
	陕西省	55070	1	4	17
	黑龙江	30680	7081	5	2
	其　他	98330	5258	—	—

资料来源：海关信息网，http：//www.haiguan.info/OnLineSearch/TradeStat/StatComSub.aspx？TID=1。

3. 艺术品9703名类

在艺术品 9703 名类中，2017 年北京市的贸易额位居第一，占比 42%，贸易数量位居第二。

表 10　2017 年 9703 名类艺术品进出口贸易额和贸易数量及排名

艺术品名类	地区	进出口贸易额(美元)	进出口贸易数量(件)	贸易额全国地区排名(名)	贸易数量全国地区排名(名)
9703	全　国	21447654	55368	—	—
	北京市	8968243	15981	1	2
	上海市	7707136	1396	2	8
	江苏省	1289516	6296	3	4
	广东省	743188	460	4	9
	山东省	647682	288	5	11
	其　他	2091889	30947	—	—

资料来源：海关信息网，http：//www.haiguan.info/OnLineSearch/TradeStat/StatComSub.aspx？TID=1。

4. 艺术品9704名类

在艺术品 9704 名类中，2017 年北京市的贸易额位居第一，占比 95%，贸易数量位居第一。

表 11　2017 年 9704 名类艺术品进出口贸易额和贸易数量及排名

艺术品名类	地区	进出口贸易额(美元)	进出口贸易数量(件)	贸易额全国地区排名(名)	贸易数量全国地区排名(名)
9704	全　国	7508360	67532	—	—
	北京市	7096148	31169	1	1
	广东省	308889	23239	2	2
	上海市	52551	12235	3	3
	吉林省	39984	17	4	7
	山东省	9183	821	5	4
	其　他	1605	51	—	—

资料来源：海关信息网，http：//www. haiguan. info/OnLineSearch/TradeStat/StatComSub. aspx？TID＝1。

5. 艺术品9705名类

第 97 章 9705 名类中所包含的商品为具有动物学、植物学、矿物学、解剖学、历史学、考古学、古生物学、人种学或钱币学意义的收藏品及珍藏品。在 9705 名类中，2017 年北京市的贸易额位居第一，占比 39%，贸易数量位居第四。

表 12　2017 年 9705 名类艺术品进出口贸易额和贸易数量及排名

艺术品名类	地区	进出口贸易额(美元)	进出口贸易数量(件)	贸易额全国地区排名(名)	贸易数量全国地区排名(名)
9705	全　国	18316836	430104	—	—
	北京市	7131068	22489	1	4
	天津市	5903425	158749	2	1
	上海市	2477870	10980	3	5
	湖南省	1055387	101694	4	3
	湖北省	839769	114261	5	2
	其　他	909317	21931	—	—

资料来源：海关信息网，http：//www. haiguan. info/OnLineSearch/TradeStat/StatComSub. aspx？TID＝1。

6. 艺术品9706名类

第 97 章 9706 名类中所包含的商品为超过 100 年时间的古物。在 9706 名类中，2017 年北京市的贸易额位居第一，占比 38%，贸易数量位居第五。

表 13　2017 年 9706 名类艺术品进出口贸易额和贸易数量及排名

艺术品名类	地区	进出口贸易额（美元）	进出口贸易数量（件）	贸易额全国地区排名（名）	贸易数量全国地区排名（名）
9706	全　国	22849523	299388	—	—
	北京市	8663431	29714	1	5
	福建省	5830308	1482	2	10
	上海市	4387237	103649	3	1
	湖南省	2130235	409	4	14
	辽宁省	526539	1028	5	12
	其　他	1311773	163106	—	—

资料来源：海关信息网，http：//www. haiguan. info/OnLineSearch/TradeStat/StatComSub. aspx？TID = 1。

四　首都艺术品贸易存在的问题及对策

自 2011 年以来，首都艺术品市场一直处于深度调整阶段。2017 年，艺术品市场终于结束调整期，展现出市场发展新的突破点。艺术品市场中的主体大致可分为以画廊为主的一级市场、以拍卖企业为主的二级市场，以及艺术博览会等服务经营活动。目前，首都艺术品各级市场的关系并不是很理想，其在发展过程中暴露的问题不容忽视，因此要想艺术品市场长期稳定地发展下去，还需要不断发展创新，不断解决难题。

（一）税收过高严重影响首都艺术品贸易的发展

2017 年，中国已成为世界上最大的艺术品市场，艺术品拍卖全年成交额高达 642. 84 亿元，但是艺术品贸易额却在 2 亿美元左右。出现这种现状的主要原因正是目前的艺术品进口关税过高。无论是进出口关税，还是增值税、营业税，中国内地地区都是世界上对艺术品产业征税最高的国家。虽然 2017 年初我国将艺术品进口关税再次下调至 3%，但艺术品进口还需缴纳增值税 17%，产生交易后还要再缴纳消费税 12%，总税率超过 30%。对于未与我国签订优惠贸易协定的国家则需缴纳 50% 的进口关税，这对艺术品贸易来说成本相当之高。高税率严重阻碍了我国艺术品市场的国际贸易发展，将国际市场上大量的艺术品交易挡在国门之外。这与其他一些欧美国家

“进门交易不收税，再次交易需缴流转环节税”的规定有很大区别。另外，目前我国尚未建立出口退税政策，国外买家购买中国艺术品并没有退税的鼓励政策，这严重影响了中国艺术品国际贸易。

为促进首都艺术品市场的国际发展，我国艺术品市场要结合自身特点，同时借鉴国外经验，充分发挥文化保税区、艺术品保税仓库的功能，在保税区对区内产品减免税收，简化进出口手续，降低进出口交易成本。

（二）首都艺术品创作应积极配合国家文化大发展战略

当今中国，在艺术界，受众对富有视觉冲击力的西方写实艺术颇为青睐，由西方资本主导的现当代艺术至今仍深深地影响中国艺术品市场。当代中国人的生活状态、审美情趣变得越来越西方化，以至于很多艺术家的艺术创作也在以符合西方人的审美眼光为标准，久而久之，中国的传统文化将受到很大冲击。

北京作为全国的艺术中心，应该全力配合国家的文化大发展战略，不断在艺术创作上融合中国传统文化中优秀的艺术价值与人文价值，使中国元素的影响力得以充分体现，从而让中国艺术产业的生产创作更上一层楼，生产出更多的精品。同时，不断优化北京艺术产业的生产环境，实施跨国界、跨行业、跨媒体、跨所有制的联合，鼓励民营资本进入艺术创作、流通和交易市场，从而打造与培育属于中国自己的、富有竞争力的艺术品牌、文化品牌，使中国的艺术品在全球市场中不断崛起，成为中国文化“走出去”的主要内容。

（三）改善首都中小企业在艺术品生产和交易中的环境

我国艺术品市场相比西方市场而言，还是个相对年轻的市场。中国艺术品交易市场存在一、二级市场错位的情况，艺术品流通环节中一级市场缺失、二级市场僭越一级市场功能的典型表现就是艺术品的拍卖额、拍卖趋势被当作中国艺术市场的风向标。在艺术品贸易方面，在 2016 年世界艺术品市场以艺术经纪人和画廊为主要交易手段的背景下，中国的艺术品进出口贸易仍以拍卖为主。毫无疑问，艺术市场错位使国内画廊陷入无序竞争，加上近年来海外画廊的进入以及画家与画廊关系的颠倒，艺术品一级市场中的中小企业面临内外交困的难题，极大地限制了艺术品的创作与生产，也极易引发市场恶性竞争，这对首都艺术品市场的健康发展产生了巨大的冲击。

即便是在盆满钵满的二级艺术品拍卖市场，中小拍卖企业也经营惨淡。从艺术品拍卖情况来看，一线拍卖企业拥有绝大多数的市场份额，重量级拍品绝大多数出现在一线拍卖行，资源和资本集中越来越明显，而法规政策等又是针对市场上所有行业企业的“一刀切”管理，更是限制了中小拍卖企业的成长。在市场调整的过程中，不少中小拍卖公司备受考验，迫切需要从自身的运作模式、管理观念、从业理念上做出改变。

（四）构建以诚信为本的艺术品经营与交易体制

由于现阶段年轻的艺术品市场还在处于不断发展完善的阶段，因而具有非常大的市场发展潜力，并且由于艺术品本身的特性也使艺术品市场存在高额利润，因此吸引了众多不法商人的眼球。一些名家的大作最先被瞄准，市场上出现了大量赝品，首都地区尤以齐白石画作的赝品数量最多，拍卖会上赝品出现的严重程度有时可在70%以上，赝品数量众多，以假乱真现象较多。为逃避税收制度及其他相关部门的监管，艺术品交易存在严重的私下交易、偷税漏税的行为。另外，市场上有部分艺术家开始将重心偏向于商业利益而非艺术创作，降低了艺术品市场的整体水准。

首都艺术品市场的发展需要以可持续发展理念为引导，坚持艺术品的原创性和创新性，改善现阶段的经营理念和运作方法，放眼长远，构建一个健康有序发展的首都艺术品市场。针对市场上出现的上述乱象，有关部门需要强化监管，加大日常管理及行政执法力度，对于不规范的市场行为制定明确的处罚标准。从源头控制，提高市场准入门槛，并建立完善的退出机制，保障优秀企业利益，降低运营风险。另外，对拍卖行业执行严格的税收管理制度，提高假拍成本，减少甚至杜绝假拍现象。

（五）加强国内外艺术合作，促进首都艺术品贸易

人民对于精神文化层面的需求日益增加，这在一定程度上迫使首都艺术品市场的发展由“高速度”向“高质量”转型。艺术品投资市场出现明显增长，艺术品收藏也在逐渐分化。除了专业性的机构及大藏家的收藏外，个人消费型收藏也不容忽视，艺术品投资和艺术品消费的增长将是艺术品市场不断发展的有力保证。北京的艺术企业和机构应充分利用全国文化中心的优势以及得天独厚的市场环境，以博览会、展览合作的方式引进更多的国外艺术家，此外，推广中国艺术家与国外艺术机构的合作，以寻求更多的国际合作项目，提供更多元化的艺术作品。

参考文献

《文化部关于印发〈文化部“十三五”时期文化产业发展规划〉的通知》，http：//www. mcprc. gov. cn/whzx/ggtz/201704/t20170420_ 692396. htm。

杜海娟：《北京当代艺术品市场调查》，硕士学位论文，北京建筑大学，2014。

陶宇：《国民经济与艺术品产业》，《美术研究》2011 年第 2 期。

金锡顺：《可持续发展的艺术品市场》，《北京观察》2012 年第 10 期。

曲如晓、杨修、刘杨：《文化差异、贸易成本与中国文化产品出口》，《世界经济》2015 年第 9 期。

王洪涛：《文化差异是影响中国创意产品的阻碍因素吗——基于中国创意产品出口 35 个国家和地区的面板数据检验》，《国际经贸探索》2014 年第 10 期。

方慧、赵甜：《文化差异与商品贸易：基于“一带一路”沿线国家的考察》，《上海财经大学学报》2017 年第 3 期。

宋一淼、李卓、杨昊龙：《文化距离、空间距离哪个更重要——文化差异对于中国对外贸易影响的研究》，《宏观经济研究》2015 年第 9 期。

姜悠悠：《小议画廊与艺术家动态法律关系的平衡》，《法制与社会》2018 年第 3 期。

卫欣：《艺术、收藏与文化——解析艺术市场化的历史维度》，《商场现代化》2008 年第 24 期。

马健：《艺术品私募投资基金的成长历程与发展方向》，《理论界》2011 年第 2 期。

陈鹏：《在调整中前行的北京艺术品市场》，《北京商报》2013 年 9 月 4 日。

雷小苗：《正视文化差异　发展文化认同——跨国公司经营中的跨文化管理研究》，《商业研究》2017 年第 1 期。

曹麦：《中国文化贸易统计分析》，《调研世界》2016 年第 6 期。

马健：《中国艺术品国际贸易的历史与现状》，《理论界》2009 年第 4 期。

王长松、杨裔：《中国艺术品进出口贸易分析》，《湖南社会科学》2014 年第 3 期。

年度专题篇

Annual Special Topics

B.8 京剧的国际传播与市场开拓

靳 飞 陈 飞*

摘 要： 作为中国国粹艺术的京剧在民国获得了大发展，“民国京剧”成为20世纪最具代表性的中国本土文化艺术形式。她不仅流行于中国大江南北和社会各阶层，而且成为中国文化艺术“走出去”的先行者，将中国戏曲旧有的“走江湖”“跑码头”的传统发扬光大。在西方文化艺术大举“入侵”中国之时，以京剧艺术大师梅兰芳先生为代表的有识之士却及时实现了京剧的对外传播，这为当时积贫积弱的中国争得了难能可贵的文化自信和国际荣誉。然而，目前京剧的现状却不尽人意，市场低迷、观众稀少。回顾京剧的对外传播史和重新客观评价其历史作用并与京剧的现状作对

* 靳飞，北京戏曲评论学会会长。陈飞，北京戏曲评论学会副监事长。

比，可以得到诸多启示，并可寻找差距，发现问题。京剧是首都北京的一张文化名片，京剧的国际传播和国际文化市场的拓展对于首都北京乃至国家的文化贸易发展具有极其重要的意义。在实施“一带一路”和“提升文化软实力”等国家战略的今天，京剧应肩负起展示和传播中华优秀传统文化的历史责任，参与到国际文化贸易之中。近年来，国家出台一系列政策措施扶植戏曲的发展，民间也在为戏曲的发展进行积极的探索。北京戏曲评论学会自成立以来，为京剧的推广和参与国际交流做了大量基础性工作和有益尝试，这都为京剧走出困境、实现国际传播和文化贸易创造了机遇和有利条件。

关键词： 京剧　梅兰芳　国际传播　文化贸易

京剧是中国的国粹艺术，她在北京落地成长，继而流播全国，被誉为国剧。在20世纪初，京剧在继承原有徽调和汉调的基础上，广泛吸收其他剧种与多种艺术形式，大胆革新，开始进入快速发展时期：北京地方演出班社、剧场林立；从艺人员规模庞大、名角辈出；商演频繁，占据了北京文化市场的统治地位；迅速风行全国各大城市，极大影响和推动了刚刚崛起的中国现代城市的文化和演出市场，成为20世纪上半叶中国最为主流的本土艺术形式。之后，在京剧艺术大师梅兰芳等人的努力和推动下，京剧又被传播到海外，登上世界舞台，得到国外艺术家和观众的认可与喜爱，开中国文化艺术国际传播之先河，为当时积贫积弱的中国大大增强了文化自信，令世界对中华文化艺术刮目相看。

在中华人民共和国建立之后，京剧的命运几起几落。由于社会制度改造，政治、文化政策和计划经济体制等诸多影响，京剧的演出活动受到空前影响：原有大量剧目被禁演；私人班社和剧院消失，代之以国营剧团和剧场；演出剧目不再以观众为导向，而是配合政治宣传教育工作；商业演出和市场行为被淡化，致使京剧这一长期靠商业演出和市场生存的舞台艺术开始走向衰落，但仍占据文化艺术市场的主要份额。“文革”期间的舞台艺术“八大样板戏”便是以京剧艺术形式为主，也在一定程度上说明了其生命力之强和影响之深远。然而，进入 20 世纪 80 年代改革开放后，京剧的发展却不尽如人意。虽然在初期与其他艺术形式一样，京剧也开始复苏，创排新戏、恢复老戏、组织戏迷票友活动等，但在新形势下的文化市场中却败下阵来。在电影、歌曲演唱会、音乐会、话剧等艺术形式冲击下，京剧难掩颓势，从 20 世纪末到 21 世纪初，我们看到的是京剧江河日下，市场低迷，剧团、演员星散，演出门可罗雀。

而近年来，在习近平总书记对文艺工作的指示和“提高文化软实力”“讲好中国故事”等国家战略与顶层设计的布局下，国家频繁出台一系列扶植传统文化和戏曲的政策、措施，这为京剧的振兴带来了曙光。

一　京剧历史上的文化贸易

现代文化贸易的概念是指文化产品和服务输出与输入的贸易活动，这其实在中国历史上并不陌生。中国戏曲自古以来就有的“走江湖”“跑码头”应属于这一范畴。戏曲班社或艺人本人除在自己生长、生活的地域演出外，走出当地，以巡演的方式，以广大的城乡作为市场，为外埠观众提供演出服务，以今天的概念来理解，就应该是文化贸易。实际上，这历来是中国戏曲和戏曲班社、演员的重要生存方式，至清代花部戏曲大量涌现以后，已非常成熟。

京剧虽然缘于多种地方戏曲，但最终在北京融合、定型，尤其在受到宫廷的青睐和改造后，成为北京最具代表性的戏曲。京剧继承了中国戏曲“走江湖”“跑码头”的这一传统，并将之发扬光大。早在 19 世纪 60 年代，京剧这一文化产品服务即被当时中国最大的新兴城市——上海所输入。1867 年，第一座京式戏园“满庭芳”在上海开办，即约请京班、京角儿来沪演出。《申报》记述了当时的盛况："自有京班百不如，昆徽杂剧概删除，门前招贴人争看，十本新排《五彩舆》"，自此，京剧开始在上海风行，京式剧院、班社纷纷开设，在上海滩的娱乐场中占据了重要位置。梅兰芳在其回忆录《舞台生活四十年》中，记述其 1913 年赴沪演出时上海的情况："民国初年，娱乐场所的种类，还没有后来那么复杂而广泛。电影院内基本顾客都是外国人，中国人看电影的风气还没有普遍展开，其他如大世界、新世界等大规模的游戏场，也全没有建立。所以看京班大戏，就成为各阶层观众惟一的娱乐。"① 虽然后来上海也形成了独树一帜的海派京剧，但从北京"约班""约角儿"的传统却一直延续。清末至民初的"伶界大王"谭鑫培就曾六赴上海演出，而且收入颇丰。就在其病逝的前两年 1915 年，还以年届七旬的高龄赴上海演出。1913 年，年仅 20 岁的京剧艺术大师梅兰芳第一次赴上海演出便一炮而红，所以他说："我第一次到上海表演，是我一生在戏剧方面发展的一个重要关键"。而此后北京的京剧名角儿"四大名旦""四大须生"等，无不来上海献艺。不仅是上海，天津、武汉等大城市也都留下了这些京剧名角儿的足迹。所以当年梨园行有："北京学艺，天津唱红，上海赚包银。"之说。由此可见，京剧曾经作为北京最早的文化产品服务，输出到全国各地而大获成功。可以说，京剧曾为北京的文化贸易做出过巨大贡献。

京剧无论在外埠的影响有多广，其演出市场有多庞大，但仍一直以北京为中心。北京不仅是京剧的发祥地，其作为京剧大本营的地位也始终无法撼动。即便是在京剧的衰落时期，其京剧的演出场次、观众和演职人员数量仍位居全国之首，占据着最多的京剧资源。所以说，京剧是首都北京的文化名片，也是北京最为传统的文化产品和服务。因此，今天在实施中华文化"走出去"和国家文化贸易战略之时，应当考虑令京剧在首都文化贸易中发挥引领作用，再铸其曾经辉煌的历史。

① 梅兰芳：《舞台生活四十年》，新星出版社，2017，第 134～135 页。

二　关于京剧成功“走出去”的历史回顾

早在20世纪初，文化艺术界中具有国际视野的有识之士就尝试将当时中国最为流行的京剧艺术输出到国外。而梅兰芳的赴日、赴美、赴苏（苏联）演出成为京剧“走出去”和进行国际传播的标志性事件。尤以1930年的赴美巡演最为成功，因为此行在未得到公私的资金支持与赞助下，完全靠在美五个月的巡演收入，来支持此行的庞大花费，还是在美国发生经济危机之时。不得不承认，梅兰芳赴美之行是京剧历史上最为成功的一次文化贸易。梅兰芳之子、著名英美文学翻译家梅绍武先生在《访美演出盛况拾遗》一文对此记述颇详，可瞥见当年访美的盛况：

“父亲率领梅剧团于1929年12月29日由上海搭乘“加拿大皇后”号邮轮远渡重洋赴美，经过14天的行程抵达加拿大维多利亚港市，再换船只转赴美国西雅图市。入境后，父亲便接到我国驻美公使伍朝枢先生的电报，请他直接前往华盛顿出席使馆为他举办的欢迎宴会，并请他在宴会后先演一场戏请美国国务院官员、各国使节和社会各界知名人士等六百人观看。

当时正在美国讲学的南开大学张彭春教授也应邀出席了宴会。父亲当即约请这位老朋友协助梅剧团在美国演出事宜。张教授慨然允诺，并提出两项建议：一、梅剧团赴纽约百老汇正式演出前应先在报章上广泛宣传；二、聘请一位熟悉美国演艺界的专业演出人联系安排一切演出日程。父亲接受了他的意见，当即聘请了一位希腊裔美国演出人喀帕卡斯先生（F. C. Kapakas）经理各事，并在报章上展开了宣传中国京剧艺术的报道……”①

“施高德在书中写道：‘等到梅兰芳前往纽约时，该城已有一大批赞助人仰望他的到来，那张赞助人名单真是十分引人注目，后来他到芝加哥、旧金山和洛杉矶演出时，情况也是如此。纽约赞助会是以威尔逊总统夫人为首

① 梅绍武：《父亲梅兰芳》，文化艺术出版社，2015，第316～317页。

组成的，其中包括露丝·德雷珀（美国独演演员和单人剧作家）、约翰·杜威博士（美国哲学家、心理学家和教育家）、奥托·凯恩（美国银行家，纽约大都会歌剧院董事长）、司徒雷登博士、约拿·B. 怀斯等社会各界人士。雇洛杉矶，玛丽·碧克福、卓别林、范朋克、西席迪米尔也出现在赞助人名单上。整个巡回演出是在华美协进社主办下进行的。'"①

"喀帕卡斯安排梅剧团于2月16日在纽约第49号街剧院首场演出；那是一家拥有七百个座位的剧院，坐落在百老汇剧场林立的中心。他还聘请了一位在纽约读书的华裔大学生杨素小姐担任报幕解说员，在每个节目前用流利的英语解释剧情和京剧表演的特征。这位年轻漂亮姑娘工作得十分出色，后来曾被好莱坞请去扮演包括根据赛珍珠小说改编的《大地》在内的许多电影里的角色。与此同时，张彭春已在不少学会和俱乐部作了多次有关中国文化和戏剧的演讲。因此，梅剧团首场演出便受到美国观众的热烈欢迎，次日各报均对京剧艺术和我父亲的表演给予一致好评。梅剧团在第49号街剧院连演了两个星期，场场爆满，后又移至帝国剧院续演一周。京剧艺术一时风靡了美国。"②

"施高德在书中摘引了一些美国剧评家在报章上发表的评论，从中可以看出京剧艺术当时在美国受欢迎的程度和给予的启迪。

《纽约世界报》的评论员说：'我在剧院里消磨了一个最激动人心的夜晚。梅兰芳是迄今我所见到的一位最卓越的演员。纽约以前从没见过这样杰出的表演。'

《邮报》剧评家评论道：'梅兰芳是继尼任斯基（俄罗斯名盛一时的芭蕾舞蹈家，被尊为"舞圣"）之后出现在纽约舞台上表演得最优美的一位演员。他那敏捷灵巧的演技是别人无法比拟的。'

《纽约时报》评论员赞扬道：'梅兰芳身穿华丽的戏装在舞剧中的表演，犹如中国古瓷瓶或挂毯那样优美雅致：使观众觉得自己是在跟一个历史悠久

① 梅绍武：《父亲梅兰芳》，文化艺术出版社，2015，第317页。

② 梅绍武：《父亲梅兰芳》，文化艺术出版社，2015，第318页。

而成熟的奇妙成果相接触。’

《纽约太阳报》评论员说：‘人们不无惊奇地发现，数百年来中国演员在舞台上创造出一整套示意动作，使你感觉做得完全合情合理，这倒并非由于你理解中国人的示意，而是因为你明白美国人也会那样表达所致。我倾向于相信正是这种示意动作的普遍性使我们感到梅兰芳的表演涵义深邃。当然正是由于这一点，而无须乎讲解，我们也完全可以理解他的表演。’

京剧舞台上的简洁朴素给《世界报》的评论员留下深刻的印象。他认为中国人‘在不采用实体布景和道具方面远远超前了我们好几个世纪。我们花费成千上万的钱财使舞台上呈现实景，布满总起来足有半吨重的沙发啦，餐具柜啦，桌椅啦，门框啦，书柜啦等等实物，而中国人却用一些常规的示意动作代替了这些笨重的累赘；数百年来，他们的观众对此已经习惯，顿时凭想象力把它们转换为适当的场景和行动。一名中国演员登场，并不需要推开一扇花费 45 美元而挺费劲才制成的、涂了漆的人造纤维门板，再砰地一声把它关上，弄得那个仿制的房间的帆布墙鼓胀起来，悬乎乎地颤动不已。没有，他只消把腿微微一抬就迈过了想象中的门槛。中国的观众，经过具有艺术修养的几代人认为这是理所当然的事，都熟悉这类众多的规范动作而立刻予以理解，他们并不因为舞台上没有一扇真实的房门而感到上当受骗。相比之下，我们则要求演员登场下场时，台上得有镶板、铰链和门上的球形捏手，真是多么原始而幼稚呵！’

“父亲在纽约演出时，曾多次出席各界的欢迎宴会，施高德提到一次由纽约记者俱乐部为他举办的招待会，真是盛况空前。他说：‘梅兰芳在纽约的逗留即将结束前，纽约记者俱乐部为他举办了一次盛大宴会。凡是跟新闻界有关的人士都无论如何也得争取参加。每桌餐费五百美元，廊间雅座每桌高达千元，另有五桌为中国演员所设。这次宴会共有五千人出席。午夜时分，著名的纽约市长杰米·沃克（Jimmy Walker）陪同梅兰芳莅临，全体顿时起立相迎。在市长尚未开口把他介绍给大家之前，只听场内这儿那儿传出女士们对风度翩翩的梅兰芳报以阵阵的惊叹声，一时打破片刻的静寂。这真是对这位演员所表示的一种最为惊人的敬意，也是他曾经留给热情的美国人

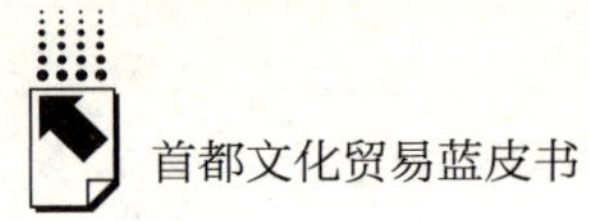

一个深刻印象的标志。’确实，一位年仅 36 岁的中国演员在海外获此殊荣，实属罕见。”①

三 一项国外调研的启示

2014 年的《理论与现代化》杂志发表了李四清等人的一项调查，登载于《中国京剧在海外的传播与影响——翻译与传播京剧跨文化交流的对策研究》一文中。她们的课题组在国外对西方人接受京剧的程度进行了一次调研。

“调研由 4 次试验和 1 次访谈组成，试验于 2013 年 1 月在美国进行。受试者为 21 位英语为母语的成年人，其中，美国人 15 人，加拿大人 4 人，英国人 2 人。21 人均没观看过京剧演出。试验地点为有多媒体设备的实验室，可以播放 DVD，有可制成音频的录音设备。4 次试验中所选用的京剧演出录像剧目分别为《天女散花》、《霸王别姬》、《贵妃醉酒》和《赤桑镇》。

（一）试验过程

试验 1，试验的第一步为 10 分钟的音频设备使用说明，确保每位受试者掌握音频录音的技术。第二步，受试者观看京剧《天女散花》录像，配英语现场翻译。演出中的每一句对白和唱词均有专职翻译人员同声译成英文。第三步，观看演出后，每一位受试者使用录音设备，讲述自己观看京剧的感受，并生成以自己姓名为文件夹名称的音频。

试验 2，受试者观看京剧《霸王别姬》录像。试验中使用两块屏幕，一块屏幕播放京剧演出，另一块屏幕显示台词和唱词的英文字幕。受试者观看演出后，录制音频感受。

试验 3，此次试验所选取剧目为《贵妃醉酒》。试验 3 比试验 2 增加了

① 梅绍武：《父亲梅兰芳》，文化艺术出版社，2015，第 319 ~ 320 页。

一个环节，即在观看京剧演出录像之前，先发给受试者每人一册有关《贵妃醉酒》剧情、人物、脸谱、服装、道具的英文说明书，供他们阅读，阅读时间为 45 分钟，之后试验步骤同试验 2。

试验 4，此次试验所选取剧目为《赤桑镇》。试验 4 在试验 3 的基础上，又增加了一个环节，即先用英语讲解并展示京剧的道具、脸谱、布景、程式动作、乐器等京剧常识，并提供京剧体验活动：试穿戏服、画脸谱、教授京剧动作，之后试验步骤同试验 3。

（二）试验结果

采用试验 1 方法观看中文演出的京剧：受试者观看开场戏时，乐队的演奏及呈现在受试者眼前的布景、灯光，如诗如画的舞美，载歌载舞的场面，因为克服了语言障碍，能够看懂和欣赏京剧。但是随着剧情的展开，有了对白和唱词，受试者的欣赏遇到了困难。借助台词和唱词的现场英语翻译，100% 的受试者明白故事情节的主线，听懂 70% 的台词和唱词。81% 的受试者表示京剧的表演形式新颖，舞美道具梦幻漂亮，对剧情、人物关系、程式动作、舞台布景、乐队伴奏等不甚理解，满足了品尝式观看的需要。72% 的受试者表示，采用现场英语翻译的形式观看京剧，会影响观看全剧；另外翻译滞后于演员的声音，影响欣赏效果。48% 的受试者表示虽然好奇心得到满足，但不会再看京剧了。

采用试验 2 方法观看京剧：90% 的受试者认为英文字幕好于现场的英语翻译，受试者可以专注地观看演出。52% 的受试者能看懂 70% 的剧情，48% 的受试者能看懂 80% 的剧情，100% 的受试者对唱腔、锣鼓、化妆、脸谱、舞美等仍然不甚了解。对于京剧的“做”和“打”的理解，好于对“唱”和“念”的理解。

采用试验 3 方法观看京剧：100% 的受试者不仅能看懂、“听”懂 80% 的剧情，并且对京剧产生了极大兴趣，38% 的受试者表示愿意继续观看其他剧目，学习了解更多的京剧知识，同时也产生了学习汉语的愿望。

采用试验 4 方法观看京剧：100% 的受试者能看懂剧情，虽然对音乐、舞美的理解还不到位，但是对乐队的伴奏、舞台布景、人物服装、头饰等已经能够提出一些有价值的问题。10% 的受试者问到人物头饰的制作，24% 的受试者谈及人物服装图案的含义，38% 的受试者问及乐队伴奏乐器的名称、演奏方法及不同乐器所起到的伴奏效果，并被中国京胡的魅力所吸引，90% 的受试者有意愿尝试更加深入细致地了解京剧，81% 的受试者表现出强烈的探究欲望。

（三）访谈

为了更深入地研究京剧艺术在世界舞台的有效传播途径，第 4 次试验结束后，对受试者又进行了一次专门的访谈。访谈围绕 5 个问题展开，5 个问题都是在参考了相关研究领域有价值的研究结果的基础上提出的，访谈的前 3 个问题为开放式问题，后两个问题为单选题，问题为：

（1）你是否从事或从事过与中国或汉语相关职业？

（2）你观看京剧过程中最大的障碍是什么？

（3）通过接触京剧，你对京剧的感受是什么？

（4）京剧最吸引你的是什么？

唱腔、脸谱、服饰、角色、表演、剧本、历史背景、其他。

（5）你喜欢的京剧体验活动是：画脸谱、穿戏服、京剧知识讲座、展览、观摩学习、其他。

访谈结果显示，受试者中，没有人从事或从事过与中国或汉语相关的职业。100% 的受试者提到语言和文化是欣赏京剧的最大障碍；52% 的受试者认为，除了语言和文化障碍外，缺乏对历史背景的了解，也影响理解故事情节；43% 的受试者谈到缺乏对京剧表演的了解，也是影响观看京剧的障碍之一；29% 的受试者认为不了解舞台道具的含义，也影响观赏京剧。

100% 的受试者认为京剧的舞台表演、服装道具、灯光音响，都十分精彩，86% 的受试者认为欣赏京剧存在困难，62% 的受试者认为京剧表演难度大，52% 的受试者认为京剧博大精深、内涵丰富。

受试者认为京剧最吸引他的依次为表演、脸谱和服饰、唱腔、角色和历史背景。

受试者最喜欢的京剧体验活动依次为京剧知识讲座、学习观摩、画脸谱和穿戏服。

（四）研究结果

研究结果表明，影响京剧在海外有效传播的主要因素是语言和文化。"①

四　目前京剧"走出去"的现状与困境

（一）2017年北京京剧的对外演出情况

北京现在主要的京剧院团是国家京剧院和北京京剧院，这两个院团也基本囊括了北京所有的京剧对外演出。据有关资料：2017 年国家京剧院完成了 630 人次、15 批赴日本、意大利、澳门、中国台湾、中国香港、英国、俄罗斯、希腊、德国、哈萨克斯坦、瑞典 11 个国家与地区共演出 109 场。北京京剧院 2017 年对外演出如表 1 所示。

表 1　北京京剧院 2017 年对外演出情况

序号	演出时间(年/月/日)	演出地点	演出内容	项目名称	部门
1	2017/1/25 19:30	西班牙・马德里	三岔口 天女散花	境外商演	联合
2	2017/1/28 14:00	德国・科隆	三岔口 天女散花	境外商演	联合
3	2017/1/28 19:30	德国・科隆	三岔口 天女散花	境外商演	联合
4	2017/2/1 19:30	希腊・雅典	三岔口 天女散花	境外商演	联合
5	2017/6/13 19:30	香港文化中心大剧院	龙凤呈祥	香港艺术节	梅团
6	2017/6/14 19:30	香港文化中心大剧院	群借华	香港艺术节	梅团

① 李四清、陈树、陈玺强：《中国京剧在海外的传播与影响——翻译与传播京剧跨文化交流的对策研究》，《理论与现代化》2014 年第 1 期，第 108 ~ 109 页。

续表

序号	演出时间(年/月/日)	演出地点	演出内容	项目名称	部门
7	2017/6/15 19:30	香港文化中心大剧院	四郎探母	香港艺术节	梅团
8	2017/12/21 10:00	加拿大伊丽莎白女皇剧院	京剧讲座	境外商演	梅团
9	2017/12/22 19:00	加拿大伊丽莎白女皇剧院	白蛇传	境外商演	梅团
10	2017/12/23 12:00	加拿大伊丽莎白女皇剧院	京剧讲座	境外商演	梅团
11	2017/12/23 14:00	加拿大 Hard Rock 剧场	别姬、秋江、闹天宫	境外商演	梅团
12	2017/12/23 19:00	加拿大拜尔剧场	白蛇传	境外商演	梅团
13	2017/12/28 19:00	加拿大奥利芬加拿大剧院	赵氏孤儿	境外商演	梅团

（二）京剧“走出去”面临的难题

1. 国内市场基础薄弱

京剧要作为对外文化贸易的一个品牌项目，就要有强大的国内市场基础。当年梅兰芳在海外演出的成功，与当时京剧国内市场的发达密切相关。然而，目前京剧在国内的演出状况仍然不佳。从演出的剧目来讲，由于历史原因，京剧传统剧目原本继承不多，加上老一辈艺术家和京剧教育家的相继离世，优秀传统剧目的挖掘和恢复工作就更为艰难。而近些年创排的新戏，往往都是昙花一现，很少能成为保留剧目。所以，经常上演的剧目往往十分单调，在表演上也缺乏创新。从京剧剧团和演员方面来讲，由于经济效益和收入原因，京剧院团大为缩减，优秀演员流失严重，而且出现“断代”现象，由于体制原因，人事制度方面的改革也一直停滞。从观众层面来讲，原有的戏迷观众群体逐渐老化和流失。虽然现在在回归传统文化的热潮中也有不少年轻人走进京剧剧场，但仍缺乏黏合度与对京剧表演的忠诚度，不能形成稳定的观众群体。

2. 京剧学术研究不足且脱离实际

京剧的学术研究历来就比较薄弱，而且现在的京剧研究专著和文章又往往“大而空”，动辄“发展史”“全集”不一而足。但对于某一专题的研究，尤其对当下京剧的发展和振兴有启发和指导意义的著作和文章却少而又少。京剧本是来源于民间的大众流行艺术，不是所谓的“高雅艺术”，所以对京剧实务和市场化研究应该是京剧的重要研究方向，而这一领域几乎是空白。目前的京剧学术界一方面囿于自己的学术小圈子，既不能联系实际，解决一些实质性问题，也未能在演职人员和广大戏迷票友中产生影响。另一方面非常缺乏与国际主流戏剧研究界的交流与合作研究。所以，在学术研究方面，京剧也还未走出去。

3. 对于宣传推广的力度不足，传播手段落后

由于长期以来市场意识的淡薄，京剧在宣传推广方面明显不足。各个京剧院团的宣传网站建设严重不足，有的甚至没有官网，大多数网站也都缺乏特色，内容陈旧。虽然目前各院团陆续都在进行微信公众号建设，但在广大演员和观众群体中影响不大，缺乏一个院团、演员、观众等几方互动的网络和沟通机制。由于经济效益等原因，在宣传经费上的投入也严重不足。这些问题在对外演出中就尤为突出。如果在“走出去”过程中，没有一个有效的宣传和传播方案，对外演出肯定会流于“走过场”。

4. 对外演出因准备不足而效果不佳

实际上，在新中国成立后，除“文化大革命”期间外，中国的戏曲、杂技等传统表演艺术也频频出国演出，但大多是国家出资派遣的交流活动，所以国家对此也投入了巨大的财力。然而，这类演出活动大多并未引起轰动效应和产生一定影响，更未达到文化传播的目的和文化贸易的结果。究其原因，除了缺乏对外文化贸易与传播的意识外，就是对外演出的准备不足。首先，在对外演出前，未对目的国的历史文化习俗等有充分的了解；其次，也未在做足功课的基础上，制订一个具有针对性的详尽的演出计划；最后，不是根据演出计划来进行有关的培训和各方面的准备工作。此外，国家的对外演出政策，也有一些不切实际的规定。再者，在宣传上，没有一个完善的传播策略。对照梅兰芳访美前的准备工作，可以看出两者的巨大差距。所以，现在的对外演出是“送出去”而非“卖出去”。“走出去”并不难，而要实现真正“走出去”，成为文化输出和文化

贸易还任重道远。

5. 文化障碍和壁垒

在全球化日甚一日的今天，世界各国和各民族之间，文化的障碍和壁垒依然存在，而且这是对外文化贸易中一个普遍的难题。这既有固有的文化传统差异造成的问题，也有在对外传播过程中误导所造成的问题。比如，京剧翻译成西方文字，一直是 Opera，目前许多学者对此提出质疑。北京第二外国语学院国家文化发展国际战略研究院常务副院长李嘉珊教授提出："Peking Opera 的译法始于五四时期，但并不能准确地表达出京剧的文化内涵，因而改名是京剧的实质回归。"①

五　京剧"走出去"与实现文化贸易的对策

（一）以"双创"原则夯实京剧基础

习近平总书记曾指出："弘扬和保护各民族传统文化，要去粗取精、推陈出新，努力实现创造性转化和创新性发展。"十九大报告中也明确提出"推动中华优秀传统文化创造性转化、创新性发展"。回顾京剧的历史，其生存和发展都与改革创新密不可分。清末，谭鑫培对京剧声腔和表演的改革创新使得"民国京剧"在众多地方戏中脱颖而出，其本人也因此获得了"伶界大王"的美誉和"无腔不学谭"的艺术地位。之后的梅兰芳对京剧的剧目、唱腔、表演、音乐、化妆、服装等进行了整体化革新，并引入现代戏剧理念和大胆采用吸收最新技术手段，将京剧改造成一门现代艺术，不仅令京剧成为"国剧"，还成功地进行了京剧最早的海外传播。他提出京剧改革"移步不换形"的观点与"双创"原则是一致的，至今仍有借鉴意义。

① 李嘉珊：《世界城市视角下的"北京京剧"传承与"走出去"战略》，《中国经贸》2013 年第 5 期，第 51 页。

根据这一原则，首先要对京剧演出的剧目和表演进行改革创新，使之符合现代审美和观众的欣赏水平，并有针对性地准备对外演出的内容和形式，对于不同国家和观众，要有不同的选择。其次要利用最新传播和社交技术大力宣传和推广京剧。2015 年 7 月，国务院办公厅印发的《关于支持戏曲传承发展的若干政策》指出，“发挥互联网在戏曲传承发展中的重要作用，鼓励通过新媒体普及和宣传戏曲。”北京戏曲评论学会成立于2013 年底，一直致力于整理、研究和推广中国戏曲艺术和戏曲文化。成立伊始，便充分利用最新的微信网络社交平台进行京剧、昆曲等的宣传推广。学会微信群使用的人数由最初的 40 人迅速扩大到 150 人，很快又达到 500 人上限。目前学会有八个微信群，群友总数达 4000 人。开创了“微群戏曲晚会”“微群发布会”“微群艺术研讨会”“微群优秀青年演员时间”“微群戏曲讲座直播”等专题形式，大大活跃了首都北京的戏曲文化，令京剧等戏曲在北京的传播有了很大改观。最后，发动民间力量对京剧进行深入和实效性研究。北京戏曲评论学会成立近五年来，取得了丰硕的学术成果，出版了《梅氏醉酒宝笈》《梅葆玖画册》《中国京剧经典剧目汇编》等著作十余部，发表重要文章数百篇，提出许多重要学术观点。靳飞会长的《梅氏醉酒宝笈》以梅兰芳对《贵妃醉酒》这出戏长达 30 年的整理改编，详细阐述和总结了梅兰芳这位京剧艺术大师的京剧改革理念和具体方法，对今天的京剧改革创新具有极高的参考价值。

（二）结合“人类命运共同体”消除文化障碍与隔阂

人类共同生活在一个星球，同呼吸、共命运，虽然国家和民族间有地域、社会制度、文化传统、风俗习惯的差别，但在是非善恶的判别标准上是相同或相近的，在情感上是相通的。京剧在中国传统社会中，不只是单纯的艺术和娱乐，还承担着“教化”功能，她通过“以歌舞演故事”表达思想观点、评判是非曲直、抒发爱恨情仇、引起观众的共鸣。这实际是其能成为一门流行艺术的内在因素。北京戏曲评论学会会长靳飞先生曾提出：“中华戏曲走出去，必须要找到与不同文化之间的连接点。”[①]“梅兰芳在日本发现，真正打动日本观众的还是《贵妃醉酒》与《御碑亭》这一类的剧目，在美国受欢迎的也是《汾河湾》，这些剧目所传达出的中国人情世故，是完全可以为外国观众所接受的。”[②] 中国元杂剧中的名剧《赵氏孤儿》被法国大文豪伏尔泰改编成西方戏剧，于1755年在法国巴黎上演。这可以作为以人类共有情感和价值观消除文化障碍与隔阂的例证。所以，京剧中表达人类共同情感的剧目和内容应该是京剧对外文化贸易中选择的重点。

（三）“走出去”需要整体策划和精心准备

对外传播和文化贸易是一项系统工程，需要总体策划。一是要有充足的准备时间，还要投入大量的人力、物力、财力；二是在细节上尽可能考虑周全，不打无准备之仗。在出访前，除了做文化上的准备之外，还要在目的国进行一定的“预热”，令观众有一定的了解和印象。在出访的安排中，不仅有剧目演出，还应配合一系列的文化介绍和互动与社交活动。由上文的国外调研可知，演出中配合英语讲解并展示京剧的道具、脸谱、布景、程式动作、乐器等京剧常识，并提供京剧体验活动：试穿戏服、画脸谱、教授京剧动作，可以令演出达到最佳效果。2016年，北京戏曲评论学会成员、青年京昆表演艺术家董飞受文化部中国对外文化交流协会和北京戏曲评论学会委派，赴葡萄牙里斯本进行了三天的京剧艺术展示，获得了良好的交流和传播成果。2017年再次得到葡萄牙东方基金会的邀请，率京昆艺术交流演出团再赴里斯本。董飞第一次赴葡，为葡萄牙观众详细讲解和展示了京剧文化，并与在场观众互动，教授身段、化妆等，引起葡萄牙观众的极大兴趣，令中

---

① 靳飞：《中华戏曲如何走出去？——在上海国际艺术节戏曲论坛上的发言》，2017年11月1日，https：//mp. weixin. qq. com/s？ _ _ biz = MzAwNTYyMTQxOA = = &mid = 2649581623&idx = 1&sn = ec6562cba08aaa25824deb730bb8f053&chksm = 83001bf2b47792e4fd06ee6334200ccd26fc10bf086cb67d8b95c21113d7199a7e94d2ba5b8d&mpshare = 1&scene = 1&srcid = 1101hQimrRJKI59EmERVrL9m&pass_ ticket = lQtv5Tr04FVecpmrgWQeuElVwgrUfmpBv%2F0FBG84cOkLXFkIRGJOgt7soAuYijt4#rd。

② 同上。

国戏曲在葡萄牙产生了一定影响。此外，在对外演出过程中，要重视公关准备，充分利用当地主流媒体和社交网络进行宣传。这也是梅兰芳访美大获成功的重要因素之一。

（四）扩大京剧的对外交往，发现和利用外向型京剧人才

一种文化要“走出去”，就要不断在国际上营造这种文化的氛围和环境，使之进入主流国际视野。京剧“走出去”不仅要靠演出，还要在国际上通过一系列的讲座、展览、展示等普及京剧文化。更为重要的是，要参与到国际戏剧学术的交流与对话之中，为京剧在国际主流戏剧界争得一席之地，提升京剧的国际地位。北京戏曲评论学会成立以来，十分重视与国外戏剧学术界的交流与合作，先后邀请日本东京大学、早稻田大学、美国哈佛大学等国外著名研究机构的专家学者交流访问和举办讲座，并委派学会成员董飞等赴葡萄牙等地演出、展示京剧文化。2018 年，一个有关京剧音乐的国际研讨会正在筹备之中。

在文化“走出去”过程中，人才难得也是一个普遍问题。所以，京剧“走出去”，找到既具备专业水平又有较强外语和外交能力的人才也是一个关键因素。上文提到梅兰芳赴美过程中的张彭春，是梅兰芳赴美演出的总导演和总顾问。张彭春时任南开大学教授，对中西方戏剧都有较为深入的研究，又在美国留学、工作多年，因此被梅兰芳倚重，从演出准备到陪同梅兰芳全程赴美，张彭春在此次京剧的国际传播中起到了举足轻重的作用。北京戏曲评论学会副秘书长董飞毕业于北京第二外国语学院，通晓日语、英语、德语。因幼年曾在戏校学戏，大学毕业后又重回戏曲专业，考取了中国艺术研究院的研究生，并曾在国家京剧院工作。这两年在中国戏曲对外交流中崭露头角，已在十几个国家进行过演出，并受文化部中国对外文化交流协会和北京戏曲评论学会派遣，只身赴葡萄牙进行京剧的展示和交流，获得良好成效，圆满完成了任务。

六　结语

近年来，北京戏曲评论学会会长靳飞先生提出了“民国京剧”的概念，

这在京剧研究界引起了不小的震动。这一观点厘清了“民国京剧”与以往旧剧的区别和关系，承认了京剧的现代性和在中国近代文化艺术史上的伟大创新作用。“民国京剧”不仅在艺术上进行了内容和形式的深刻变革，形成了具有现代艺术特征的中国本土艺术，而且迅速实现了生产方式、推广方式、制作方式的全面更新。在其逐渐发展成熟后，迅速成为流行于社会各阶层和大江南北的时尚艺术，并开始走出国门。正当摄影、电影、戏剧、音乐、舞蹈等西方艺术和娱乐方式向中国涌入之际，以京剧为代表的中国本土艺术及时向外进行了传播。而今天，在中华民族伟大复兴和文化自信的感召下，应该继往开来，以京剧向世界传达东方艺术之美，并与国际艺术市场接轨。开拓中国戏剧艺术新的参与国际交流的方式。

参考文献

梅兰芳：《舞台生活四十年》，新星出版社，2017。

梅绍武：《父亲梅兰芳》，文化艺术出版社，2015。

李嘉珊：《世界城市视角下的“北京京剧”传承与“走出去”战略》，《中国经贸》2013 年第 5 期。

B.9

大师、大众、大市场：2017北京国际电影节

王伯港*

摘　要：　北京国际电影节，作为中国乃至亚洲国际电影节的代表，在过去七年中实现了全方位的发展聚力与创新突破。第七届北京国际电影节尤其实现了市场化新突破，作为影视贸易的平台，对内推动产业发展，对外打造国际平台，向前推动成果大众化，向后运作机制市场化，北京国际电影节在向专业化交流平台、市场化运作机制、国际化专业电影节的道路上迈出跨越式的一步。以市场运作为导向，聚力政产学研各界，培养市场运作机制，实现了北京国际电影节影视贸易与文化交流的平台和桥梁作用。

关键词：　电影节　影视贸易　文化交流

北京国际电影节（Beijing International Film Festival），前身为北京国际电影季，2011 年由国家广播电影电视总局、北京市人民政府主办。北京国际电影节是以国际水平、专业程度、创新开放和高端品质、市场运作等为主要特点的大型电影主题活动，旨在融汇全球各个国家以及中国国内电影资源，搭建影视交流沟通与贸易的综合性平台。

---

* 王伯港，北京第二外国语学院交叉学科国际文化贸易硕士研究生，国家文化发展国际战略研究院项目研究助理。

凭借其国际化水平、专业化程度、品牌影响力，北京国际电影节成为世界发展速度最快、最富有生机与活力的国际电影节之一。

2017 年 4 月 16 日至 23 日，历时 8 天的北京国际电影节胜利落幕，电影节紧紧围绕推动中外文化交流、促进电影产业发展、服务首都文化建设的功能定位，在主体性、多样性、国际性、创新性和高端化、市场化、专业化、大众化方面持续发力，影片质量、展映票房、市场交易、品牌影响力进一步提升。作为影视贸易的平台，向内推动产业发展，向外打造国际平台，向前推动成果大众化，向后运作机制市场化，北京国际电影节在向专业化交流平台、市场化运作机制、国际化专业电影节的道路上迈出跨越式的一步。

一　积蓄发力、打造国际顶尖电影盛典

2017 年 4 月 16 日至 23 日，第七届北京国际电影节盛装亮相，第七届北京国际电影节秉承“共享资源、共赢未来”的活动宗旨，以“大师、大众、大市场”为电影节的风格特色，其中主要包括 7 项主体活动及 370 余项单项活动，主体活动包括主竞赛单元“天坛奖”评奖、电影节开幕式、北京展映、北京策划・主题论坛、电影市场、电影嘉年华、闭幕式暨颁奖典礼，单项活动包括“注目未来”单元、纪录单元、“经典京剧电影”单元、网络电影单元、电影音乐会、电影沙龙及行业对话等。同时，第七届北京国际电影节电影市场签约重点项目 56 个，签约额达到 174.58 亿元，较 2016 年提升 6.9%，项目创投板块收到 712 个报名项目，较 2016 年提高 5.6%，均创历史新高；17 个主题、近 500 部中外影片佳作在北京市 31 家影院展映 1000 余场，展映总票房突破 1100 万元，较第六届增长 10%；其中参与人员包括来自全球 50 多个国家和地区以及超过 300 家中外电影机构的 1.5 万名中外嘉宾和 100 余万人次首都各界群众；445 家境内外媒体、近 1600 名记者参与采访报道。北京国际电影节的知名度、美誉度、国际影响力和传播力再次提升，在向国内领先、国际一流的国际电影盛会道路上迈出了重要一步。

塞尔维亚著名导演埃米尔·库斯图里卡在出席活动时称赞道："我爱中国，这里的生活带给我很多灵感。伴随着中国成为世界最重要的经济体之一，我想我能找到一些有关人性和神秘性的故事。也许我的下一部电影，就诞生在北京。"多伦多国际电影节艺术总监卡梅隆·贝利说道："我很开心也很幸运，从第一届开始到现在，参加了每一年的北京国际电影节。它非常年轻，但是他的魅力已经感染了我们所有人。"美国影星伊恩·萨默海尔德说道："北京国际电影节有来自全球各地的电影投资人、导演、演员，是一个寻找项目的好机会。我希望能在电影节上找到适合自己的电影项目或剧本，创作出更多更好的作品。"

第七届北京国际电影节实现了各方面的创新突破，知名度、美誉度、国际影响力和传播力得到全面提升，在活动数量、签约金额、创投板块、展映票房等各个方面实现了突破。在向国际一流、中国特色、北京风格的国际电影节道路上迈出跨越式的一步。

二 培育市场运作机制，打造影视贸易世界平台

1. 市场运作导向，推动影视贸易新发展

北京国际电影节，作为中国乃至亚洲国际电影节的代表，在过去七年中实现了全方位的发展聚力与创新突破，在政府各界的帮助下不断成长，同时也在市场当中谋求发展，寻找突破，以市场运作为导向，聚力政产学研各界，培养市场运作机制，从而实现北京国际电影节作为影视贸易平台的桥梁作用。

北京国际电影节以中外影视文化交流与沟通为基础，一方面推动中国电影业发展，讲好中国故事，着眼分享经验，另一方面，通过广泛邀请全球电影产业精英和优秀电影进行展示和洽谈，通过贸易实现影视产品的价值最大化，真正发挥平台效应和经济效益。

同时，作为中国具有代表性的影视文化产业的聚焦盛典，国内外影视公司和机构也纷纷聚拢在电影节。在第七届北京国际电影节电影市场板块，有超过 250 家国内外的相关机构和公司注册报名，其中来自美国、德国、意大

利、西班牙、加拿大等国家的国际展商74家，经过审核最终在电影市场与现场观众见面的国内外相关机构和影视公司共190家。

北京国际电影节作为中国影视作品展出和交易的最大平台之一，在影视贸易中所扮演的桥梁作用至关重要。立足供需双方需求，推动影视产业链上下游对接，深度挖掘与开发电影市场，促进行业创新与升级。电影市场作为北京国际电影节服务电影产业的重要抓手，主要内容包括五大板块，分别为招商展会、项目创投、行业对话、特约活动及签约仪式，多年来广泛吸纳中外重点企业、重大国际合作项目、制片人、发行商参与其中。而第七届北京国际电影节，在投融资、制片、发行、放映、版权及法律支持等产业链各环节上均有商家入驻。

经过多年的不断发展，北京国际电影节电影市场已经成为亚洲最活跃的国际电影交易平台之一，第七届北京国际电影节在电影市场签约额再创历史新高，共有108家企业的56个重点项目成功签约，总金额达到174.58亿元人民币，较第六届增长6.9%，实现持续性的增长（见图1）。同时，展映票房实现持续三年增长幅度超10%，从第五届北京国际电影节的800万元，到第七届北京国际电影节的1100万元，这充分说明，中国电影产业正处于大发展大繁荣的良好时期。北京国际电影节电影市场活动的举办，为中国电影产业提供了更多新鲜血液和优质资源，也为中国与世界电影的交流合作搭建了重要的桥梁，同时，作为国际的影视贸易平台，北京国际电影节从创投项目、签约金额、展映票房等各个方面也不断实现影视交流和贸易双向引导的重要作用。

2. 探索合作机制，高端论坛引领行业前瞻

第七届北京国际电影节以高端定位基本格调，邀请了来自全球的名家大师，共同探讨中国电影的发展。此次国际电影节开办了中外电影合作论坛、中国电影发行高峰论坛、电影科技国际论坛和探寻电影之美高峰论坛等四场主题论坛，累计参加人数超过1500人，议题设置结合电影界当今最新发展趋势、潮流，启发新思路，审视新视角。

四场论坛就电影行业发展现状和未来趋势展开了对话讨论。汇集中外电

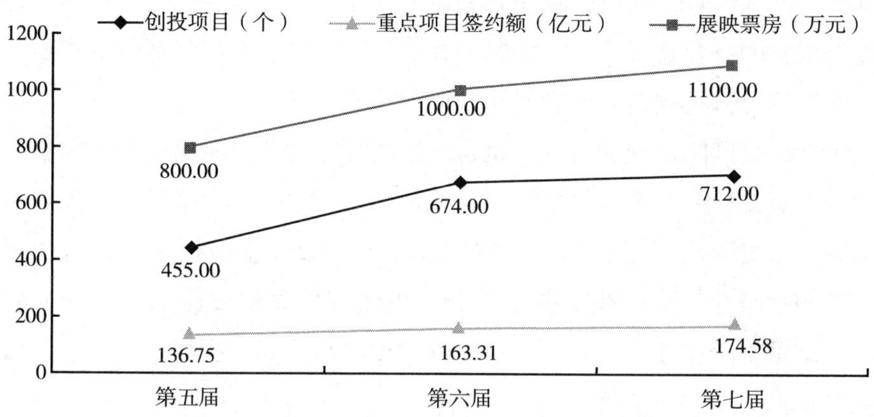

图1　第五届至第七届北京国际电影节成果比对

资料来源：北京国际电影节组委会工作总结。

影人创意和观念的论坛现场，观点鲜明、态度诚恳，涉及电影市场新格局、类型电影的创新与融合、网络大电影及电影产业链新业态、电影艺术与科学等话题，全面覆盖电影行业从业者们目前关注的各个环节；特约活动在满足国内外电影机构及公司对自身品牌、业务及项目宣传需求的同时，积极整合行业资源，在影视资本、互联网+、IP、电影新力量、合拍模式等传统话题的基础上，加入了关于网络大电影和网络直播的发展空间、内容付费浪潮、视效费用解析等新鲜议题，引发业内人士的热烈交流和深入思考。

中外电影合作论坛邀请了国内外著名导演、制片人作为发言嘉宾，以对话的形式，共同探索中外电影合作制片的最佳途径，努力打造国内外电影人探讨中外电影合作与发展的专业平台；中国电影发行高峰论坛聚焦当下中国电影发行市场的热点话题，探索当下中国电影发行市场中“互联网+”力量的助力作用与发展方向，对电影发行市场中“互联网”的价值进行深度探讨，理性看待市场现状，呼吁市场有序发展。

伴随着国内电影市场对电影全产业链关注度的提高，第七届北京国际电影节在以往三大主题论坛的基础上，首次设立“电影科技国际论坛”，围绕“科技创新驱动电影提质升级”的主题，论坛邀请到了国内外电影技术行业的知名专家和学者，通过多项主题演讲和交流互动，从各个技术层面和专业角度对现行的行业技术标准、面临问题、产业布局、发展趋势等话题进行分析，共同探讨科技创新对电影提质升级的重要意义。

电影科技国际论坛的设立，也是北京国际电影节与时俱进，不断自我完善创新的重要举措。探寻电影之美高峰论坛以"'一带一路'电影发展与全球电影新格局"为主题，邀请沿线国家知名电影人士和投资人，与中国电影人共同擘画"一带一路"电影发展建设蓝图，深化彼此电影发展战略合作，推动更多合作项目落地，为打造开放型电影格局、提振世界电影发展注入强劲动力。

此外，中美影视产业跨境合作论坛、电影风险评估与管控专场论坛、影视金融论坛、中国电影投融资高峰论坛、"文影投联"首届投资人晚宴、影视互译文化共享论坛、成龙电影 A 计划新晋电影人实战特训营、中国文化 IP 电影如何走出去论坛等相关活动，也吸引了大量电影专业人士汇聚、交流。杜比实验室杜比学院负责人康戈澜（Glenn Kiser）说到，"北京国际电影节是很重要的合作伙伴，我很高兴能够看到杜比学院和北京国际电影节的合作，我们要把先进的技术带给中国电影人，让他们使用最好的技术完成自己的电影。"

3. 放眼全球，多元文化打造国际电影节

电影是通行世界的艺术，好的电影既带有本国家、本地区和本民族独有的艺术特点，又能为世人所接受并欣赏。第七届北京国际电影节致力于推动中外电影文化交流，从 100 多个国家和地区精选境内外影片近 500 部，充分利用北京市 31 家影院和学术机构进行展映，并将其细化为"致敬大师""环球视野""一带一路"及"科技奇观"等 17 个展映单元，充满艺术价值和观赏乐趣，构筑出一个多元文化认同的影像世界，为广大市民和专业观众提供了接触多元电影文化的广阔平台。

已经走过七个年头的北京国际电影节，逐渐成为国际影坛备受瞩目的盛事，为全世界电影大师华山论剑提供了盛大舞台。作为衡量电影节国际性和影响力的重要指标，第七届电影节开闭幕式上近 400 位嘉宾踏上红毯。塞尔维亚著名导演埃米尔·库斯图里卡，印度知名导演、演员阿米尔·汗，中国台湾导演张艾嘉，著名导演张艺谋、是枝裕和，著名摄影师赵小丁等全世界最具影响力与号召力的电影人都出现在北京国际电影节的典礼之中。

在“天坛奖”评选方面，第七届北京国际电影节共收424部影片报名参评，这些影片来自六大洲、59个国家和地区，其中国际影片数量占比为64.6%，数量达274部，影片题材丰富、类型多样、风格各异。经过层层遴选，最终《约翰之子》《一步之遥》《卡农》《湄公河行动》和《两张彩票》等15部影片入围，其中境外影片13部，境内影片2部，涉及四大洲、19个不同的国家和地区。15部入围影片中，国际首映影片5部、亚洲首映影片5部、中国首映3部和非首映2部。总体上看，本届入围的国际影片品质较往届再次大幅提升，得到了专家评委的一致好评。

无论是从展映环节、嘉宾参与、影片甄选，还是办节质量、签约金额、行业评价等各个方面，第七届北京国际电影节都实现了真正意义上的国际电影节的标准和表现，为促进中外电影发展搭建了交流、交易平台，在向国内领先、国际一流的国际电影盛会道路上迈出了重要一步。

三 推动产业升级，孵化新人、文化惠民

1. 搭建产业孵化平台，培养新人新作

新人新作一直是北京国际电影节关注的重点之一。作为电影项目孵化器的电影市场项目创投单元，从始至终致力于推广国产电影、培养青年影人，为国内优秀新人新作提供直面投资方、制片人、发行方、营销推广方乃至媒体的机会。对于缺乏资历和资金的年轻创作者来说，北京国际电影节电影市场项目创投版块已经成为他们展示才华的重要舞台。值得一提的是，本届项目创投单元项目收到712个项目，征集数量较去年提高5.6%，其中新人新项目倍出，凸显了创投平台的青年电影人才孵化器作用，征集到80后、90后新锐工作室申报的项目246个，超过总项目数的三分之一，而这其中超过150个项目已经在市场中得到认可并得到基础资金进行项目启动。

第七届电影市场项目创投在往届基础上加大了扶持力度，除颁发四项大奖外，还引入了赞助类奖项，电影节通过和国内外影视机构和公司合作，通过赞助类奖项扶持青年影人，帮助青年影人解决前期资金筹措、团队协助、设备采购等方面的问题。由著名编剧何冀平、知名导演李杨、资深制片人陶昆、资深业内人士何韵明和秦海燕等担任创投评委及培训师，对最终的 10 组项目进行培训和指导，对其中的脉络故事进行分析，教授相关技巧等，为处在“萌芽期”的年轻项目及青年影人提供实质性的专业帮助。“好莱坞电影大师班”重点关注网络大电影行业，从视频平台和网络大电影制作公司两个不同的视角出发，探讨网络大电影的商业模式、市场前景及制片方式等内容，以期在网络大电影这一门槛相对较低、发展机遇较为丰富的新领域，对影界新人有所帮助。

2. 普及影视文化惠民，渗透大众生活

电影节的设置是为了艺术创造，艺术创作的最终目的是为了艺术作品的受众。因此，北京电影节所收获的往往是普惠大众的各类成果。第七届北京国际电影节相比往届在影片数量、影片质量方面都有所进步，同时，在参与成员方面，嘉宾数量和群众参与度也都有明显的提升。突出惠民理念，让群众分享电影业发展成果，不断提升精神品质和幸福指数。北京国际电影节作为首都的重要文化活动，文化惠民是电影节的主要功能之一。北京展映精选了未在国内上映过的、近两年的国际获奖影片，同时精心组织了影片主创见面会，为广大影迷提供了近距离接触电影、电影人的机会。

第七届北京国际电影节电影嘉年华板块在国家中影数字制作基地及星美今晟影视城举办，以“电影梦 · 梦圆怀柔”为主题，设电影主题迎宾区、电影历史回溯区、电影主题集市、电影技术及拍摄体验区、电影主题乐园和电影故事体验园六个板块，充分延展电影产业链，将电影要素与大众需求进行对接，在电影产业和普通观众之间搭建起了一座互动娱乐的桥梁，激发了观众对电影技术的探索热情，促进了观众对电影文化的了解，取得了良好的社会效果。同时，还通过电影音乐会、“经典京剧电影”单元等活动，增强了活动的粘连度，扩大了电影文化覆盖面，提高了电影节群众参与度。

2011 年北京国际电影节创办之始，就以高端国际化、参与全民化、影视专业化为要求筹办每一届电影节，通过与国际接轨、市场同步而不断发展创新，国际化水平、专业化程度、品牌影响力和大众参与度连年提升。同时，北京国际电影节不仅发挥着电影文化交流促进、大众电影娱乐参与等作用，其凭借聚集的影视文化资源和全产业链优势，一方面对国际国内电影行业产生了促进作用，另一方面也实现了高度市场化，对国际影视贸易产生了强有力的推动作用和平台效益，服务电影产业，服务大众，推动中国电影产业健康快速可持续发展，服务首都国家文化中心建设。

四　市场导向，创新驱动，成就国际品牌

北京国际电影节现已成为世界上最年轻、最有活力和最具影响力的国际电影节之一，作为出生在中国的电影节，其首先实现了市场化运作的新突破；同时，在创新驱动下，对新人、新作、新项目产生强有力的促进作用；通过融合聚力，实现政、产、学、研共力，成就了领域国际性品牌，成为中国电影节的行业标杆。

其一，电影节实现了市场化新突破。北京国际电影节在市场化运作方面实现了突破，打破了国内依靠政府和相关部门运作的习惯，不再完全依靠政府和社会组织的力量，通过全面自主的市场招商，以市场的方式完成平台的自主运营和全面升级，同时也将完整的产业链进行一体化，实现全要素对接。将各项主体活动交由中影集团、北京电视台等专业机构承办。专业团队保证了各项活动的专业水准，同时也保证了市场机制和艺术作品的双向融合。通过市场和平台的双向合作，将各项资源进行充分利用，把艺术创作产品和交易平台放到市场中去，一方面让受众全方位、多角度地接触电影作品，提高受众接触率，另一方面，让作品在市场中被动筛选，让资源向好的作品和好的创作人倾斜，实现高效的互动机制，实现真正意义上的市场化运作。

其二，创新驱动，力推新人、新作、新项目。第七届北京国际电影节首次举行“电影科技国际论坛”，在互联网大背景下通过展示影视拍摄与后期

制作中所包含的前沿技术，展示影视行业各个阶段、各个板块的技术细节，丰富电影节的展示内容和内涵，有效地促进电影节进一步创新和升级。同时北京国际电影节不断鼓励和支持新人、新作、新项目，促进中国电影产业升级和发展。

本届电影节对优秀电影项目和青年影人的扶持力度超越以往，努力铸造中国电影的“新锐力量”。着力发展项目创投，打造集投资、制作、营销、宣发于一体的综合交易平台，孵化具有市场潜力的优秀电影作品。

其三，政、产、学、研共力，成就领域国际品牌。在北京国际电影节的迅速发展过程中，政、产、学、研多方共同聚力，成为北京国际电影节打造国际品牌、跻身世界电影焦点的重要力量。国家新闻出版广电总局和北京市委、北京市政府从中国电影发展和首都文化中心建设的高度，对北京国际电影节的发展给予高度的关心和支持。通过与电视、网络媒体合作等诸多平台对电影节进行了播放宣传。通过全方位、多渠道、全媒体的立体宣传推广，提升北京国际电影节的国际传播力和影响力。在电影展映和专业探究方面，和国内多家学术机构和学校合作，不断提升电影节的专业化水准，加速受众渗透。

同时，北京作为全国政治中心、文化中心、国际交往中心、科技创新中心，北京国际电影节与首都城市功能定位高度契合。作为文化产业的重要组成部分，北京电影业发展水平位居全国前列，人均观影次数、生产影片数量及优秀影响数量等均居全国首位，北京已成为名副其实的东方影视之都。电影节也将进一步围绕首都“四个中心”建设总体目标，抓住北京疏解非首都核心功能的契机，致力于将北京国际电影节打造为北京的文化新地标，为首都国家文化中心建设发挥支撑作用，全面提升品牌影响力。

北京国际电影节，立足本土元素，体现中国文化特色，向世界展现了一张中国的电影节名片。同时，作为影视贸易的平台，对内推动产业发展，对外打造国际平台，向前推动成果大众化，向后运作机制市场化，第六届北京国际电影节实现了各个方面的创新突破，全面超越往届，知名度、美誉度、国际影响力和传播力得到全面提升，在向国际一流、中国特色、北京风格的国际电影节道路上迈出跨越式的一步。同时，作为影视交流和贸易并行的国际性平台，北京国际电影节以文化传输和文化贸易为基础导向，在实现电影传播和文学碰撞的同时，实现文化产品经济价值的最大化，进一步打造成为中外电影交流的国际平台、影视贸易桥梁，推动中国电影产业和影视贸易健康快速可持续发展。

参考文献

张媛；《北京国际电影节的创新驱动探析》，《新闻研究导刊》2017 年第 14 期，第 126 ~ 127 页。

罗赟：《北京国际电影节与中国电影对外传播》，《电影评介》2017 年第 4 期，第 6 ~ 8 页。

韩岳、张雅欣：《国际电影节的商业性功能与运营战略分析》，《当代电影》2016 年第 5 期，第 14 ~ 19 页。

张文静、黄雅各、张天悦、洪斯琦、周鸿坤、邹颖妮：《从北京国际电影节看如何打造“东方影视之都”》，《中国外资》2012 年第 18 期，第 7 ~ 9 页。

B.10
发挥文化贸易优势，加强首都国际交往中心建设*

郝京清**

摘　要： 本报告从提升首都城市形象、发展城市节庆活动、举办国际性展览、打造有明确知识产权归属的北京文化符号和内容等方面，研究了通过拓展文化贸易的路径来加强首都国际交往中心建设的重要意义，进而对建设国际交往中心视域下北京国际文化贸易政策进行了具体分析，并提出了相应的调整建议。

关键词： 文化贸易　国际交往中心　城市形象　国际性展览　北京文化符号

在全球化发展的影响下，随着文化产业的不断扩大和经济支柱性属性的确立，文化贸易已成为跨国文化活动的主体。通过不断拓展文化贸易的路径来加强首都国际交往中心建设，是我国对外开放一个重要的领域和有效渠道，其影响和重要作用已经在国内外城市竞争中日益显现。

北京作为我国的政治、经济、文化中心，一直以来在城市规模、辐射能力、发展历史及文化产业与贸易所占比重等方面具有明显优势，文化贸易活

* 本报告系北京市社会科学基金项目"建设首都国际交往中心的文化贸易路径研究"（项目编号：15JDZHA003）成果之一。

** 郝京清，北京第二外国语学院文学院教师，副研究馆员，研究领域：文献信息服务、文化传播等。

动已经成为北京国际交往的重要内容及传播渠道。通过加快文化贸易路径等建设不断推动首都国际交往中心建设及城市功能的结构优化，强化首都北京的国际交往功能、服务国家开放大局，对进一步发展首都与世界各国的经济、文化交往与沟通，满足我国改革和全面扩大对外开放的需要，提升北京国际地位以及文化产业的发掘创新及使用效率，带动城市总体空间的改造，促进整体环境的改善，创新经济的发展，提升城市的文化软实力和竞争力，扩大北京的国际影响力和话语权，都有着举足轻重的意义。

一　利用对外文化贸易提升首都城市形象，促进国际交往中心建设

（一）北京城市形象现状

北京一直是中国的政治、经济、文化中心，是一座历史悠久的文化名城。庄重、威严的天安门、人民大会堂、中南海已成为北京的标志性建筑；蜿蜒巍峨的古老长城、辉煌雄伟的皇家建筑、颇具特色的四合院和胡同、国粹京剧、民俗节庆、北京方言、民间故事、历史名人、百年老号、传统美食等，都是北京的文化名片，为人们所熟知；鸟巢、水立方、国家大剧院以及“798”、宋庄等文化创意产业园也成为北京文化形象新的注解；中关村国家自主创新示范区、CBD 商务中心、金融街等成为北京经济形象的新符号。

然而，随着城市的建设和发展，人口膨胀、交通拥挤、住房困难、环境恶化、资源紧张等“大城市病”日益严重。2017 年发布的《北京城市总体规划（2016～2035 年)》提出的“全国政治中心、文化中心、国际交往中心、科技创新中心”的城市战略定位，不仅可以优化城市产业结构，缓解城市发展存在的问题所带来的压力，打造宜居城市；而且有利于改善和建设北京城市形象，带动首都的城市转型发展，使北京成为一流的国际大都市，对于首都未来的可持续发展具有重要意义。

（二）文化产业及贸易在首都城市形象建设中发挥重要作用

城市形象建设已经是城市重建或转型发展计划中不可或缺的部分，而在

知识经济的影响下，文化成了城市形象建设中的首要途径。发展文化产业成为城市形象建设最为有效的途径和手段，国际文化贸易在政治、经济和文化全球化发展的背景下，对于城市形象建设发挥着重要的作用。

1. 国际文化贸易提升了城市形象

国际文化贸易中出口文化产品和服务的过程，可以对外营销推广城市的形象，将文化产品和服务作为载体，建立和提升城市的形象。

北京拥有众多国际交往的文化载体。目前已经建成了中国国际展览中心、国家大剧院、国家奥林匹克体育中心、涉外饭店等基础设施。北京还拥有众多外国大使馆和领事馆、国际组织驻华机构、外企等国际机构。北京文化产业发展全面良好，比如图书出版业、艺术品拍卖业、旅游业、动漫业、互联网业等。同时，北京还是我国的文教中心，学府林立、人才济济。这些文化载体的建设不仅能够促进北京的城市经济发展，而且为文化贸易的发展提供了坚实的基础。发展对外文化贸易，加快国家、地区和人们之间的交往，带动经济活动中的文化交往活动，能有效地提升城市形象，增强其国际交往能力。

2. 国际文化贸易路径建设为首都形象提供了平台和路径

作为重要的国际交往中心，北京已经具备了许多有利的条件。可是，和目前世界上重要的国际交往中心相比，北京还存在一定的差距，主要表现在具有国际影响力的交往活动数量依然较少。国际文化贸易路径建设为首都形象的塑造提供了平台和路径。

北京作为国际大都市，其竞争对象也大多是国际型城市和中心。北京要想提升其城市形象的国际影响力和竞争力，必须在一个国际级平台上和这些大城市进行竞争，国际交往中心及文化贸易路径建设恰好为首都形象建设提供了广阔的平台。在进行国际文化贸易的过程中各种信息的交流，都有助于展示和建立城市的形象。其文化产品和服务所推广和建立的城市形象，能够直接将城市的特点和优势展示给接触到的国家、组织和个人，对扩大城市形象的国际影响力产生积极影响。

二 发挥城市节庆对国际交往中心建设的重要作用

现代城市节庆活动是北京对外交往的重要平台，也是北京目前着力发展的文化产业的重要支柱。尤其是一些国际性节庆活动，因为其全球性、文化内涵高、筹办时间长、投资巨大、参与人员众多等特点，对举办地不仅具有巨大的经济、社会影响，更重要的是展示城市优秀文化，对外树立城市开放、包容的城市形象。

北京市现代城市节庆活动起步于20世纪80年代，至今已有30多年的发展历史。其数量逐年增加，影响力不断增强，节庆活动的主题也日益丰富，出现了北京国际风筝节、北京国际旅游文化节、北京国际电影节等重要节庆活动，对北京市旅游业发展以及北京城市形象树立起到了积极的促进作用。在北京建设国际交往中心的过程中，应该通过自身的功能定位，不断提升和扩大北京节庆活动的影响力，打造能够获得集中关注的文化创意产业“爆点”。总结北京已经举办的系列文化活动，可知文化节庆活动呈现以下几个特点。

（一）节庆活动数量多、主题丰富

北京目前现代城市节庆活动的发展格局以数量众多、主题丰富为主要特征。据不完全测算，2016年北京市承办的各种城市节庆活动有上百个。在主题方面，北京现代城市节庆活动的覆盖面包括电影、电视、科教、当地特产、民俗文化、自然景观等多个领域。北京市各级政府通过发展经济、推进节庆活动旅游业的发展，为城市居民提供更多休闲娱乐的条件和保障。不但使节庆活动与体育、娱乐、影视等多个领域加强了联系，还促使节庆活动的举办形式得到创新，内容也愈加丰富多样。

（二）节庆活动与国际交往互利性加深

从规模上看，北京国际级的节庆活动较多，且已有一定的举办历史。北京由于其独特的城市地位及完善的基础设施，成为我国举办国际级节庆活动较多的城市。相对于未举办过或者首次举办国际性节庆活动的城市来说，北京的经验更为丰富。例如北京国际电影节、北京国际旅游节、北京国际音乐节等节庆活动，已经成为北京每年的常规性国际节庆。

在举办国际性节庆活动期间，北京市入境旅游人数及旅游外汇收入均会增加，这也表明节庆活动已经成为北京拉动国际贸易、消费，带动国际交往、文化交流合作的重要举措。

（三）节庆活动的品牌意识逐步增强

节庆活动作为具有经济、社会、文化、政治多重属性的特殊旅游产品，是举办地城市历史展示、人文风貌以及风俗习惯的最好载体。北京众多的城市节庆活动，都是在对北京传统文化继承和发扬的前提下，结合现在的流行文化元素，对北京新型城市文化的对外表达和宣传，这些活动将北京的历史与现代相互融合，让外界看到不一样的首都，不一样的中国文化。

目前北京具有一定品牌影响力的城市节庆活动主要包括北京国际电影节、平谷国际滑雪节、昌平农业嘉年华等多个节庆品牌，内容丰富，异彩纷呈。其中北京国际电影节正在以创新的理念和营销运作模式突破国家级的影响范围向世界级迈进。

（四）节庆活动的营销方式有所创新

目前北京的城市节庆活动多以旅游节庆活动为主，受地区气候、地理条件的影响，节庆活动的时效性、延续性和流动性上均会受到限制。因此需要在现有条件下，探索具有传播影响力、符合市场需求的营销新模式，借助现有传播的新手段、新方法，使节庆活动的营销范围、内容得到最大化的宣传。

以北京国际电影节为例，在新的媒介环境下，对于节日的营销宣传已经不再只是单纯地依靠报纸、杂志等传统媒体，而是通过官方网站、微博、微信、电影从业人员自媒体等线上新媒体渠道，与线下活动配合形成整合的营销网络，最大限度地发挥北京国际电影节的平台效应。

建设国际交往中心是中央赋予北京的新的城市功能定位，已经成为北京未来城市发展的新目标。“国际交往中心”是国际化大城市的高端形态，其具体特征表现为国际机构数量众多、国际交流频繁、国际交往规模庞大、国际交往设施发达、城市形象魅力突出等。作为城市名片的节庆活动，将在北京建设国际交往中心的进程中，以其集聚性、辐射性和带动性，发挥出应有的作用。

三　发挥国际性展览对国际交往中心建设的促进作用

作为我国首都，同时又是国际交往中心城市，这样的双重身份为北京展览业发展带来不少优势。与中国其他城市相比，无论在数量、展览面积还是展览会质量上，北京的展览业发展处于国内领先水平。国际性展览会对首都国际交往中心建设起到了促进作用。

（一）展览业集聚效应提高国际交往频率

国际性展览是文化贸易和信息交流的国际平台，举办国际性展览所带来的交往涉及经济社会的方方面面。可以说展览业是在所有产业中国际交往行为最多的行业。

以北京国际图书博览会为例，它不仅是各国书商交流和版权交易的平台，也是我国对外输出文化的窗口。2013～2016 年，北京国际图书博览会中的版权交易数量不断增加。虽然参加的国外参展商多于国内参展商，但是最终输出的版权要远多于引进版权，说明这是一个很好的文化输出平台和国际文化交往的平台。

将北京国际图书博览会版权交易数据与北京总体版权交易情况进行对比可以看到，在版权输出方面，北京国际图书博览会的版权输出占北京整体版权输出的 60% 左右，而北京的版权输出又占全国总版权输出的 40% 左右。由此可以证明，北京是我国的版权交易中心，而北京国际图书博览会则是北京版权交易的主要平台。换言之，北京国际图书博览会是我国文化贸易的重要平台，也是文化交往的重要窗口。

北京国际图书博览会是北京各类国际性展览会的缩影，博览会自身的特征决定着它在举办过程中不仅是一个交易的过程，更是一个信息的交换和各国企业、公众之间交往的过程，是一项具有广泛影响的、重要的国际交往活动。

（二）展览业的外部性增强北京国际交往实力

展览业是促进城市基础设施发展的重要产业。国际交往实力是对一个城市发展的综合考量，它不仅需要一定的国际交往设施，而且需要较高的接待水平。展览业的不断发展必然会对城市服务体系提出更高的要求，从而促进城市服务体系的发展。而良好的城市服务体系是促进国际交往中心城市建设的必备条件之一。

展览业还是一个具有产业联动效应的高效产业，展览业的产业链上、下游联系着城市的很多产业，例如旅游产业、餐饮产业、酒店产业、交通运输产业、广告装饰等诸多产业。这一点我们从参展商参展费用开支构成比例就可以看出，参展商直接付给展览组织者的展位租金只占所有参展费用的20%，还有80%的费用需要花费在展位搭建装饰、展品运输保管、展览服务人员工资性支出、参展员工旅行食宿以及广告等各个方面。有研究显示，这种联动效应可达到1∶9之多。这样的联动性，能够带活城市各产业的运作，很好地促进办展城市各项服务产业循环有序地发展。为城市带来大量就业岗位的同时，给城市带来活力。

四 打造有明确知识产权归属的北京文化符号和内容，促进国际交往中心建设

要建设国际交往中心，离不开北京文化符号的打造。国际交往中心建设是以文化符号的创新为基础，以知识产权化为核心，以品牌化为重

要方向，从对文化资源再生产，创新得出文化符号，在知识产权形成的基础上对文化 IP 进行品牌化，从而最终实现目标。每一层级分别是对上一层级的提升，文化资源不等同于文化符号，文化符号也不等同于文化 IP。文化符号通过文化折扣的减少（衍生产品多元化、文化认同感加强等）形成了文化 IP，文化 IP 的品牌效应叠加逐渐形成了国际交往中心（见图 1）。

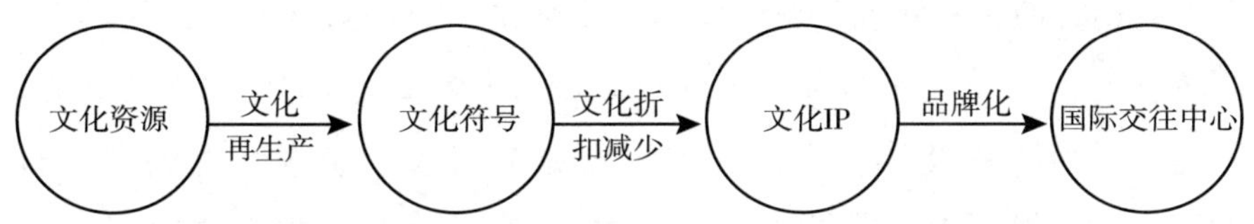

图 1　文化符号在国际交往中心的建设路径

北京作为知名的政治、经济、文化中心，其本身拥有大量的文化资源，这些文化资源以文化载体的形式出现。这些文化资源以长城等符号最为知名。2010 年北京文化发展研究院从十个层面提出了北京十大文化符号：长城（民族精神文化符号）、故宫（皇家建筑文化符号）、中关村（科技文化符号）、胡同（城市格局文化符号）、京剧（戏曲文化符号）、北漂（社会文化符号）、北京大学（教育文化符号）、老舍（京味文化符号）、烤鸭（饮食文化符号）、“798”（创意文化符号）。在 2015 年的调查中，排名前十位的北京文化符号分别为故宫、长城、人民大会堂、颐和园、升旗仪式、圆明园、人民英雄纪念碑、北京烤鸭、北京大学、中南海。

根据上述知名文化符号分析文化 IP 的形成情况，可以看出故宫、颐和园、圆明园、人民大会堂等有各自的运营机构进行运作，拥有对应的知识产权。

故宫是其中最成功的文化 IP。截至 2015 年底，故宫博物院共计研发文化创意产品 8683 种，获得相关领域奖项数十种。故宫博物院文化产品中的创意研发精神无处不在，例如以“萌”为设计理念且充满故宫元素的“宫廷娃娃”家族系列产品，以及以紫禁城内生活的野猫为创意的“故宫猫”

系列产品，甚至通过公众号不定期的卖萌，受到了粉丝的青睐。

以往故宫的文化资源虽多，但是文化产品注重历史性、知识性、艺术性。由于缺少趣味性、实用性、互动性而缺乏吸引力，与大量社会民众消费群体，特别是年轻人的购买诉求存在较大差距。故宫在注重产品文化属性的同时，强调创意性及功能性，形成了独有的知识产权。通过每年的文化创意产品升级互动，不断向消费者了解真实感受和传递故宫的文化信息。在品牌策划和营销方面，故宫利用新媒体缩短了传统文化与现代生活之间的距离，围绕故宫大 IP 生产了大量独具特点的新 IP，大大增强了产品的多元化体验。

北京传统的文化符号在以故宫、长城为代表的引领和发展中，为首都国际交往中心建设和文化贸易路径拓展以及具有国际交往中心功能的文化载体的确立和文化 IP 的形成上，做出了巨大的贡献和多方位的创新。通过文化资源挖掘、文化符号创新和文化魅力提升这三方面，来完成首都国际交往中心建设和文化贸易路径的开拓，进一步打造具有首都特色和世界文化名城比肩的北京文化 IP，尚需北京政府更强的魄力和执行力，这是一个需要各方大量投入且积极努力的充满希望和光明前景的过程。

五　建设国际交往中心视域下北京国际文化贸易政策的分析与调整建议

（一）尽快建立和完善国家层面的法律和政策体系，对国际文化贸易及首都国际交往中心建设进行全局统筹和规范指导

从改革开放多年的实践来看，建立健全完善的法制保障与政策支持体系是我国文化产业快速繁荣发展的基本条件，也是目前我国文化产业亟待解决的问题。因为文化贸易在国民经济中的重要地位，国家层面应加快制定文化贸易促进法，从构建政策有效供给结构的角度对文化贸易的管理部口、机构和职能进行进一步规范。制定发展原则、标准和长效促进机制，旨在对国际

文化贸易有能统筹全局的明确规范与指导。针对首都国际交往中心建设及文化贸易路径拓展，鼓励、支持和引导文化类民营企业的发展法规制度尽早出台或落实。

（二）精兵简政各级政府文化管理机构，理清管理职权，精简管理职能，营造出相对宽松、有序的首都国际交往中心建设及文化贸易路径拓展的文化市场管理氛围和环境

首都国际交往中心、文化贸易路径拓展及现代化文化市场体系的建设和完善需要进一步简政放权，使政府将法律、政策、经济、行政、舆论等原本审批抓手变为高效管理服务引擎，引导国际文化贸易快速发展。坚持党的领导不变，坚持意识形态的导向和底线不变。政府文化部门在“党媒姓党”的前提下更应该加大“放管结合”的改革力度，努力营造公平竞争环境，给文化企业松绑，为首都国际交往中心建设、文化贸易路径拓展及国际文化贸易创新提供便利，用审批的“减法”，换取文化市场的“乘法”。建立健全文化市场和国际文化贸易的公平、公正、公开的交易制度和营运规则，营造出真正有利于首都国际交往中心建设、文化贸易路径拓展及文化产业和国际文化贸易发展的市场环境。

（三）在严守意识形态红线的基础上为首都国际交往中心建设及文化贸易路径拓展打造相对宽松的环境，使北京文化市场进一步开放、创新

在中国经济新常态背景下，除了保证国家安全，严守意识形态红线，保护民族文化产业，还应进一步满足民众文化需求，在现行制度的大框架内进一步放开限制，严格现有进口文化产品审批制度的同时，为首都国际交往中心建设及文化贸易路径拓展打造相对宽松的环境，通过不断创新放开部分电影、图书、音像、动漫等进口配额，让民营企业等社会力量积极参与，以进口促出口，不断促进和扩大文化产品与服务出口的积极性，积极推动和深化文化产业和国际文化贸易的改革，进一步开放、创新北京文化市场，在严守

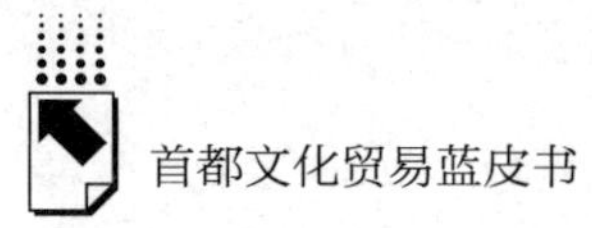

意识形态红线的基础上为首都国际交往中心建设及文化贸易路径拓展打造相对宽松的环境。

（四）尽快制订扩大吸纳外资进入文化产业的指导意见和实施细则

从《外商投资产业指导目录》2015 年和 2011 年版对照可以看出，与 2011 年目录相比，2015 年的限制类条目由 79 条减到 38 条，禁止类条目由 38 条减到 36 条。多类产业开放程度引人注目。但网络出版、文物拍卖等由限制类改为禁止类，2014 年 10 月《外商投资产业指导目录》征求意见稿中的被删除限制条目“出版物印刷（中方控股）”、禁止条目“院线公司”被重新纳入，文化产业范畴对外资的控制没有丝毫放松。

在外资准入方面，建议北京市政府根据 2015 年《外商投资产业指导目录》尽快制订能够扩大吸纳外资的实施细则，进一步开放、创新北京文化市场，推动和深化文化产业及贸易改革，为首都国际交往中心建设及文化贸易路径拓展“以进带出、进出挂钩”，在部分条件成熟的文化产业类别里先行试点，在有限试点和有效监管前提下探索北京对外贸易的创新方式、有效途径和可行政策。

（五）供给侧结构的现代科技创新将促进北京首都国际交往中心建设、文化贸易路径拓展及国际文化贸易快速发展

以有效政策为导向，以国际前沿文化产业高科技为抓手，从供给侧结构的现代高科技支撑创新入手，用高新技术创新文化产业和国际文化贸易，促进北京首都国际交往中心建设及国际文化贸易快速发展，使更多有品牌、有形象、有高科技含量且具有北京特色的中国传统文化产品走向世界。不断拓展文化贸易路径和提高我国传统文化产品和贸易的国际竞争力，不断用具有高科技含量的中国传统文化、文化产品和服务占领国际文化市场，无疑会有广阔的前景。

（六）确定北京国际文化贸易发展的优先和重点贸易区域，不断拓展文化贸易路径，建立国际文化贸易的大数据资源库，定期发布《北京国际文化贸易市场指南》，让企业有针对性地开展国际文化贸易

建议根据首都国际交往中心建设、文化贸易路径拓展和国际文化贸易的需要，利用首都的先天有利条件，建立北京国际文化贸易大数据资源库，搜寻、整合和分析国际文化市场、国内外文化贸易企业、中国驻外大使馆领事馆文化处等目标国家和区域文化贸易和文化市场信息。在大量调查研究的基础上，分析文化产业重点贸易国和目标市场的国际文化贸易壁垒等级、经济战略相关度、目标市场容量及竞争对手强弱指数、当前汇率及贸易条件、对象国与中国的文化差距等数据。对文化贸易竞争对手资料、景气指数、信心指数、市场指数等运算后做出趋势判断。在专家调研、跟踪分析等基础上，定期发布类似于《北京国际文化贸易市场指南》等指导性文件。为北京市的文化产业提供准确的市场导向和高效的国际文化贸易战略指导，为促进北京的国际文化贸易提供实实在在的帮助，也成为政府和企业决策脚踏实地的重要参考。

（七）从供给侧结构性改革与首都国际交往中心建设及文化贸易路径拓展角度创新和完善北京国际文化贸易财税金融支持等政策

近 30 年来，尽管北京文化产业已经进行了市场化改革，但国际上通行的诸如文化企业债券、文化产业基金、文化资本上市等市场化投融资方式目前在北京还没有全面铺开。诸如构建市场投融资主体、推动文化产业和国际文化贸易投融资体制的改革；盘活国有资产、引进外资、吸引民资，以多渠道的投资体制和有效的筹融资方式使北京的文化产业和演艺业获得更多的资金支持；继续加大和完善设立国际文化贸易专项资金，扶持外向型文化企业发展；实施文化产品出口奖励、创新项目补贴、出口退税、贸易信贷范围和融资贷款业务；境外投资及收购境外文化企业等，政府相关部门在以上诸多方面任重道远。

在不违反国家政策的基础上，相关机构可在现行的各项贸易便利化措施、财税支持政策、海外并购融资、投资外汇管理、跨境收付与汇兑等部分领域先行先试有所突破。

（八）大力支持和搭建首都国际交往中心建设及文化贸易路径拓展的国际文化贸易公共服务平台体系

在文化部和北京市政府的共同支持下，2012 年北京天竺综合保税区启动建设国家级国际文化贸易创新示范区。并被文化部正式授牌为“国家对外文化贸易基地（北京）”。2014 年 8 月，北京市专门发布《北京市人民政府文化部关于加快国家对外文化贸易基地（北京）建设发展的意见》。

为了继续保持北京国际文化贸易在全国范围内的规模和优势并在与世界文化名城的竞争中立于不败之地，除了要建立类似国家国际文化贸易基地（北京）综合性平台、大力支持和促进首都国际交往中心建设及文化贸易路径拓展的国际文化贸易公共服务平台体系外，还要进一步调研，积极出台相关政策，提供优惠措施，加大扶持力度，建立更多的诸如：多媒体、音像制品、数字影视、游戏动漫、绿色印刷等文化科技创新研发平台；国际文化贸易市场分析、国际贸易大数据分析、文化产品进出口咨询、艺术品拍卖、文化产业投融资、文化产业人才库及文化贸易人才培养等功能互补、运作有序的公共服务平台体系。从而为国内外文化企业的国际文化贸易牵线搭桥，定期发布国内外国际文化市场大数据和国际文化产业政策信息，使之成为文化产业和贸易的孵化器和倍增器。

（九）加快制定和出台促进首都国际交往中心建设及文化贸易路径拓展服务和文化产业及国际文化贸易行业协会建设的指导性意见

从国际文化产业强国的文化企业运营及贸易成功经验看，健全的协会管理机构机制对行业的指导和发展至关重要。

在我国，随着中国经济常态化和中国“一带一路”国家战略的制定及多个经济自贸区不断挂牌，越来越多的文化企业更愿意互通有无，抱团取暖，抓住机会，共同发展。成立各种相对独立但联系紧密的行业协会，无疑会使行业的发展前景和空间更加宽阔。所以重视、参与、鼓励、热情支持和不断规范文化产业行业协会的建设与发展，尽快推出文化产业行业协会建设的指导性意见，让行业协会为文化产业的专业化、市场化、行业化发展服务，使之成为促进首都国际交往中心建设和我国文化产业以及对外贸易繁荣发展的重要力量之一，是政府相关部门义不容辞的责任。

（十）加大北京文化贸易政策供给侧结构调整力度，让多重有效的政策供给成为首都国际交往中心建设、文化贸易路径拓展及中国文化产业和国际文化贸易发展的重要动力

深化文化产业及国际文化贸易的供给侧结构性改革，推动文化产业市场不断繁荣；进一步从供给侧结构的系统性调整开始，完善文化产业和国际文化贸易的机制与体制；深化文化市场人才机制改革，提升文化科技要素的有效供给，优化资本有效供给环境，不断释放文化产业投资主体的资本活力及资金扶持，不断提高文化产业和贸易人才待遇，将文化产业科技创新提升至新的高度；推动我国新的文化产业和贸易业态不断融合、演绎、发展，保证中国文化产品发展的高品质、高效率、高回报，打造中国文化产业骨干企业和品牌；坚持开放合作理念，以“一带一路”和“经济自贸区”为发展契机，积极推进中国传统文化的全球化，进而加强首都国际交往中心建设和中国文化产业的国际交流和文化传播，用中国文化讲好中国故事。所有这些全方位供给侧结构系统性改革创新和高效政策供给，必将成为不断激发我国和北京文化产业及国际文化贸易的市场发展和首都国际交往中心建设的重要动力。

参考文献

刘建：《北京国际图书博览会发展研究》，河北大学，硕士学位论文，2013。

蔡晨骜：《从北京国际图书博览会看版权贸易的变迁》，北京印刷学院，硕士学位论

文，2015。

林淑惠：《全球会展产业发展趋势》，《台湾会展季刊》2013 年第 4 期。

陈圣来：《艺术节与城市文化》，上海社会科学院出版社，2013。

李怀亮、任锦鸾、刘志强：《城市传媒形象与营销策略》，中国传媒大学出版社，2009。

吴声：《超级 IP：互联网新物种方法论》，中信出版社，2016。

《2015 年北京人均年观影次数 3.3 人次　为全国最高》，2016 年 1 月 21 日，中国经济网，http：//www. xinhuanet. com/ fortune/2016 –01/21/c_ 128654042. htm 。

《握手环球文明——北京建设文化交流展示中心研究》，新华出版社，2015，第 41 页。

于丹、朱玲、刘人锋、余灵：《北京文化符号的媒介建构分析》，《现代传播》（中国传媒大学学报）2015 年第 4 期，第 16 ~21 页。

《北京市 2016 年国民经济和社会发展统计公报》，北京市统计局、国家统计局北京调查总队网，2017 年 2 月 25 日，http：//www. bjstats. gov. cn/ tjsj/ tjgb/ ndgb/201702/ t20170227_ 369467. html。

《北京市人民政府　文化部关于加快国家对外文化贸易基地（北京）建设发展的意见》（2014 年 9 月）。

李佩森：《中国电影出口为何遭遇滑铁卢》，《中国文化报》2013 年 1 月 24 日。

王重农：《传统节庆与现代节庆的差异及互动发展》，《大众科技报》2008 年 7 月 17 日，第 A05 版。

刘金山：《大型节庆活动管理创新研究》，青岛大学，硕士学位论文，2005。

王重农：《传统节庆与现代节庆的差异及互动发展》，《大众科技报》2008 年 7 月 17 日，第 A05 版。

http：//www. bjstats. gov. cn/ zxfb/201702/ t20170224_ 369411. html.

http：//www. bjrt. gov. cn/ zwgk/ xytj/201703/ t20170302_ 89425. html.

http：//www. bjiff. com/ gydyj/ da/ dlj/ gfyw/201701/ t20170106_ 22701. html.

http：//www. bjiff. com/ gydyj/ da/ dlj/ gfyw/201701/ t20170106_ 22704. html.

Lucía Śáez, Iñaki Periáñez, Lucía Mediano, "Building Brand Value in Major Spanish Cities: An Analysis Through Municipal Websites," *Journal of Place Management and Development*. Vol. 6 Iss 2. 2013. pp. 120 –146.

Yang Wang and Pingqing Zhang, *Research on Yantai Urban Image Shaping in the Background of China-South Korea Free Trade Area Construction*, International Conference on Economics, Management, Law and Education, Atlantis Press, 2015, pp. 337 –340.

Kerang Zhao, *Research on Zhengzhou City Image Construction Based on Local Culture*, 2nd International Conference on Education, Language, Art and Intercultural Communication, Atlantis Press, 2015, pp. 493 –496.

Steafania Sroda-Murawska and Jadwiga Biegańska, The Impact of Cultural Events on City Development: The (great?) Expectations of A Small City, 5th Central European Conference in Regional Science-CERS, 2014, pp. 941 – 950.

Izabela Kowalik, "Influence of Trade Fairs on a Host City Brand," *Viešoji Politika Ir Administravimas*, T. 11, Nr 4, 2012, pp. 629 – 640.

Dave Geldes and Bart van Zuilen, "City Events: Short and Serial Reproduction Effects on the City's Image?", *Corporate Communications: An International Journal*, Vol. 18 No. 1, 2013, pp. 110 – 118.

B.11
推动中华传统文化创造性转化与创新性发展的经验做法研究

高 绮*

摘 要： 传统文化的创造性转化和创新发展需要文化产业的发展做支撑，而文化产业创新发展需要传统文化的内容滋养。本文从中华传统文化的概念着手，探究中华传统文化创造性转化以及创新性发展的内涵、必要性及具体路径。基于以上背景，进一步分析总结了文投集团推动传统文化产业创造性转化与创新性发展的实践与经验以及产业生态体系的构建和有效运作模式，并给出了相关政策性建议。

关键词： 传统文化 创新性发展 文化投资 文化企业

一 中华传统文化的概念、特征及要素

（一）传统文化的基本概念

1. 文化的基本概念

要理解传统文化，首先需要阐释清楚什么是“文化”。“文化”一词最早见于战国末年的《周易》：“观乎天文，以察时变；观乎人文，以化成天下。”是

* 高绮，北京市文化投资发展集团有限责任公司战略规划部副经理。

“文化”“人文化成”一词的缩写，其本意是指“以文教化”，表示对人的性情的陶冶、品德的教养，本来属于精神领域的范畴，随着时间与空间的流变，“文化”的概念逐渐多维化，其内涵丰富、外延宽广。史学大师吕思勉在《中国通史》中即提出“何谓文化?”，他认为“向来狭义的解释，只指学术技艺而言，其为不当，自无待论。说得广的，又把一切人为的事都包括于文化之中”。但需要注意，文化是人与动物区分的原因，所以“虽不能将人类一切行为，都称为文化行为，在事实上，则人类一切行为，几无不与文化有关系”。梁漱溟在《中国文化要义》中写道：“文化，就是吾人生活所依靠之一切。”

东西方的辞书或百科中对于文化的共同解释和理解为：文化是人类全部精神活动及其活动产品，是相对于政治、经济而言的。人类文化按简单分类可分为物质文化和精神文化；有的分为物质文化和哲学思想，其中哲学思想包含制度文化和心理文化。将文化所包含的内容进行细化，文化既包括世界观、人生观、价值观等具有意识形态性质的部分，又包括自然科学和技术、语言、文字等非意识形态的部分。

2. 传统文化的概念

中外思想家都曾对“传统”的本质和特征做过考察和说明，概括来讲，他们大都认为传统是在人们生活中形成，从历史传下来的思想、道德、习俗、艺术、制度以及行为方式等。也有的学者认为，传统是由历史上延续下来并体现一定人群的共同本质的基本价值观念体系。但传统并不是先天注定、一成不变的，而是在实践中不断形成和发展的。真正的、有生命力的传统是在现实中仍然活着，并起着作用的。传统文化涵盖范围之广，包含历史、地理、工具、附属物、规范、律法、制度、生活方式、宗教信仰、文学艺术、风土人情、传统习俗、思维方式、价值观念、精神图腾、审美情趣等。

传统文化既有精华也有糟粕，我们推动传统文化的转化，是以优秀传统文化为对象。

（二）中华传统文化的内涵

在人类漫长的发展史中，不同民族和社会形成了自身的传统和文化，伴随着时代的发展和时间的推移，文化也在不断地产生、融合和发展。中华传统文化博大精深，不同学者对于中华传统文化所涵盖的内容理解稍有不同，但大体上都涉及物质文明与精神文明内容的诸多方面。

张岂之在《中国传统文化》中把传统文化简要概括为“前人创造的物质文化和精神文化的总和”。中华传统文化，也叫华夏文化、华夏文明，是中国约5000年历史中延绵不断的政治、经济、思想、艺术等各类物质和非物质文化的总和。吕思勉先生在《中国通史》的上篇中集中讲中国文化现象，以十八章的篇幅介绍了婚姻、族制、政体、阶级、财产、官制、选举、赋税、兵制、刑法、实业、货币、衣食、住行、教育、语文、学术、宗教。北京大学哲学系教授、北大儒学研究院副院长干春松和南开大学教授张晓芒编纂的《中国文化常识》和《中国传统文化百科全书》涵盖思想、典章制度、文学音乐、建筑园林、教育学校、美容服饰、工艺物产、中医中药、天文历法、饮食男女等诸多内容。张岂之编著的《中国传统文化》则呈现了包含哲学、伦理、史学、文学、宗教、文物、教育、书法、绘画、医药、养生、饮食、建筑、节日等方面的中国传统文化风貌。我们每个人，行为、思想都受中国传统文化的影响，每个人的成长，都是在中国传统文化的浸润之下。

中共中央办公厅、国务院办公厅印发的《关于实施中华优秀传统文化传承发展工程的意见》中指出，中华优秀传统文化主要包括三个方面内容：核心思想理念、中华传统美德和中华人文精神。其核心思想理念是讲仁爱、重民本、守诚信、崇正义、尚和合、求大同等；中华传统美德包括自强不息、敬业乐群、扶危济困、见义勇为、孝老爱亲等；中华人文精神是指有利社会和谐、鼓励向上向善。①

中华优秀传统文化独特的价值体系，已成为中华民族的基因，植根于中国人内心，潜移默化地影响着中国人的思想方式和行为方式，② 至今仍具有

---

① 中共中央办公厅、国务院办公厅：《关于实施中华优秀传统文化传承发展工程的意见》。

② 2014年5月4日，习近平总书记在北京大学师生座谈会上的讲话。

鲜活的时代价值。中华优秀传统文化蕴含着丰富的思想资源和强大的精神力量，历久弥新，是我们最深厚的文化软实力。充分发挥中华优秀传统文化优势，展示中华文化独特魅力，[①] 实现中华文化的伟大复兴，是我们义不容辞的责任。

（三）中华传统文化的特征

中华传统文化有别于世界上其他任何一种文化，具有中华民族独有的气质。

一是，中华传统文化独自创发，源远流长。中华传统文化的形成经历了五千多年的演化，自成体系，与其他文化差异较大。与埃及、印度、古巴比伦、希腊等拥有较长历史的国家相较，独有中国“能以其自创之文化绵永其独立之民族生命，至于今日岿然独存”。它历经无数次的朝代更迭，走过奴隶社会、封建社会，再至中国特色社会主义社会，经受从经济基础到上层建筑的多次变化；它蕴含在陶器、漆器、瓷器的纹路中，抒写在龟甲、竹简、棉帛、素纸之上；它从孔子、老子的言辞中绵延开来，也在唐诗宋词中彰显风韵。中华传统文化的瑰丽多彩，在于其不曾中断的传承，也在于其在人民的智慧下不断地创新。

二是，中华传统文化兼容并包，融会调和。中华传统文化对于不同的文化一直是友好的。中华传统文化是中国各族人民共同创造的成果，同时，中华传统文化善于学习并消化吸收各种文化体系的长处，用以丰富自己。不论是先秦各学派间的辩论，互采众家之长，还是佛学传入中国后独立于印度佛学形成中国的佛学，都可以看到中华传统文化强大的生命力和同化力。纵使近代，西方文化大举进入中国，我们“师夷长技以制夷”，中华传统文化也并未落下风，反倒是通过学习吸收西方文化的精华，获得了如今工业文明的实现。

---

① 2016 年 5 月 17 日，习近平总书记在哲学社会科学工作座谈会上的讲话。

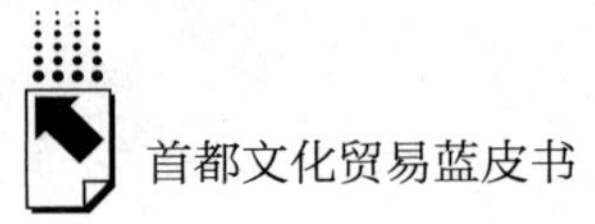

（四）中华传统文化的要素

中华传统文化的要素可以通过解构来分析，分为三大类：其一为物质要素，其二为精神要素，其三为艺术要素。物质要素为传统文化的具象化载体，其本身又蕴含着技术、符号等要素；精神要素为传统文化的抽象化表征，包含信仰、价值观、制度等要素。

1. 中华传统文化的物质要素

中华传统文化内涵极其丰富，其下许多细分领域自成一个子文化体系，如茶文化、京剧文化、书法文化、国画文化等。传统文化的物质要素主要以具有实体的具象化载体为特色，如茶文化中茶叶、茶具、水、泡茶方法等为具体的物质要素；又如京剧文化中京剧服饰、京剧脸谱、京剧剧目唱词等为物质要素。

将传统文化的物质要素做进一步的解构，则会发现，其包含如物象本体、器具、技术/工艺、物象符号、仪式等子要素（见表1）。技术要素指某项传统文化领域的技术、工艺等；器具要素是某项传统文化实现其物象的工具；物象符号要素指传统文化通过声、光、电、图、像等视听语言来表现的途径；仪式要素指某项传统文化中所遵循的世俗行为准则、规制。

其实对于一项具体的传统文化领域而言，它往往既包含物质要素，又包括精神要素。某些情境下，仪式、技术要素本身可能就可称为独立的一项传统文化，如茶道、祭祀礼仪、节日仪式等。

表1　传统文化物质要素举例

传统文化举例	物象本体	器具	技术/工艺	物象符号	仪式	其他
茶	茶叶	茶具	陶瓷烧制技术、唐朝煮茶、宋朝点茶、明朝泡茶等技艺	色、味、形	茶道	儒家的内省、亲和，佛家的清静、空灵，道家的自然、无为
戏剧	一幕幕剧目	服饰、乐器	唱腔、形体	影像、声音	—	

续表

传统文化举例	物象本体	器具	技术/工艺	物象符号	仪式	其他
食	食材、调料等	餐具、烹饪器具	煎、炸、煮、炖、焖、蒸、溜、爆、烤、熏;刀工	色、香、味、形、意、养	饮食礼仪、餐桌礼仪	
传统建筑	亭台楼阁;木、砖、瓦、漆等	斧、锯、规、矩、准、绳等	木作技术(榫卯工艺)等	形	上梁仪式、封顶仪式	“天人合一”观念

2. 传统文化的精神要素

传统文化的精神要素一般而言包括信仰、价值观、规范和制度。信仰，是关于世界如何运转的观念；价值观，是道德评价的标准；规范和制度是行为的指导方针。

中华传统文化中的信仰，神和仙是核心。《山海经》描写的都是神仙的故事，有的是从天上下凡来到人间，有的是在人间做好事升仙，表达的是人民对人的美好品德的赞美和对美好生活的向往。当前，我们已进入新时代，在马克思主义唯物主义的指导下，传统文化中的神和仙已演变为单纯的一种对美好生活的祝福。

中华传统文化价值观，古代为仁民爱物、修己安人、义以为上、天人合德、以人为本、刚健有为、贵和尚中，① 近现代又增加了科学精神、人文精神、独立自主、艰苦奋斗、集体主义、爱国主义等。在社会主义核心价值观中，许多都源自传统文化，延续几千年的价值观，塑造了今日的中华民族。

中华传统文化的规范和制度，内涵丰富，如自强不息、敬业乐群、扶危济困、见义勇为、孝老爱亲等社会规范，也是中华传统美德。费孝通的《乡土中国》认为，中国的社会是一个血缘社会，遵循着差序格局，人们受到强大的社会规范的约束。现代，我国强调“以法治国”，但是在法律之后

① 李宗桂：《试论中国优秀传统文化的评价标准》，《社会科学战线》2017 年第 8 期。

还有众多由社会规范和制度来约束的方面。

3. 中华传统文化的艺术要素

在中华传统文化中艺术要素占有极其重要的地位。艺术作为一种特殊的社会意识形态和特殊的精神产品，是全面的社会生活的反映，也是中华传统文化的集中体现。

中国传统文化的审美价值十分关注人生、强调体验，所有艺术形式均强调心与物、情与景、神与行、意与象、生命与活力的融合，并在此基础上，发展形成了中国传统美学理论，如“形”“神”“气”“韵”“风”“骨”“筋”“血”等。这些范畴与思想之间相互关联而发展出了“形神”“风骨”“气韵”等，呈现与西方截然不同的艺术审美价值和思维方式。

因为中国传统文化是以儒家学说为主体，同时汇聚了道家、佛家、墨家以及其他外来文化等诸多学派的思想而形成的。而在儒家看来，文化的社会价值与审美价值是统一的。孔子说：“礼之用，和为贵；先王之道，斯为美。”① 孔子认为，“和”对于社会价值和审美价值都具有十分重要的作用。在中国传统文化中，审美的价值观就是在有学识、懂艺术、接受过良好教育的基础上对美的相对稳定和持久的价值取向、价值追求。因此，中华传统艺术在不同时期呈现不同种类的繁荣与兴衰，但总体上艺术精神是不变的，绘画、书法、戏剧、陶瓷等不同种类、不同时期的艺术品，均体现出中华传统文化的基本精神，这也成就了中国传统艺术独树一帜的审美价值和文化价值。

二　中华传统文化创造性转化与创新性发展

（一）中华传统文化创造性转化与创新性发展的内涵

1. 中华传统文化的创造性转化

所谓创造性转化，是指中华传统文化的现代转型，包括在理念上、表达

① 《论语·学而》。

上、内容上、形式上等各层面。一是以“现实”为尺度，按照当今时代要求、现实社会标准以及当代中国人思维进行转化；二是以服务现实为旨归，力求与现代社会接轨、与民众需求吻合，达到为今天所用、为现实所用；三是以创造性为特征，并非简单搬运移植过来，必须具有新生新造之韵，体现为新蕴涵、新样式。①

2. 中华传统文化的创新性发展

所谓创新性发展，是指中华传统文化的提升超越，重在阐发立足现实并解决当今时代问题的创新内容。其内涵要求主要有以下几点。

一是从传统文化思想基底出发，充分尊重而不是背离传统文化思维主线和思维特征；二是以回答解决现实问题为旨归，紧扣时代需求与民众意愿去创新发展；三是从传统文化中汲取思想养料，在现实条件下致力于文化提升和思想超越。

创造性转化与创新性发展是个整体，却又各有侧重、各有所指。创造性转化主要是立足于中华传统文化本身而作出的努力，本体是“中华传统文化”，目标是“转化”，要求是“创造性”，旨归是“服务”；而创新性发展则是以中华传统文化为依托进行的创新努力，“中华传统文化”是底色，“发展”是追求，根本特征是“创新”，旨归不只是“服务”，重在提炼出融入现代社会形态的新内容，这些新内容一头连接着传统文化，一头则进入了新文化体系之中。②

（二）中华传统文化创造性转化与创新性发展的意义

1. 是实现中华民族伟大复兴的重要条件

习近平总书记指出，“一个国家、一个民族的强盛，总是以文化兴盛为

① 商志晓：《中华传统文化创造性转化创新性发展的哲学审思》，宣讲家网，2017 年 1 月 9 日，http：//www. 71. cn/2017/0109/929409. shtml。

② 商志晓：《中华传统文化创造性转化创新性发展的哲学审思》，宣讲家网，2017 年 1 月 9 日，http：//www. 71. cn/2017/0109/929409. shtml。

支撑的，中华民族伟大复兴需要以中华文化发展繁荣为条件”。[①] 中华传统文化是一种精神力量，深刻地影响着民族和国家发展。人类社会发展的历史证明，一个民族的物质和精神都不能贫困，只有物质和精神都富有，才能自尊、自信、自强地屹立于世界民族之林。

进入改革开放新时期之后，在社会稳定发展环境下中华传统文化创造性转化与创新性发展愈加呈现其意义，我们党的传统文化观日臻完备。在经历了改革开放初期以经济建设为中心之后，我们对于思考谋划传统文化的传承弘扬问题才更有基础、更有条件、更加从容自信，进而提出实现中华传统文化创造性和转化创新性发展的目标任务。习近平总书记在党的十九大报告中指出：“坚持创造性转化、创新性发展，不断铸就中华文化新辉煌。”要“深入挖掘中华优秀传统文化蕴含的思想观念、人文精神、道德规范，结合时代要求继承创新”。[②]

2. 是建立文化自信的根本源泉

习近平总书记在建党 95 周年庆祝大会的重要讲话中指出：“文化自信，是更基础、更广泛、更深厚的自信。”文化自信成为继道路自信、理论自信和制度自信之后，中国特色社会主义的“第四个自信”。文化自信是一个民族、一个国家以及一个政党对自身文化价值的充分肯定和积极践行。[③] 中华传统文化是中华民族的文化根源，是我国文化发展的母体，是我们最深厚的文化软实力。推动传统文化在现代社会中绽放光彩，汲取优秀传统文化的精华，是在国际上呈现中华文化特色，以文化影响其他国家的重要手段。正如“民族的就是世界的”，只有保存中华传统文化的特色，中国在国际世界上才能树立自身独一无二的形象。

中华优秀传统文化强调“人文”精神和“自然”精神，它重视人的道德修养，主张人们通过自身的修养和学习，成为高尚的、有理想的人；它提供德治，力求在社会中各个等级和睦相处；它企求建立一个“天下为公”

---

① 2013 年习近平总书记在山东考察时的重要讲话。

② 2017 年 10 月 18 日，习近平总书记在党的十九大报告中指出。

③ 2016 年 7 月 1 日，习近平总书记在庆祝中国共产党成立 95 周年大会上的重要讲话。

的世界，在这个世界中人尽其才；它秉承“道法自然”，又强调人们要尊重自然、爱护自然；它讲究“天人合一”，鼓励人与自然和谐相处。“人文”精神与“自然”精神的传承，代表着中国和平崛起的方向，是“建设人类社会共同体”的文化基础。

3. 是涵养社会主义核心价值观的道德源泉

当前我国弘扬的社会主义核心价值观即从传统文化中汲取营养，以马克思主义为指导而提出来的，是传统文化与当代文化的有机融合与创造性应用。中华优秀传统文化是当今人们行事立命的深层次指导准则。中华传统文化素以道德教化为特色而闻名于世。习近平总书记在北京大学师生座谈会上揭示了核心价值观的真谛：“古人说：‘大学之道，在明明德，在亲民，在止于至善。’核心价值观，其实就是一种德，既是个人的德，也是一种大德，就是国家的德、社会的德。”他进而指出：“国无德不兴，人无德不立。如果一个民族、一个国家没有共同的核心价值观，莫衷一是，行无依归，那这个民族、这个国家就无法前进。”①

4. 是加速文化产业发展的精神源泉

文化产业是以产业为载体的文化创新与资源整合，中国传统文化的最大缺憾是文化的现代化不足、文化的产业化不够。当一个文化器物、事象、现象、符号不仅是一个单数式，而且是审美艺术创造与文化创造的载体与媒介、资源与内容，而当它变为复数的扩张体时，就完成了从资源到资本、由内容到产业，由文化到经济的演变。②

2016 年，我国文化产业占 GDP 总量的比重为 4.14%，比 2015 年提高 0.17 个百分点。虽然保持了增长的态势，但与国际相比，还有很大的差距。世界知识产权组织的数据显示，2013 年，全球文化产业增加值占 GDP 的比重平均已达到 5.26%，③ 而美国超过了 11%，远高于我国 2016 年的水平。

① 2014 年 5 月 4 日，习近平总书记在北京大学师生座谈会上的重要讲话。

② 沈尚武、袁岳：《中国传统文化的当代价值与缺憾》，《科学经济社会》2012 年第 4 期。

③ “世界主要经济体文化产业发展现状研究”课题组：《世界主要经济体文化产业发展状况及特点》，《调研世界》2014 年第 10 期。

可见，我国文化产业还有很大的市场空间，需要人们的创新发展。加速传统文化的转化即是非常重要的一条路径。

传统文化有丰富的资源可以进行产业化，例如，合理利用非物质文化遗产项目或项目的文化元素，积极开发创造民众喜爱的、丰富多样的文化艺术衍生产品及旅游服务产品，发展文化创意产业，助力推动精准扶贫和乡村旅游业发展。又如，台北故宫博物院领先故宫资源设计、研发文创产品，设计更为年轻人喜爱的商品，在 2013 年，台北故宫博物院的文创产品收入就高达 9 亿新台币，直逼门票收入（10 亿新台币）。因此，合理开发利用传统文化资源，大胆创新，可以从中华传统文化宝库中发现众多商机，加速文化产业发展。

5. 是新常态背景下产业升级的力量源泉

我国已进入第三次消费升级的新时期，娱乐、文化、旅游行业消费快速增长，个性化消费与品质化消费逐渐成为流行。2017 年，全国有 20 个省（区、市）教育文化和娱乐业居民消费价格指数普涨，中国人民大学创意产业技术研究院研究称“我国文化消费潜在规模为 4.7 万亿元，目前缺口巨大。”

社会经济的健康发展与“文化 +”越来越密不可分。对于产业而言，通过与文化的结合，以创意为翅膀，融合互联网、新媒体、高科技等手段，提升产业附加值与竞争力；对于产品而言，通过与文化内涵的融合，可以使其具有更明确的文化属性，适应越来越细化的市场需求。例如，当前手机厂商竞争的除了各项新技术在手机中的整合之外，对于手机外形设计、蕴含的人文理念愈加注重，小米 MIX 以和平、极简理念为主，已被世界三大博物馆收藏，可以称为是手机界的艺术品；日本的汽车工业就早已摒弃了“交通工具”的单一理念而注入流线型感官设计、舒适度人文关怀和微空间通信、办公、娱乐等多重功能，使得“新观念”汽车风靡世界。

在新常态背景下，产业结构不断优化，产业升级的同时也在不停淘汰落后产能和缺乏变通与创新的企业，善于从传统文化中发掘与现代商业结合的交会点，在现代产业中赋加传统文化要素，将是当前产业升级的一条重要路径。

三 中华传统文化的创造性转化与创新性发展的基础和路径

（一）中华传统文化的创造性转化与发展的内在基础

传统文化资源越来越多地与经济活动、社会活动跨界交流，传统文化资源也越来越多地作为产品和服务进入市场体制，并转化为经济价值，成为文化产业发展的基础。但并不是所有的传统文化资源都可以进行开发及产业化经营，基于传统文化的物质属性、精神属性和艺术属性三大属性，传统文化实现产业化通常具备以下几个特征。

1. 品相基础

传统文化品相是评价传统文化资源可开发程度的重要指标，主要包括保存状态、独特性、知名度、稀缺性等。

（1）保存状态

保存状态是指传统文化资源的静态保存数量、保存质量、保存制度；良好的保存状态是传统文化资源转化为产品并推向市场的基础。如拥有一千多年历史的中国皮影戏，是全世界最早将影像、声光、美术完美融合的综合艺术。但由于其传承保存方式主要以口传身授的形式在民间流传，没有形成良好的保存制度，至今几近凋零，更无从谈起产业化。与此形成强烈对比的是京剧，在中华人民共和国成立后，举办了一批专门的培训学校和培训班，使京剧得到了良好的保存。

（2）独特性

独特性主要指其地域性及其他历史性的文化特征，如我国的道教文化资源根植于中国土壤，其天人同源、天人同行、天人同归的“天人合一”的理念影响世界，传播到许多国家。另外我国的孔子文化在2008年北京奥运会开幕式上给世界人民带来了巨大的视觉震撼和精神震撼，孔子三千弟子演绎了中国泱泱文化。丰富独特的孔子文化作为中国文化及东方文化的代表，

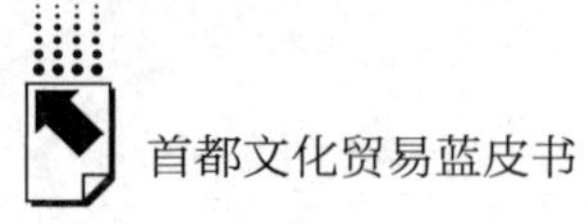

其文化深度和广度成为我国难以估计的文化资本。

（3）知名度

知名度是指文化资源的媒介提及率和公众提及率，拥有较高的知名度，非常容易开拓传统文化产品市场。典型的如少林功夫文化，嵩山少林寺自建寺到清朝发展很好，到清朝后期，少林寺开始没落、衰败。直到 20 世纪 80 年代电影《少林寺》的热播，使这座沉寂百年的千年古刹和少林武术名扬天下。嵩山是少林武术的故乡，“天下功夫出少林”，在众多的武术流派中，植根于中原沃土的少林武术，以其刚健挺拔的雄姿，粗犷豪放的风格，健身益寿的功能，陶冶情操的魅力，成为中华武术光彩璀璨的明珠。[①] 加之李连杰、成龙等影视功夫明星的国际影响力逐步扩大，在全球 50 多个国家和地区建有这样的“文化中心”，拥有“洋弟子”300 多万人，少林文化已经成为我国文化产业输出的一支劲旅。

（4）稀缺性

稀缺性是指在一定时空条件下其数量是有限的，这一稀缺性不仅表现在资源的存量方面有限，从历史的角度表现为存量的传统文化资源的价值和地位。如上述所提到我国的道教文化、孔子文化、少林文化皆具有稀缺性。

2. 价值基础

中国传统文化中能够真正实现现代性转化的是那些符合现代价值观念的精神、价值观、理念。它们是有生命力的，可以从过去走向现在甚至未来，生动真切、富有生命律动。习近平总书记从多角度予以阐述，指出“要坚持古为今用、洋为中用、去粗取精、去伪存真，经过科学的扬弃后使之为我所用。”“对历史文化特别是先人传承下来的道德规范，要坚持古为今用、推陈出新，有鉴别地加以对待，有扬弃地予以继承。”[②]

传统文化资源只有实现现代移植、编排、解读、命名和诠释，才能实现产业化、规模化发展。现代文化意义上的转化是在对传统文化传承的基础

① 张霁月：《“少林电影热”与河南少林文化产业构建发展研究》，《河南大学学报》（社会科学版）2013 年第 3 期。

② 2013 年习近平总书记考察曲阜孔府发表的重要讲话。

上，吸收传统精华加入现代元素构建而成的，但现代并不是必然优于传统。单以中国传统工艺而言，如明代景泰蓝工艺、钧官窑时期烧造技艺等，现代技术远远不能到达，更不能说超越。

传统文化资源的现代性和创造性转化，既可以是物质形式的转化，也可以是精神观念的提炼，前者如电脑时代的书法创作，后者如对传统文化典籍的研习和解读。传统和现代就在互相影响、互相促进的过程中辩证发展着。在不断的创造中，传统经由传承、演化、突破、创新等方式实现自身演变。文化产业及其投资主体在逐利的一面将传统文化资源中积极的、正面的、引导和鼓舞人的价值和意义的内容进一步发挥和弘扬出来，结合现代科技优势和传播媒介，不仅促进了传统的现代转化，而且成为文化与科技相融、文化创新的生长点和培育点。

如故宫主打的文创产品比较符合现代人的审美理念，从复制品、装饰品到实用性强的文创产品，小可爱、小清新战胜“高大上”文创商品都比较小巧、实用、价廉。以《故宫日历》为例，在 2010 年重新再版以后，销售册数成倍增长，价格也大幅上涨。由资料信息部负责将专家的研究成果与观众感兴趣的题材密切结合起来，并且把专家的研究成果“翻译”成更加口语化、形象更亲和的形式，这样使观众，特别是年轻观众更乐于接受。

再如，2018 年大火的《经典咏流传》，用“和诗以歌”的形式让传统经典诗词与新时代流行元素相结合，将传统文化赋予时代性，为蕴含在传统文化中的精神财富与新时代的价值追求，建立了有机连接，让流传千百年的诗词歌赋在音乐旋律中焕发新的生命力。

再如韩国流行文化的兴起。在近代历史上，韩国传统文化的发展和继承并不是健全的，专属于朝鲜王朝贵族阶层的高雅文化随着贵族阶层的没落也出现了断层。在这种历史条件下，韩国文化的任务就是在保存韩国传统和特色的前提下，实现现代化，从传统文化和外来文化中不断吸收营养，造就了比中国儒教更精细的韩国儒教。同时，为了避免单方面的文化注入，韩国重新思考重视审美价值和审美体验，利用传统资源持续开发多样的文化内容，

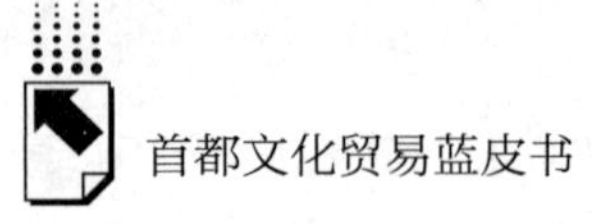

从而使韩国发展成为世界第五大文化产业国。

3. 艺术基础

成功的文化产品是能够为受众提供融合教育、审美和认知在内的体验和感触，因为打动了人心，激发了思考，提供了教育和自我提高的机会。当传统文化资源以产品的形式融入日常生活时，必须能够提高人们的文化修养和审美水平，全面提升文化素质和修养。为此，能够转化的传统文化资源必须具备以下几类价值。

一是审美价值。一方面，具有良好审美意味的产品品牌设计能给人带来视觉上的愉悦，满足现代社会中人们对产品牌情感上的交流、生活理想状态追求的需求，从而使大众消费者达到在精神文化上的享受，具有精神审美价值；另一方面，随着社会的发展，产品设计文化中的审美价值也成为一种满足人们审美心理需要的社会属性。

二是文化价值。传统文化涵盖了日常生活、艺术表达、文物典章、思想人文、器物日用等鲜活的存在，传达着当时人们的世界观和价值观。当代中国的社会变迁和转型，对我们曾经熟悉的一切产生冲击。那些再也无法追回的文明遗产的消失，使我们的来路模糊、去路缥缈。在这种背景下，传统文化资源以产品为载体，对其自身文化内涵进行传承，引起我们对以往创意、技巧、才能和所承载的理念的关注，实现在个人情感、心理慰藉等多方面的关怀，这是传统文化产品的核心竞争力所在。

三是消费价值。消费者的价值导向是传统文化资源导向的一个重要指标。根据市场营销学观点，顾客通常不具备完全准确客观评断产品价值高低的能力，而是根据主观愿望和价值观来完成消费行为。消费者视角的价值和生产者视角的价值标准并不匹配，高品质文化产品并不必然为受众所接纳。最突出的表现在创意产品定价和市场认可之难。文创产品作为高附加值的智力型产品，因其个性化、非流水线生产的特性，难以实现规模化优势。例如重庆文创产品“脸谱瓢”，将中国神话、戏曲、社火的夸张脸谱画在木质、古朴的饭瓢、水瓢上，一个要花上几小时，最大的每个上千元，最小的则售百余元，但除去成本利润并不高。因此，传统文化资源只有进入现代生活，经过市场的洗礼和升华，符合当代人们的消费观，成为人们日常生活的一部分，才能完成现代转化。

（二）中华传统文化创造性转化和创新发展的路径

通过总结、梳理国内外传统文化转化发展的实践经验，可以概括传统文化的创造性转化发展，主要通过产业链构建、多产业整合以及“文化＋科技”融合三大路径。

1. 基于传统文化要素构建产业价值链

产业价值链是以某项核心价值或技术为基础，以提供能满足消费者某种需要的效用系统为目的，具有相互衔接关系的资源的优化配置和组合。①

传统文化产业需以培育自身的价值核心为基础，然后围绕价值核心打造整个产业的价值链条。其操作方法是，以一批高质量的传统文化影视节目培养品牌优势作为价值链的上游，再用这个品牌做乘数，在后面乘上各种经营手段以实现传统文化的价值增值，获得最大的产业利润。价值链总体价值的稳定增长通过价值链各部分的相互影响、相互平衡来保证。产业价值链上游的影视产品是整条价值链的宝贵资产，影视产品的成功可以带动如音乐唱碟、书籍、服装、游戏、纪念品等多种后续产品的销售，实现更大的市场价值。重视创造和开发上游产品是成功运营产业链的关键。

以故宫文化为例，故宫文化产品正被打造成一个系统产业。建筑的观赏和专业知识的讲解以传承和展示等形式展开，紧接着让观众进入一个更贴近现实、温馨的文创空间，观众可以把故宫文创产品带回家，这些文创产品用现代的设计和结合古老的底蕴重新诠释故宫的历史。故宫文创商品根据工艺和用途分为“天子童年”“紫禁服饰”“故宫笔记”“故宫出版物”“家具陈设”“创意生活”“国礼之选”“文房雅玩”“我在故宫修文物”等多个系列。通过再设计这些传承经典的图案与物件，将一个新的审美与生活态度融入其中，即故宫生活美学。这些进行现代再设计的文创产品中有很多以古代

① 贺轩：《高新技术产业价值链研究》，西北工业大学硕士学位论文，2005。

名家创作的书画作品为灵感来源，例如，文创书签名《千里江山书峰立》的创意来源于宋代王希孟所绘唯一传世作品《千里江山图》。现代设计师的打造，有助于更多的人重读经典，并把经典带走。

2. 基于传统文化要素实现与更多产业的融合发展

文化产业与其他产业融合发展可以充分发挥不同的优势，通过行业间的功能互补和链条延伸，将传统文化内容和创意设计向其他产业渗透，行业之间共生相辅，行业之间的壁垒逐步消解。当前，多种新兴业态融合模式不断涌现，例如“文化＋制造业”“文化＋旅游”“文化＋农业”等。

传统文化资源与制造业的结合，主要是突出传统文化与现代时尚融合，提升新产品外观功能设计和研究开发能力，不断创新经营管理、营销策划，增加新产品的文化内涵。例如，一把普通的折扇估计能卖5元钱，但一把附加了文化故事与本地风俗的折扇也许可以卖到15元。再如我国的旗袍、汉服等，通过讲好故事，赋予其文化内涵，从而推动产业发展。

传统文化资源与旅游的结合，则是提升旅游项目、旅游产品、旅游节庆的文化内涵，从而提升对人们的吸引力，丰富旅游内容，增加体验、休闲、养生、欣赏等。例如开封宋都古城文化产业园区依托古城改造，突出“一城两环八区”的空间布局，打造无围墙的13平方千米古城宋文化主题公园，以古城墙和“六河连五湖串十景”为环，穿起了龙亭宫廷文化区（开封府）、铁塔公园宗教文化区、鼓楼田字块商业文化区（双龙巷）、包公祠府衙文化区（大相国寺、延庆观）、刘家胡同民俗文化区、清明上河城影视产业基地和区域生态休闲度假区、开封县朱仙镇国家文化生态旅游示范区的八区、城摞城大宋文化博物馆体验展示区，依托深厚的文化资源，再现了北宋国泰民安、国运昌顺的景象。

传统文化资源与农业的结合。通过提高农业领域创意设计水平，推进农产品文化宣传交流，拓展休闲观光农业发展空间，强化农副产品品牌建设。近年来，土特产受到热捧，每个地方为了适应这种需求，将本地传统文化因素与农产品结合起来，出现了各式各样的土特产。

传统文化资源与服务业的结合。比如具有悠久历史的地名、传说、典故与宾馆、饭店、剧团、茶楼、杂技团及其相关产品相联系。在北京，不少生意场所都与京、燕、御、皇、顺天府有关；在开封，不少生意场所或产品都与汴、东京、包公、汴梁、大宋《清明上河图》有关。有些饭馆的名字一望即知其特色，如湘西小炒、九头鸟、赣南土鸡、东坡酒楼等；一些大型节目的名字，如《大宋·东京梦华》《禅宗少林·音乐大典》《云南映象》《印象丽江》等都具有强烈的地方色彩。

3. 基于传统文化优势实现文化与科技融合发展

现代科技对于文化资源开发和文化产业发展具有重要的作用。建立资源开发与现代技术的互动机制，用高新技术来改进传统文化资源开发从而推动产业发展，是当今发展的一大趋势。

一是利用现代科技改良生产方式，实现传统文化产业的升级转型。传统文化产业的升级转型，迫切需要依靠科技的力量。以河南禹州钧瓷为例，原来一家一户的手工作坊式制作容易失败，最大的原因是温度不好控制，因此有“十窑九不成”之说。而且传统的煤烧方法污染严重，劳动强度大，效率低下。有鉴于此，孔家钧窑经过技术攻关，采用新的烧法，即由传统的煤烧变为液化气烧，在掌握了钧瓷烧制的升温曲线后，优化钧瓷的釉料配方，研制开发出了新的釉色品种，极大地拓展了钧瓷釉色的艺术表现空间。

二是利用现代科技改变传统文化业态，使传统文化成为当代文化的一部分。目前，国外文化产业发展的重点领域主要集中在电视、电影、网络、动漫、游戏、数字媒体等方面，这些领域技术含量高、创意含量高、前景光明，而我国在原有的文化业态上鲜有发展。甚至许多中国文化资源被国外开发利用，比如美国人制作的动画《花木兰》《功夫熊猫》，这就是由于没有及时利用科技进行现代转换。外国对中国文化资源的开发利用给我们的文化转型带来挑战，促使我们重视科技与文化产业的加速融合，以更好的方式呈现传统文化的多样性，让文化与当代生活紧密联系起来。

三是利用现代科技创造新的文化体验方式，丰富传统文化的呈现与接受方式。如今传统文化产业的呈现方式与体验方式过于单一，缺少趣味，互动性差，激不起人们的欣赏兴趣。要改变这一状况，必须充分发挥科技手段的作用，让视觉、听觉、味觉、触觉等广泛参与，人与文化双向互动。如大型山地实景演出《禅宗少林·音乐大典》就采用高科技手段来展现功夫文化，通过腾讯的“博物官”小程序和“数字敦煌”的AR和VR能力，[①]“游客”们可以足不出户，在手机上模拟游览莫高窟，直观感受敦煌的飞天之美，视听效果非常壮观。

四是推动“互联网+传统文化”，打造传统文化资源产业化新平台。互联网机制及其平台架构使中国传统文化资源价值发现有了新的视角、平台、方式与方法，并且能够充分挖掘传统文化资源价值。传统文化产业应积极变革，拥抱互联网，促使传统模式逐步升级。开辟品牌网站及微信公众平台，线上可实现即时交易，并且更加重视用户体验，体现“内容为王”，抓住行业融合的新契机，开展一系列品牌营销活动。例如，《故宫社区》APP整合了包括故宫资讯、导览、藏品、展览、学术等在内的十余类故宫文化资源与服务形态。同时，还邀请用户从文化消费者转变为积极的文化参与者甚至创造者，这是故宫博物院以“互联网+”模式构建社区化、参与式博物馆的全新尝试，大大深化了故宫这一IP的受众影响。

（三）传统文化转化的阶段

纵观当今国内外优秀传统文化转化和创新发展的现实范例，可以概括出传统文化转化和发展大体分为三个阶段，即产业化、生活化和国际化。

1. 产业化——从文化要素到文化产品

产业化是指通过市场活动，使传统文化的物质要素、精神要素和艺术要素与现实生活和市场需求相衔接，发掘传统文化的经济价值，使抽象的文化要素变成现实的文化产品和服务。产业化阶段是传统文化转化和发展的基础阶段，由以下一系列机制组成。

（1）文化保护机制

传统文化的保护和传承是其转化和发扬的基础，也是传统文化产业化的

---

① 汪振军：《人民日报文论天地：用科技助推传统文化转型》，人民网，2013年7月26日，http://opinion.people.com.cn/n/2013/0726/c1003-22334921.html。

前提。在全球化浪潮和市场经济冲击下，一些珍贵的传统文化资源正在濒临消亡。必须加强对中华传统文化资源的探访、研究和整理，建立传统文化资源保护机制，及时抢救、充分保护珍贵文化遗产，确保其整体性、多样性和真实性。

（2）价值发掘机制

围绕大众对文化的需求，对传统文化的各类要素进行全面审视，取其精华、去其糟粕，对传统文化中在当今看来已经腐朽、落后和难以适应社会主义文化价值观的要素要坚决剥离，发掘其品相价值、艺术价值和精神价值。

（3）产业配置机制

以企业为核心，围绕传统文化资源，配置人才、资金、管理、技术等产业资源，形成产业链，围绕市场需求，通过技术创新、管理创新和商业模式创新，将传统文化进行现代化改造和重新设计，形成可复制、可推广的文化产品和文化服务。

（4）宣传推广机制

将传统文化产品和服务，面向公众进行宣传和推介，实现其经济价值。

2. 生活化——从文化产品到生活方式

2017 年，中共中央办公厅、国务院办公厅印发《关于实施中华优秀传统文化传承发展工程的意见》，明确提出：要将传统文化融入生产生活。注重实践与养成、需求与供给、形式与内容相结合，把中华优秀传统文化内涵更好更多地融入生产生活各方面。[①] 尽管一些传统文化已经成为文化产品和文化服务，但如果不能与我们的生活结合，成为我们日常生活中有机的、有益的构成因素，它就只能是书上的、博物馆的文化化石。传统文化的生活化，具体而言包括场景化、通俗化和当代化。

场景化：即让传统文化元素体现于当代随处可见的环境和行为中。中国上下五千年的历史，留下了太多具有鲜明特征的文化元素，对文化的接纳和情感，需要日积月累的耳濡目染。弘扬优秀传统文化，首先应在地理空间上

① 中共中央办公厅、国务院办公厅：《关于实施中华优秀传统文化传承发展工程的意见》。

合理、恰当地运用这些元素。例如采用中国风与一些文化建筑融合，在空间、设置、布局上更多体现中国特色等。

通俗化：为了让中国优秀的传统文化得到继承与发展，就应该让优秀传统文化融于当下国民生活的衣食住行中，成为国民生活中的必需品，而不能成为奢侈品。只有和日常生活融为一体，让国民处处能亲身感受和体验到，传统文化才能继续生根、发芽，才能更好滋养、哺育中华儿女。例如在春节、中秋节时有组织地举行庙会、花会或其他以传统文化为主题的活动，举办家风家教、诗歌鉴赏等活动，强化传统节庆的仪式感以恢复传统庆典、礼仪，促进国民对优秀传统文化的重视和传承。

当代化：即让传统文化紧跟当代社会变化，在发展和创新中继承。想要丰富中华优秀传统文化的面貌、内涵，需要结合技术、新兴的产业平台以及当下国民的文化兴趣、口味，拓展新的文化内容和形式，促进中国传统文化的当代发展。

3. 国际化——从民族文化走向世界文化

文化体现着一个国家的软实力，是综合国力的重要体现，传统文化走出去，成为世界文化，也是一个国家综合国力提升的必然要求。经历 40 年改革开放的中国，经济总量持续增长，政治地位与话语权不断提升，外汇储备居世界各国之首，对周边地区的经贸辐射也日益增强，这些都为我国文化的国际传播奠定了坚实的基础，我国正面临着中国传统文化走出去的战略机遇期。

当前，我国传统文化的国际知名度、影响力的稳步提高。我国传统文化内敛、灵动、博大的特征及其倡导的“天人合一”“行而不同”的生存价值，越来越受到国外民众的认可与推崇。以“孔子学院”为代表的传统文化传播平台迅速发展，越来越多的本土文化企业也积极参与国际市场，通过本土文化资源的自由特色与新理念、新技术、新制度的结合，把握不同市场民众的多样化需求，改良与提升产品和服务的设计，输出形态以及品质，在国外主流市场站稳脚跟。2016 年中国对外输出的文化产品、服务版权达

1.11 万种，同比增幅达 6.3%。[①] 中国传统文化已经初步显现出全球流行的态势。从整体来看，中华传统文化国际化包括以下途径。

（1）依托优秀文化作品

通过中国文学、电影、动漫等文化作品，对传统文化进行深层次的挖掘、传播。例如 2017 年，中国国产电影海外票房和销售收入为 42.53 亿元，较上年增长 11.19%。其中，《西游记之三打白骨精》《盗墓笔记》等取自传统文化素材的电影在海外成功发行，有力地推动了传统文化在国际的认知。

（2）依托文化主题活动

把文化的内涵融入文化节、庙会等文化主题活动中，打造文化庆典的“中国名片”。例如，2003～2005 年，中法互办文化年。其中在法国举办的中国文化年中，以“古老的中国”和“多彩的中国”为主题，集中开展了中央民族乐团演出季、三星堆文物展、东方既白——20 世纪中国绘画展、中国饮食文化节、中国棋类表演与交流等数十场文化活动，集中、全面展示中华传统文化精华。

（3）依托文创产品

近年来，在国家政策的支持和引导下，传统文化与文创产业加速融合发展，我国本土文化企业针对国外市场追求个性化、多样化的消费需求，持续、密集地投放具有突出特色的传统文化产品，除书籍、音像制品之外，还包括手工艺品、民族服务等。此外，还推出了一系列艺术表演与综合服务作为配套，充分实现了本土传统文化资源在文化价值与经济效益之间的良性转化。

（4）依托文化传播机构

近年来，国家为扩大人文交流，面向全球推广中国文化，在政府的积极运作下，在世界各地打造了一批“中国文化中心”“孔子学院”中国文化传播的专业化平台。其中，孔子学院自 2004 年在韩国建立，目前已遍布 140 个国家和地区，共建有 511 个孔子学院和 1073 个孔子课堂，注册学员超过 200 万人，中外教师 4.6 万人，是全球最大的汉语言培训网络和中国文化传播机构。

① 国家新闻出版广电总局：《2016 年新闻出版产业分析报告》。

（四）台北故宫博物院将传统瑰宝引向全球市场

台北故宫博物院作为台湾地区规模最大的博物馆和中国三大博物馆之一，保存了近70万件珍贵文物，所藏的商周青铜器、陶瓷、历代的玉器、古籍文献、名画碑帖等皆为稀世珍宝。除了完好保存了这些珍贵文物之外，台北故宫博物院积极顺应世界范围内的博物馆运营转型和价值功能拓展，积极推动传统文化创造性转化和创新性发展，经历了“产业化—生活化—国际化”的完整历程，积累了大量有成功经验和模式。

1. 产业化——让故宫文物“活起来”

台北故宫博物院致力于让台北故宫丰富的传统文化资源能“活”起来，吸引更多的人走进博物院，感受文化氛围，把文化在创新中传承下去。台北故宫博物院的“‘国立’故宫博物院文创产业发展研习营”和“文物加值衍生设计/研发”两大活动，前者主要通过免费公益培训让更多的企业、合作者参与台北故宫博物院的文创产业发展，并培养企业的文创内涵，树立企业文创意识，后者主要通过文创产品设计大赛，让广大社会人士参与故宫文创产业的设计研发中。这一系列活动培养了许多优秀的年轻设计师，他们设计出的商品更为年轻人所喜爱，而且提升了台北故宫的活力，引发了公众对台北故宫的关注。同时，也带了巨大的经济收益，2013年，台北故宫博物院的文创产品收入就高达9亿新台币，直逼门票收入（10亿新台币）。

台北故宫博物院明确了“博物馆文化创意产业”的性质是教育功能的延伸。博物院文创具有公共教育性，虽然营利，但不以营利为目的，与教育功能相辅相成。台北故宫博物院的文化创意产业的公共教育性体现在两个方面：第一，商品贩售的同时是文化的传播，教育的对象是购买商品的消费者；第二，博物院会针对台北故宫文化创意产业的开发设置相关的行业培训、举办设计竞赛等活动，活动对象是文化创意产业从业者、厂商或者设计师。

2. 生活化——让产品兼具故事性和美观实用

在对于文创产品的设计研发上，台北故宫博物院坚持：故事性和美观实用兼具两大原则。秉承通过故事（文化内涵）让消费者认同的原则，设计文创产品并发挥其持久的影响力。此外，创意是文创产品必不可少的元素，但对于面向大众消费者的文创产品不仅仅要有创意，更要有实用性。好的设计要将文物的美和意义延续到文创商品中，并巧妙结合。

而在产品定价方面，台北故宫博物院采取的是稍高于市场同类产品价格，但又能够使消费者感到物有所值的定价策略，做到不盲目虚高，让消费者望而却步。台北故宫博物院会对每一件产品进行价格监管，定期做市场价格调研，了解广大消费者的心理价格预期。

在销售方式上，虽然有馆内商店、网络商城、直营商店和授权经销商四种，但90%的交易是在馆内商店完成的。因此，在产品方面，台北故宫博物院适合旅游市场的商品特点，着力打造有代表性的小型实用性产品，例如翠玉白菜手机挂件、翠玉白菜夜光手机吊饰、翠玉白菜夜光钥匙圈、翠玉白菜开罐器等。这些商品单价都不太贵，体积较小，但又实用精美，是旅游时带给亲友的好选择。在卖场设计方面，台北故宫博物院独具匠心，兼顾形象定位、分区合理，商品充足但不凌乱。

3. 国际化——积极拓展海外市场和大陆市场

目前台北故宫博物院商品的两大市场为旅游市场和礼品市场，其中最主要的还是旅游市场。其中，大陆游客占比约为50%。在营销方面，台北故宫博物院积极拓展海外市场和大陆市场，积极与国外品牌或者有国外销售渠道的品牌合作，比如Alessi和法兰瓷，借助他们的力量推广自己的品牌和文化。近年来台北故宫博物院每年都会到大陆各地的文博会积极参展，通过展销会拓宽自己的市场和知名度。

四　文投集团推动传统文化产业创造性转化与创新性发展的实践与经验

（一）传统文化创造性转化与创新性发展的产业生态系统

传统文化的创造性转化和创新发展以文化产业的发展为基础，而文化创业创新发展需要传统文化的内容滋养。因此，传统文化产业的创造性转化和创新发展与其他文化产业一样，其创新和发展离不开产业生态体系的构建和有效运作。

1. 文化产业生态系统

产业生态系统概念的提出源于20世纪90年代以来社会各界对日本经济增长低迷、美国经济繁荣的思考。体现了由关注要素构成向关注要素之间、系统与环境之间的动态过程转变。文化创意产业生态系统是创新生态系统在文创产业的体现。是指由政府、企业、中介、金融机构、非营利机构等多种产业主体相互交织形成的开放的、多维的、协同演进的创新联合体。

文化产业生态系统是围绕文化产业价值链构建和演进的，这是与一般创新生态系统最大的差别（见图1）。

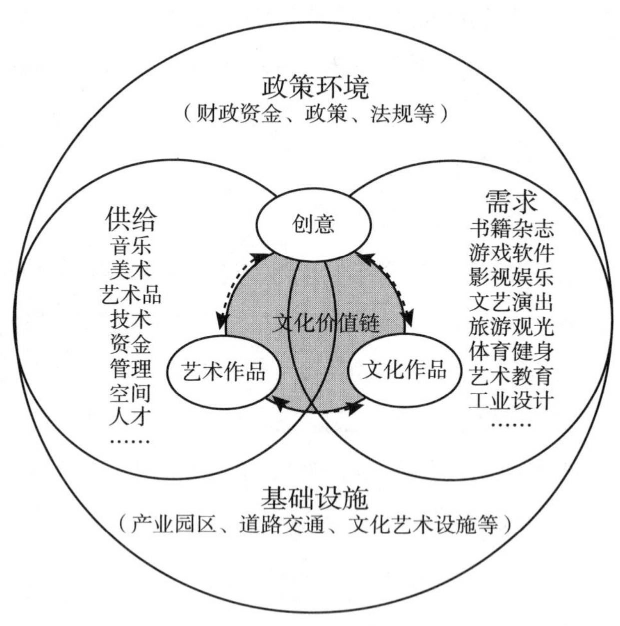

图1　文化产业生态系统示意

2. 传统文化产业生态系统的特征

与一般文化产业相比，传统文化产业生态系统也具有其特殊性。

（1）立足传统文化内在基础

传统文化产业的基础是中华传统文化，随着历史和社会发展，传统文化所产生的时代背景和社会环境已经发生了很大变化。要让今天人们接受传统文化，就需要将传统文化与当下时代语境和市场需求进行对接。

（2）遵循传统文化转化与发展路径

产业路径是连接文化产品从供给到需求的通道，而连接传统文化供给到需求的产业路径包括构建产业链条、推动传统文化与其他文化产业融合以及实现传统文化与包括科技在内的跨产业融合，这与传统文化创造性转化和创新发展的路径高度契合。

（3）贯穿传统文化创造性转化与创新性发展的各个阶段

文化产业生态系统是围绕文化产业价值链构建和演进的，而传统文化产业链条从传统文化的保护发掘一致延伸至传统文化走向国际市场，因此，传统文化产业生态系统贯穿传统文化产业化、生活化、国际化三个阶段。

基于上述特性，对一般文化产业生态系统进行了补充修正，形成了传统文化产业生态系统（见图2）。

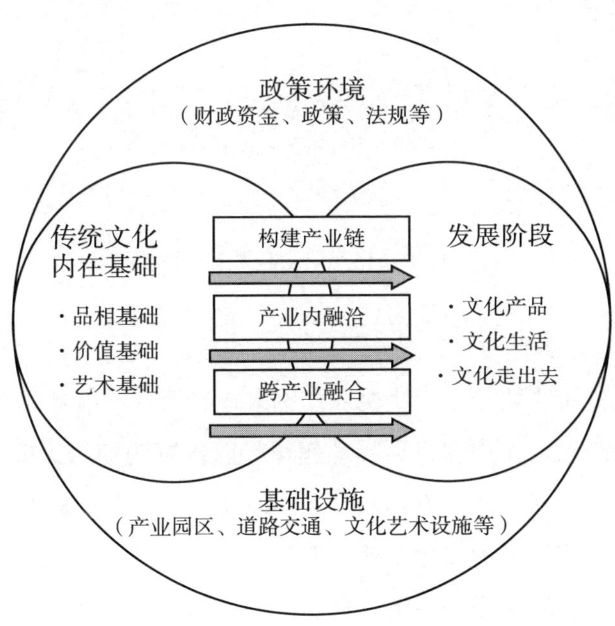

图2　传统文化产业生态系统

（二）文投集团构建传统文化产业生态系统的实践

北京市文化投资发展集团有限公司（简称“文投集团”或“集团”）以“推动全国文化中心建设，促进文化产业提质发展”为使命，深入挖掘首都丰厚的传统文化资源，围绕“一城三带”建设，整合首都文化创新资源，全面推动传统文化产业生态系统构建（见图3）。

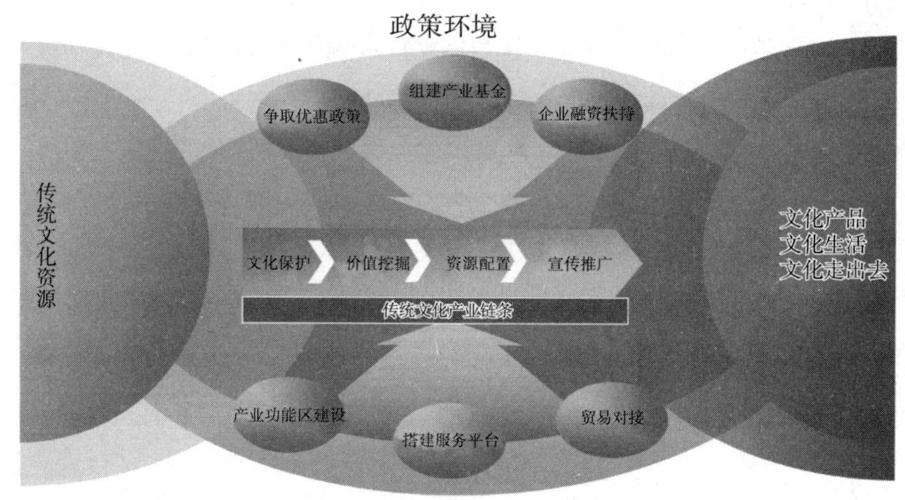

图3　传统文化产业生态系统构建示意

1. 打造金融服务链条，支撑传统文化产业发展

针对从事传统文化企业中小企业比例大，轻资产等特性，集团充分发挥文创产业投融资平台作用和引导带动作用，以投资为纽带，完善“投、融、保、贷、孵、易”多支点、全方位、全周期的文化产业服务链条，把握文化产业的发展规律，针对文化企业“轻资产”的特点，量身定制金融产品，多维度为中小文创企业服务，解决他们融资难的问题。针对宋庄小镇、台湖演艺小镇等“一城三带”重点工程，设立产业基金，广泛吸引社会资本参与投资。

2. 深度挖掘文化资源，促进文化资源产业化

文投集团基于文创产业价值链，树立精品意识，扶植更多文艺精品，立足长城文化带、大运河文化带、西山永定河文化带建设，积极开发体现时代精神、首都水准、北京特色的精品力作、新型文化产品，并且以股权投资基金、资本运营平台为手段，着力布局内容生产产业链关键环节，占据内容生产制高点，深挖优质IP资源，全面布局泛娱乐化产业链。近两年，文投集团投资出品了《天将雄狮》《我不是潘金莲》《巨浪》《铁道飞虎》《功夫瑜珈》《津门飞鹰》《中国刑警》《山海经》等一批弘扬主旋律、传播正能量、深受广大人民群众喜爱的影视剧，取得了良好的社会效益和经济效益。复排经典京剧传统剧目《打金枝》，获得社会好评。

3. 构建文化贸易板块，推动文化艺术精品贸易

文化贸易板块是集团落实“文化走出去”战略的重要载体。以文投国际为支点，建设和运营国家对外文化贸易基地，构建国际化的文化产业贸易流通平台，帮助企业开拓海外市场，力争打造成为首都文化创意产业保税功能区、国家对外文化贸易体制机制创新实验区和国家级文化贸易口岸。推动有中国特色，体现中国文化内核的文化产品走出国门，在让世界了解中国文化的同时，实现市场价值的变现。

4. 举办系列主题活动，开辟展示传统文化窗口

近年来，集团先后在台湾举办“北京文化庙会台北之旅”活动、在泰国正式启动“中华文化世界行”活动、在美国成功举办“中华文化世界行走进美国·2016马斯卡廷中国文化周”活动，各项活动获得了社会各界广泛关注和赞誉，累计吸引近300多万名中外游客参与，媒体总覆盖人数达9000余万。

5. 大力发展“文化+”产业，提升产业文化附加值

文投集团紧紧围绕“文化+”，着力推动文化与科技、健康、旅游、体育等产业深度融合，促进新型文化业态发展，汇聚各类创新要素，助力文化内涵提升，实现“产业文化化”和“文化产业化”有机结合，激发文化产业发展的内生动力，努力构建结构合理、门类齐全、科技含量高、富有创

意、竞争力强的现代文化产业体系。[①] 例如，收购世界第四、欧洲第一大，两度获得奥斯卡特效大奖的影视特效公司 Framestore 公司 75% 的股权。与好莱坞顶级导演共同成立名为“Allegory（寓言）”的好莱坞制片公司，为以中华传统文化为素材，制作国际水平的影视特效作品奠定了基础。加快“文化 + 旅游”，与门头沟区共同成立京西文旅公司，专注开发京西地区丰富的传统文化和旅游资源。

（三）中华传统文化创造性转化和创新发展的集中体现——北京文服公司的经验做法

北京市文化创意产业发展服务有限公司（简称“文服公司”或“公司”）是文投集团下属二级子公司。作为集团推动文化交流的平台和窗口，文服公司承担着传播与弘扬民族文化、加强对外交流与合作、促进“文化走出去”的重任，近年来，通过不断加强与故宫博物院的深入合作，共同开发推广传统文化品牌，开拓以文化衍生品为载体的“文化走出去”模式，探索出一条推动中华传统文化创造性转化和创新发展的路径，积累了丰富的经验。

1. 深入研究，把正方向，担当传承发展责任

公司深度思考，融会贯通，正确处理好传承与创新的关系、传统与现代的关系、实质内容与表现形式的关系、历史作用与现实价值的关系。同时也采取了切实可行的措施，积极为转化创新夯实基础、创造条件。一是提高公司对优秀传统文化的理论研究水平，增进科学认知，既要知其然又要知其所以然，既要知其何为又要知其如何为；二是扎实学习、充分调研，深刻领会中央及北京市相关文件精神，确定企业核心价值观和经营思路，高举党旗，勇担重任，抓住机会，乘势而上；三是深入研究文化行业和文化企业的特点及发展规律，总结和借鉴国内外优秀文化企业的成功经验，结合自身优势与

① 2011 年 10 月 18 日《中共中央关于深化文化体制改革、推动社会主义文化大发展大繁荣若干重大问题的决定》。

特点，确立了以“资源为核心、资本为纽带、人才为关键、品牌为目标”的经营理念。在前所未有的文化大发展、大繁荣的机遇面前，我们将加大实践行动力度，不断拓宽转化创新路径，探索转化创新方式，竭尽全力为推动优秀传统文化创造性转化、创新性发展探索新模式、注入新动力。

2. 汇聚资源，借势突破，打通文化产业链条

文服公司与故宫博物院合资成立了“北京故宫文化创意有限公司”，以此为起点，进一步与国家博物馆等知名机构合作，不断挖掘中华优秀传统文化元素，整合汇聚优质文创要素和资源，着力打造具有中国特色、时代特征、国际知名的文化品牌。宝蕴楼是故宫内唯一的西洋式建筑，是近代西风东渐，东西方文化融合的典范，具有成为中国乃至全世界顶级文化品牌的基因和底蕴。故宫文创公司以商业资产运营、品牌和设计输出、项目合作、产品开发以及“宝蕴楼”品牌的打造为重点业务，整合、利用故宫文化、文物资源，创新商业模式，汇聚社会各方力量，努力将“故宫文创”打造成中国乃至世界的闪亮文化名片。深入挖掘故宫深厚的文化历史内涵，运营、策划“穿越时空的紫禁城”“紫禁城奇妙夜”等带有故宫文化内涵的项目，并在世界、国内范围传播、推广，提高公司品牌效应；以故宫、文博文物 IP 资源为“内容”核心，以“宝蕴楼”品牌合作为纽带，丰富与万宝龙、阿乐乐可等国内外优秀企业合作开发的产品体系；利用建行平台，进行贵金属产品的开发、销售，强化对于故宫、文博文物等顶级 IP 资源的开发转换能力；积极探索“故宫文创”、国家博物馆 IP 授权模式，搭建多层次、高品质的内容生产以及运营体系；故宫文创公司获得冬奥会特许商品经销商资质，运营“奥运特许商品故宫文创店”，同时以故宫神武门外文化商业空间为载体，整合多元化内容资源，不断提升品牌价值和渠道能力。

3. 聚焦人才，深厚底蕴，筑牢创造创新根基

公司深刻认识到，大力发展中国文化创意产业，推动传统文化创造性转化、创新性发展，核心在于创新型人才的培养。一方面，要加大创意人才培养力度，注重人才综合素质的提高，为文化创意产业的发展提供人力保障和

智力支持；另一方面，要着力培养优秀传统文化和技艺的传承人，博采众长，在中外文化交流碰撞中培养有技能、有情怀、有素养、有视野的复合型人才。

文服公司已连续两年举办全国文博系统高端培训班，并将在持续高质量举办的基础上，不断创新模式，联合知名文创企业和商学院，将课堂搬入企业，为文博文创市场的发展提供强有力的专业支撑；联合汇众教育集团，举办主题的动漫、游戏设计大赛，不仅获得了基于故宫、冬奥冰雪、公共安全等元素二次创作的IP素材，也储备了一批具有发展潜力的、高水平的创意设计人才；在非遗传承方面，公司独创了以发掘中华优秀传统技艺、培养特色匠人集群为宗旨的公益性项目——“匠心中国”，并成功孵化第一个子项目“华夏好丹青”，以国画领域为起点，联合美术报等媒体，聘请崔如琢、杜大恺、李宝林等国画大师，致力于培养优秀中青年画家。“华夏好丹青”项目在书画界中引起强烈反响，“好丹青系”画家集群正在逐步形成。同时，联合唐人坊，以传统文化为底蕴，设计创新为手段，通过商业化运作取得经济效益支撑，共同创办“中国绢人艺术研究院”，致力于中国绢人文化研究和技艺传承，为中华优秀传统文化传承和发展培养更多具有“匠心”精神的优秀人才。

4. 融入生活，按需供给，促进文化内涵转化

公司将沉睡在库房里、端坐在橱窗里的文化资源开发成鲜活的文创产品，挖掘每一件文物的历史与精神内涵，通过创新赋予其时代的生命力，融入百姓生活，有利于推动中华文化创造性转化和创新性发展，是让优秀文化资源“活起来”的重要途径。

故宫文创公司精选故宫馆藏文物，开发“宝蕴楼”品牌高端复制品，已完成乾隆莲瓣口瓶、皇家高温单色釉盖碗、宫廷复制画等产品的开发，正在开发觉囊唐卡、鸡油黄琉璃等系列产品；自主设计“故宫文创”系列高端文创产品，以故宫建筑、玺印等为元素，开发贵金属吊坠及手链，以后妃氅衣花纹为元素，开发了京绣丝巾，以绶带鸟纹盘中元素，设计了绶带鸟银质胸针，以宫廷书画为元素，开发了乾隆御笔福包；发挥故宫文化品牌影响

力和文创产品设计能力的优势，与平遥古城开展合作，共同开发文化旅游纪念品，运营“故宫文创—平遥礼物”专卖店；探索将博物馆领域的国宝级IP元素与产业融合的商业模式，联合国家博物馆、阿乐乐可公司共同设计开发“红山文化C形龙”吸式台灯等文创产品，形成新的文化知识产权，盘活文博系统文物文创资源，用“文化的价值”为不同领域的产品做“加持”。

5. 知行合一，勇担重任，推动中华文化走出去

公司自2015年起连续2年在台北成功举办“北京文化庙会台北之旅”活动，庙会活动现已成为国内首屈一指的大型对台文化交流盛事，促进了京台两地文化交流合作与经贸往来，被誉为京台两地的一张文化交流名片。在此基础上，文服公司不断总结经验，将庙会进一步提升为“中华文化世界行”大型文化交流活动，并先后在泰国、美国、加拿大、芬兰等国家以及中国香港落地，未来还将响应“文化走出去”和“一带一路”倡议，在马来西亚、英国、澳大利亚、阿根廷等国家陆续举办“中华文化世界行”活动，增强世界各地人民对中华文化的认同感，创新性传承和传播中华优秀传统文化，进而打造优质的世界文化与经贸交流合作平台。“墙外开花墙内香”，我们还要将世界推广成果进一步转化应用，探索在国内举办形式多样的大型文化活动，积极传播北京文化，彰显北京全国文化中心的地位。

五　政策建议

（一）重视文创产权转化，加强知识产权保护

中国五千年深厚的历史文化积淀，是文化创意产业发展取之不尽的源泉，文化创意是推动中华优秀传统文化创造性转化的重要方式。文化创意产业是以知识和创意为主要资源的新兴产业，科技创新是文化创意产业发展的基础，对文化创意产业发展发挥着重要的支撑和保障作用。文化创意产业以

信息和网络技术为主要载体，是知识与文化高度融合的产物，强调产业的价值源于文化积累和科技发展所激发的创意，须重视文化创意向形成知识产权成果的转化。①

知识产权是文化创意产业发展的法律保障。文化创意产业的发展涉及的知识产权包括版权、商标权、著作专利权等。文化创意产业需明确产权归属，规范文化产品市场，加强知识产权的保护与管理才能保证健康发展。知识产权不仅是文化创意产业发展的制度支撑，而且是市场经济体制的基本规则。

建议完善知识产权体系，加强文化创意知识产权保护，严厉打击盗版假冒行为，才能使文化创意产业主体在文化创新与文化品牌的维护上投入人力物力，才能形成健康有序的文化市场环境，使文化创意产业发展实现良性循环。

（二）强化资源管理和资本运营，推进文化企业市场化

各类文化企业是推动中华优秀传统文化创造性转化、创新性发展的主力军之一。但是大部分文化公司由于规模所限，属于中小企业，发展过程中资金、投融资面临诸多问题，已成为制约公司发展的瓶颈。首先，以资产作抵押的融资方式实现难度大，同时相关产品或活动为无形的知识，其价值难以估量。其次，公司经营面临的外部环境具有很大的不确定性，以未来收益作抵押融资的形式也较难展开。民间融资成本较高，股权融资同样面临着信息失灵的融资风险问题。

建议通过吸纳民间资本和金融资本来积极探索文化产业的资本创新模式，确保民间资本和金融资本能够平等、公平、自由参与文化产业投融资。对于已经成熟的大型文化企业，应扶持其通过沪深交易所主板市场上市融资或再融资，不断增强文化创意企业的创新活力。对于中小文化创意企业，应积极引导和支持其运用企业债券、商业票据以及中小企业集合债等融资工

① 《文化创意产业发展战略与规划》，中国产业规划网，http：//www.chanyeguihua.com/index24.html。

具，完成资金的有效融通。

文化公司自身应着力打造以品牌和 IP 为核心的资源体系，以“资源 + 资本”为纽带，培育文化企业集群，形成规模发展。合理配置各种资源，通过合资、投资、项目合作等方式，与外部特色鲜明、具有较强市场竞争力和影响力的企业或机构形成联盟，加强与各合作伙伴间的多维度融合，实现多方位共赢。

（三）善用世界语言，讲好中国故事

中国五千年深厚的历史文化积淀，极大地丰富世界文化遗产宝库，“越是民族的越是世界的”，推动“中华文化走出去”，是优秀传统文化创新性发展的重要路径。

中华文化在世界传播中需要跨越中外思维方式、知识体系、文化意识形态和不同文化语境的障碍才能有所成效，归根到底一句话，“要善用世界语言，讲好中国故事”。第一，要精选“走出去”的内容。不能主观地千篇一律，而要深入分析不同国家和地区的人文特点、民族精神及其与中华文化的“交汇点”，有针对性地组织特色鲜明、主题突出的内容题材和交流项目，让所到国家的人民在情怀与价值观上与中华文化产生共鸣。第二，在活动组织的形式上要不断创新，比如除了展览展示、文艺演出等传统方式之外，还可以运用高科技手段，增加场景式的体验，让世界各国人民身临其境地感受到中华文化的内涵。文服公司首创的“穿越时空的紫禁城”项目，就是通过对故宫场景的还原，让外国人直观地体验中国古代的宫廷生活，感受到中华文化的独特魅力，受到了海内外广泛好评。第三，要紧跟国家战略，科学规划“走出去的”线路，将“一带一路”沿线国家作为“走出去”的重点。第四，要带着谦和与包容的精神走出去。各个国家和民族的文化精粹，都是组成世界文化的独特元素，丰富着世界文化的宝库。中华文化在不同的国家落地，首先要向所到国家与民族的文化“致敬”，只有做到这一点，才能真正获得各国人民的好感、理解、与支持。

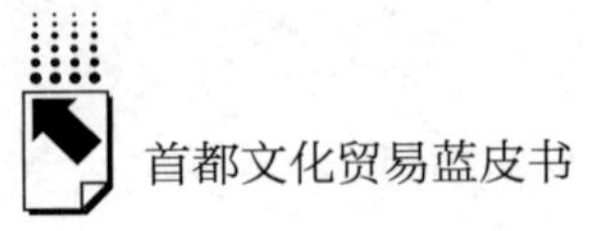

参考文献

黄有东：《“人文化成”：“文化”的中国古典意义》，《现代哲学》2017 年第 4 期。

李宗桂：《试论中国优秀传统文化的评价标准》，《社会科学战线》2017 年第 8 期。

商志晓：《中华传统文化创造性转化创新性发展的哲学审思》，宣讲家网，2017 年 1 月 9 日，http：//www. 71. cn/2017/0109/929409. shtml。

郭伟伟：《推动中华优秀传统文化创造性转化创新性发展》，中国共产党新闻网，2018 年 8 月 20 日，http：//theory. people. com. cn/n1/2018/0820/c40531 – 30237866. html。

沈尚武、袁岳：《中国传统文化的当代价值与缺憾》，《科学经济社会》2012 年第 4 期。

张霁月《“少林电影热”与河南少林文化产业构建发展研究》，《河南大学学报》（社会科学版）2013 年第 3 期。

贺轩：《高新技术产业价值链研究》，西北工业大学，硕士学位论文，2005。

周晓健：《论文化创意产业的审美经济力——以故宫博物院文化创意产业为例》，《经济与社会发展》2017 年第 2 期。

洪波：《大力促进文化产业转型升级》，《广西日报》2014 年 7 月 8 日。

张振鹏、刘小旭：《数字创意产业发展背景下的企业转型升级》，《两岸创意经济研究报告（2017）》，2017。

蒋依娴：《传统产业利用文化资源转型升级的路径探讨——基于消费者偏好的分析》，《福建行政学院学报》2013 年第 2 期。

栾淳钰《论文化产业发展与传统文化传承互促机制的构建，《云南社会科学》2016 年第 2 期。

汪振军：《人民日报文论天地：用科技助推传统文化转型》，人民网，2013 年 7 月 26 日，http：//opinion. people. com. cn/n/2013/0726/c1003 – 22334921. html。

徐党卿：《利用本土资源在产品包装设计中的应用研究》，广西师范大学，硕士学位论文，2013。

张春：《新媒介环境下的博物馆文创研究——以台北故宫博物院为例》，兰州大学，硕士学位论文，2016。

孙玉荣：《大数据时代我国文化创意产业知识产权保护的路径选择》，《北京联合大学学报》（人文社会科学版）2014 年第 2 期。

B.12

紧抓冬奥会世园会机遇，推动延庆文化走出去

——延庆文化市场化路径初探

祁增华*

摘　要： 《北京城市总体规划（2016年~2035年）》指出："北京是中华人民共和国的首都，是全国政治中心、文化中心、国际交往中心、科技创新中心。"建设全国文化中心已经成为北京的一项重要任务正在全面展开。延庆作为2019北京世界园艺博览会举办地，作为北京2022年冬奥会和冬残奥会三大赛区之一，全世界的目光将会聚焦于此。充分利用两件大事带来的机遇，加快推动延庆文化走向市场，对全国文化中心建设将会起到积极作用。

关键词： 文化走出去　冬奥会　世园会　延庆　北京

一　文化市场化已经成为一种趋势

（一）什么是文化市场化

习近平总书记在关于《中共中央关于全面深化改革若干重大问题的决定》的说明中指出："关于使市场在资源配置中起决定性作用和更好发挥政

---

* 祁增华，北京市延庆区发展和改革委员会党组书记、北京市延庆区发展和改革委员会副主任。

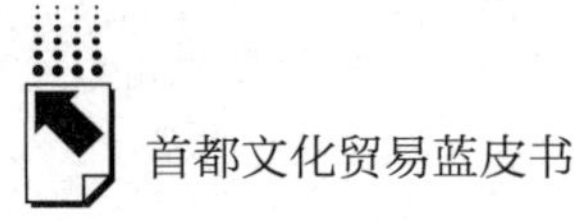

府作用，这是这次全会决定提出的一个重大理论观点。”

文化市场化就是在政府的引导下，按照市场规律的要求，将文化转化成文化产品或者服务，并为消费者所接受，从而达到教化目的的过程。文化走向市场的过程，就是对文化资源提炼、加工、生产和传播发展的过程。文化市场化有两个特点。一是市场规律在文化发展传播过程中起决定性作用，是文化传播的核心推动力。二是政府在文化市场化过程中起把握方向作用，是文化发展传播的舵手。二者相辅相成，缺一不可。没有市场机制，文化传播就没有了动力源泉，没有政府的干预，文化传播就会失去方向，就如同大海中迷茫的船只，找不到目标与归宿。在社会主义市场经济条件下，要把发挥好市场的决定作用和政府通过法律、政策等手段的引导力量。

（二）文化市场化要具备以下三个条件

一是文化特质，既包括内容上的特质即文化自身特殊性，也包括形式上的特质即要承载这类文化的外在表现形式。二是强大的文化自信。文化的传播过程，既是文化思想交流的过程，也是文化斗争的过程。如果没有强大的自信，就不可能在文化的传播当中坚守住自己的阵地，自己的观点和理念，会被别的文化同化掉。三是有强大的市场需求。没有需求，就不可能有生产。特别是随着经济社会的发展，人们在满足一定的物质需求之后，精神文化需求已经成为人们越来越重要的生活需要。

二　延庆文化特点

（一）底蕴深厚

延庆是中华文明的发祥地之一，有人类历史活动的时间可以追溯到旧石器时代。《史记·五帝本纪》中记载“以与炎帝战于阪泉之野，三战，然后得其志。”至今，延庆还有阪山，山脚下还有上阪泉和下阪泉两个村。全区文物遗存点达 392 处，区级文物保护单位 106 处，正式公布的文物普查项目

145 处，古民居 240 余处，库存文物 6000 多件，展示了延庆文化的厚重的底蕴。

（二）个性鲜明

延庆是首都的西北门户，上接蒙古高原，下连华北平原，是中原文化与北方文化交流融合之地。延庆文化既体现了农耕文明的精细与和谐，又体现了草原文明的粗犷与豪放。有两个字最能体现延庆文化个性特点。一个字是“妫”字。“妫”读音为 gui，在新华字典中解释：〔妫河〕水名，源出中国北京市延庆县，流入桑干河。唐太宗贞观时，将延怀地区设为妫州，从此，妫字成为延庆的代名词。另一个字是字，读音“shuair，帅儿两字快读”。是延庆人经常用的一个字，它的意思就是“什么”。延庆本地人对初到延庆的人经常讲的一个文化段子，就是“后头爷转遭那是？以此来引起大家的兴趣，“后头爷”“转遭”，这些说法，实际意思是“月亮周围是什么?”

（三）种类丰富

归纳起来，延庆主要有三类文化。一是长城文化。延庆长城建筑形式形制丰富，明长城现存墙体 179. 1 千米，其中夯土长城 28. 2 千米，石砌长城 103. 7 千米，砖石长城 26. 6 千米，此外还有敌台 473 座，烽火台 86 座，关堡 42 处，遗迹 21 处。明长城墙体长度占北京境内长城总长度的 34%。防御体系完整，由内长城、宣府东路边垣、南山路边垣、城堡、联墩、寨坡等构成了一个完整的纵深防御体系；全区 376 个行政村有 116 个村名字带“营”“屯”“堡”。二是生态文化。延庆有非常注重生态的传统。1914 年，有 48 村的民众自发组织起来，保护松山生态环境的事迹。改革开放以来，延庆对官厅、龙庆峡、妫河周边等地进行了大规模的绿化及生态走廊、郊野公园、休闲步道等生态环境建设，森林覆盖率达到了 58. 7%；设有松山、玉渡山、野鸭湖等 12 个区级以上自然保护区，保护区总面积达 530 多平方公里。三是玉皇庙文化。玉皇庙文化是以北京延庆县军都山玉皇庙墓地的发掘而得名。1985 年 8 月至 1987 年 12 月，在延庆县境内发掘出玉皇庙、古城村、葫芦沟三处春秋战国之际的山戎墓葬五百余座，出土各类富有特色的山戎文物八千余件。其中，玉皇庙墓地位于延庆区张山营镇玉皇庙村东南，占地在 2 万平方米以上，共有墓葬三百五十余座，这是迄今为止在北京地区发现的我国青铜时代北方少数民族文化遗存中规模最大、年代最早、文物最丰富的一处墓地，对于北方少数民族文化的研究有着重要影响。此外，延庆还有王次仲造八分书传说、元代冶铁文化、饮食文化、红色文化、冰雪体育文化等不同种类的文化及千家店硅化木和恐龙足迹化石等世界地质公园的地质遗迹，等等。

三　延庆文化市场化的路径选择

（一）努力研究文化市场化的规律

一是要研究文化的生产规律。“倘若不能解决好为谁生产文化、谁来生产文化、生产什么样的文化的问题，也有可能给未来社会带来灾难。”只有从总体上把握了文化的生产规律，解决一系列涉及重大的价值判断问题，才能更好地从延庆肥沃的文化土壤中生产出更加准确、有特色内容的文化产品，更好地体现延庆文化价值和特点，展示出文化的内涵及核心。二是要研究文化传播规律。“文化传播取决于价值特性”。要把握其中的传播规律，按照规律因势利导，顺势而为，推出自己的文化产品，展示出地域文化特点，把延庆文化传播出去。三要研究文化的消费规律。除了要加强研究一般的消费理论以外，要重点有针对性地研究文化推广区域的文化消费心理以及对文化接受的思维模式的研究，才能更好地把握文化受众的特点，推动延庆文化广泛传播。

（二）挖掘文化内涵，形成符合需求的文化产品

一是搜集整理。虽然我们围绕着延庆的历史，整理了一批文化，形成了《北平以北》、《长城的传说》、《长城北踞》（延庆卷）等一批的影视和书籍

等文化产品，但更多的文化还是散落在乡村和农户，还有一些存在于老百姓的口头传说中。要更加广泛地搜集老物件、老传承、老说法，把该存留的存留住，该数字化的要数字化，从而保留住延庆文化的根本，为开发和发展做好准备。二是提炼分析。按照文化生产、传播和消费规律的要求，去伪存真，精挑细选，把最能体现延庆特点的文化选出来，形成延庆文化的几大支点。如，要说传统的文化就说长城，要说体育文化就说冬奥会，要说生态文化就说世园会，要说书法文化就说王次仲八分书，从而更好地推动延庆文化走向世界。三是精心设计。延庆文化体现社会主义核心价值观的内容不少，体现生态文明的事例也很多。如平北红色第一村沙塘沟等。关键在于如何精心设计，将内容深化成为一个个容易被人们接受的文化产品，通过这种方式传播出去。讲好延庆故事，才能更好地使延庆文化走向更加广阔的天地。

（三）利用好文化传播的平台

一是全域旅游示范区平台。延庆是旅游大区，年均旅游人次近 2000 万人次，其中，八达岭长城景区年均旅客 800 万人次，累计接待外国元首超过 500 位。龙庆峡景区累计接待上千万人次，还有相当数量的到乡村的旅游人口。因此，把长城元素、民俗元素、生态元素更好、更多、更巧妙地融入全域旅游示范区建设当中，使游客在不知不觉中就能感受到延庆文化的魅力、享受到延庆文化的活力，体验到延庆文化的吸引力和穿透力。二是长城文化带建设的平台。保护长城遗产，传播长城文化，发展长城事业，进而增强对中华文化的自信，是长城文化带建设的主线。以八达岭长城为龙头，整合全区的各类长城及附属建筑资源，围绕长城主体构造和工艺，系统整理延庆的关堡、烽火台、连墩等，精心提炼出相关故事，使延庆文化走向市场，走向世界有更加可持续的舞台。三是利用好国际赛事平台。2019 年 4 月 29 日至 10 月 7 日，世界园艺博览会将在延庆举办。2022 年冬奥会和冬残奥会，延庆赛区共有 5 个竞赛、非竞赛场馆，将进行 3 个大项（高山滑雪、雪车、雪橇）、4 个分项（高山滑雪、雪车、钢架雪车、雪橇）、20 个小项的比赛，世界的目光将聚焦延庆。在两会期间展演、演出反映延庆文化特点又与世园冬奥主题结合的活动，销售、交流各类书籍、数字产品，必将有力地推动延庆文化走出去。四是充分利用互联网平台。互联网以其开放性、即时性、便捷性和大众性的特点，成为文化传播的重要工具和平台。充分把握互联网的特点，将延庆文化转化为音乐、游戏、节目、表演、艺术和动画等各类受众喜闻乐见的产品，让旅游者和文化爱好者足不出户就能感受到浓郁延庆文化气息。

（四）打造一批具有特色的文化机构

一是打造一批文化研究机构。对内容丰富，种类繁多的延庆文化进行系统梳理，整理出延庆文化的脉络、主题、特征，表现方式以及未来延庆文化的发展方向，从而从战略层面上解决延庆文化发展问题。二是打造一批文化传播机构。充分利用他们的优势，对延庆文化走出去的途径、方式及受众的特点等方面进行专题的策划，同时辅助以相应的政策，从而更好地把延庆文化推出去。三是打造一批文化产品制造生产企业。如新闻、出版、影视、游戏等，将延庆文化提炼出来，打造突出延庆自身特色的文化产品。

（五）要研究制定延庆文化“走出去”政策

一是要制订延庆文化走出去的发展规划，从整体上把握好延庆文化走出去的时间节点、主要目的、主体内容、形式途径等，有计划地推动此项工作。二是要研究做好延庆文化走出去的难点问题，有针对性地提出解决问题的方案。三是要出台延庆文化走出去的主要政策，包括文化人才支持政策、文化企业落户政策、文化企业市场开拓奖励政策等，确保人才引得进，企业留得住，文化走得出。

政　策　篇

Policies

B.13

莫斯科市政府出版基金规划服务于首都文化国际发展的主要经验*

刘　淼　张家玲**

摘　要： 本报告介绍和分析了莫斯科市政府支持的莫斯科出版基金规划项目的运行方式、图书出版种类与国际发展模式，并从图书品种数量、选题情况、发行量三个方面对该项目近三年出版的所有图书进行了详细的统计分析。研究表明，图书是首都文化对外传播的重要载体，专项基金支持下的首都图书出版项目必将推动首都文化的对外传播。莫斯科市政府出版基金规划的成功经验对北京文化的国际发展具

* 本报告系北京市社会科学基金研究基地“一带一路背景下北京主题图书在俄罗斯出版情况调查研究”（16JDXCC003）的阶段性成果。

** 刘淼，北京第二外国语学院俄语系，博士，副教授，研究方向：俄语语言学、中俄版权贸易。张家玲，北京第二外国语学院俄语系硕士研究生，研究方向：俄语语言学。

有重要的参考价值。

关键词： 莫斯科市政府出版基金规划项目　俄罗斯文化　北京文化

一　引言

文化的国际发展从本质上来说是一种不同地区间的文化交流。如何在文化交流的过程中尽量广泛地使自己的优秀文化在其他地区传播开来，以此散发文化魅力、塑造独特的文化形象，是我们应该思考的问题。图书作为一种重要的文化载体，其受众面广，接受度高，出版成本相对较低，并可根据读者群体的年龄段和文化认知水平灵活地调整图书内容，是我们进行文化交流和对外文化传播的有力工具，是文化国际发展的重要途径与手段。

俄罗斯是“一带一路”沿线的主要国家之一，其人口少，而图书出版品种多，是世界上的出版大国与阅读大国。其首都莫斯科市历史悠久，风景优美，是俄罗斯的英雄城之一。多年来，莫斯科始终聚焦自身“国际文化中心”形象的塑造，计划并实施了大量与莫斯科文化国际发展的相关项目。其中最重要的文化发展项目之一就是莫斯科市政府财政支持的城市图书出版基金规划。自 1993 年以来，该项目已成功支持了超过一百万本与莫斯科文化相关的图书出版，并通过各类院校、外交组织、海外侨民等渠道进行国际传播。得益于该项目的成功运行，莫斯科文化的国际发展程度显著提升。

2014 年，习近平总书记指出应明确北京的城市战略定位，坚持和强化北京全国政治中心、文化中心，国际交往中心、科技创新中心的核心功能。在实现北京核心功能的过程中，迫切需要加强北京文化的对外传播。对俄罗斯莫斯科市政府图书出版基金规划的调查分析，不仅能够了解其他首都城市在文化传播领域已取得的杰出成就，更能够借鉴其成功的经验与范式，服务于首都文化的国际发展。

二　莫斯科市政府出版基金规划

（一）莫斯科市政府出版基金规划概况

莫斯科市政府高度重视城市主题图书的出版工作，将其视为莫斯科市政务工作的重要领域。多年来，莫斯科市一直大力投入并支持城市主题图书的出版与推广。其中最成功的项目为“莫斯科市政府出版基金规划”（Moscow City Government Publishing Program，Издательская программа правительства Москвы），该项目由莫斯科市政府传媒与广告局负责统筹，由其下属莫斯科城市图书出版委员会、莫斯科市出版机构理事会与图书出版补贴管理委员会具体执行，其主要工作内容是遴选、出版与推广与莫斯科相关的城市主题图书，故又称为“图书莫斯科”（Moscow Books，Москва Книжная）。

该项目由莫斯科市财政预算资助，用于出版有关莫斯科和俄罗斯历史及莫斯科人现代生活等领域的重要文献和多媒体产品，旨在记载莫斯科的过去与现在、反映自古以来莫斯科和俄罗斯的文化科学发展、记录莫斯科多样化的民众生活、保护国家遗产及民族传统。该项目既支持文学、艺术、科学等领域的科普文章或书籍出版，也支持配套多媒体资源的出版，适合所有年龄段及所有文化程度的公众进行阅读。

参与该项目的出版物内容必须符合以下两个要求：一是可以宣传莫斯科历史、政治、经济、社会、文化、精神道德领域的发展；二是能够突出莫斯科作为俄罗斯政治、经济、文化和科学中心的地位与作用。相关选题包括描述莫斯科悠久历史和城市风景的图书，讲述莫斯科文学、艺术方面杰出成就的图书、提供莫斯科城市出行指南的百科全书、关于莫斯科生活的回忆录或人物传记等。

总体而言，莫斯科市政府出版基金规划旨在通过城市主题图书激发公众阅读兴趣，尤其是青少年阅读兴趣，促使其形成良好的道德精神价值体系。该项目以记载和传承莫斯科文化为目的，向所有图书作者及出版商开放，通过遴选优秀图书、以政府专项补贴资助出版的方式，传播莫斯科文化，提升莫斯科文化的国际竞争力。自 1993 年以来，莫斯科市政府图书出版规划已审查了来自 150 多个出版机构的、超过 3600 份的图书出版申请，已经出版了超过 100 万本书籍和多媒体产品，总发行量超过 600 万。

（二）规划出版图书数据统计分析（2015～2017年）

莫斯科市政府官网①公布了 2015～2017 年该项目出版的所有图书的详细信息，本报告对这些相关信息进行了搜集和整理，并在此基础上进行了统计与分析。

1. 出版品种数量

2015～2017 年莫斯科市政府出版基金规划（以下简称“出版基金规划”）共出版图书 166 种，其中 2015 年出版 46 种，2016 年出版 52 种，2017 年出版 68 种。具体年份与出版品种数量统计如图 1 所示。

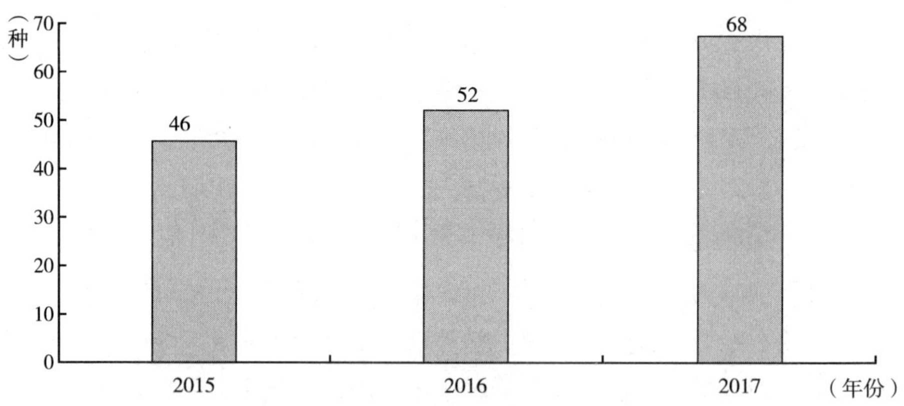

图 1　莫斯科市政府出版基金规划三年出版的图书品种数量

由图 1 可以看出，2015～2017 年三年间，出版基金规划每年出版的图书品种数量稳定在 40～70 种，且每年出版的品种数量较前一年均有小幅上

① 莫斯科市政府官网：www. mos. ru。

升，整体呈现逐年递增的趋势。由此可知，该项目发展势头良好，出版模式已较为成熟。

2. 图书选题分析

从选题角度对出版基金规划出版的图书进行分析非常重要，它既能够揭示该项目图书选题的热点，也能反映出莫斯科市政府对城市主题图书选题的资助倾向，同时还可以反映出读者对城市主题图书的需求与喜好。具体数据详见表 1。

表 1　莫斯科市政府出版基金规划图书选题分析（2015～2017 年）

单位：种，%

图书选题	2015 年	2016 年	2017 年	总量	占比
文化艺术	12	18	19	49	29. 5
人物传记	9	10	12	31	18. 7
历史地理	9	7	13	29	17. 5
青少年教育	4	2	14	20	12. 0
文学	6	7	6	19	11. 4
军事	2	8	2	12	7. 2
工业技术	4	0	0	4	2. 4
生物医学	0	0	2	2	1. 2
总量	46	52	68	166	100

由表 1 可知，2015～2017 年三年间，莫斯科出版基金规划出版的图书选题主要集中在文化艺术、人物传记、历史地理三个方面。其中文化艺术选题最多，占比 29. 5%，人物传记与历史地理的选题占比较为接近，均在 18% 左右。青少年教育主题紧随其后，排在第四位，占比 12%，可见该选题也是重点资助的对象之一，同时也再次凸显了该项目以青年读者为主要阅读对象的初衷与努力。除上述四类选题外，文学、军事、工业技术、生物医学的选题均有所涉及。下文将对上述选题进行详细分析。

（1）文化艺术

2015 年出版文化艺术主题图书 12 种，2016 年出版 18 种，2017 年出版 19 种，三年共出版 49 种，约占总图书品种数量的 29. 5%，位列第一。俄罗斯是世界艺术成就非常高的国家之一。它在绘画、音乐、舞蹈、建筑等艺术领域人才辈出，取得了杰出的成就。俄罗斯非常注重对民众文化艺术素养水平的培养，注重优秀文化艺术的继承与传播，这一主题的图书一直深受俄罗斯读者的欢迎和喜爱。

此类选题主要包括莫斯科民间习俗文化、莫斯科建筑文化、绘画艺术、雕塑等。其中发行量较大、较为成功的有：发行量为4000册的《昔日莫斯科》系列丛书（《昔日莫斯科人生活习俗》、《从马车到地铁——莫斯科城市交通的历史》）、发行量为3000册的《首都的电影——电影中的莫斯科》、发行量为1000册的《照片中的莫斯科（1980～1990年）》、《莫斯科的纪念碑》等。除此之外，2015～2017三年间每年都会出版多语种的摄影集《莫斯科国际灯光节》，其中俄文版1500册，英文版500册，向公众和世界宣传美丽的莫斯科夜景。

（2）人物传记

2015年出版人物传记主题图书9种，2016年10种，2017年出版12种，三年共出版31种，约占总图书品种数量的18.7%，位列第二，是出版基金规划中稳定而成熟的选题类别。俄罗斯民族崇尚英雄、喜爱英雄。莫斯科的城市发展与多个领域中的杰出人才息息相关，词类图书选题涉及了文学、体育、军事、宗教、电影、建筑等领域的伟大人物。例如：2015年出版的介绍俄罗斯著名芭蕾舞演员的《加林娜·乌兰诺娃》、介绍俄罗斯著名短篇小说家的《契诃夫——莫斯科大学的毕业生》、介绍俄罗斯著名建筑师的《莫斯科的建筑师——格拉巴里》；2016年出版的介绍俄罗斯著名女诗人的《茨维塔耶娃作品集：诗歌、戏剧、传记散文和生活记事》、介绍俄罗斯著名宗教人物的《圣吉洪传奇：莫斯科和全俄罗斯的牧首》；2017年出版的介绍俄罗斯著名导演《和我一起的人——米哈伊尔·乌里扬诺夫》、介绍俄罗斯著名军事家的《元帅瓦西里·索科洛夫斯基》等。上述名人的生平及成就均与莫斯科相关，是莫斯科的骄傲。以图书的形式对这些伟人进行记载与描写，有利于丰富城市历史，提升民族自尊心。

（3）历史地理

2015 年出版历史地理类主题图书 9 种，2016 年 7 种，2017 年出版 13 种，三年共出版 29 种，约占总图书品种数量的 17.5%，位列第三。俄罗斯是世界上国土面积最大的国家，莫斯科位于俄罗斯欧洲部分中部、东欧平原中部，是一座具有 800 余年悠久历史的世界文明古城。莫斯科 1147 年建城，自莫斯科大公时期开始，经沙皇俄国、苏联时期，到今日俄罗斯联邦，莫斯科市一直担当着首都的重任。莫斯科有着独特的地理环境和悠久的历史文明，故而历史地理相关的城市主题图书也颇受读者的喜爱。

此类选题的图书内容涵盖较为广泛，地理主题图书从介绍莫斯科特色街道的故事，如 2015 年出版的《彼得罗夫斯基大道》，发行量为 2500 册，到介绍著名的特色文化旅游景点，如 2016 年出版的《西蒙诺夫修道院：历史的一面镜子》，发行量为 1000 册，再到对莫斯科市的整体风貌介绍，如 2017 年出版的《我们的莫斯科》，俄文版年发行量为 3000 册，英文版行量为 1000 册；历史主题图书涉及军事、文学、文化等领域，2015 年出版的《克里米亚的斗争：十八世纪历史记录研究》，发行量为 5000 册，如 2016 年出版的《1941～1945 年伟大卫国战争的照片编年史》，发行量为 2000 册，2017 年出版的《俄罗斯历史文化中的舍伍德王朝》，发行量为 1500 册。

（4）青少年教育

2015 年出版历史地理类主题图书 4 种，2016 年 2 种，2017 年出版 14 种，三年共出版 20 种，约占总图书品种数量的 12%，位列第四。青少年教育选题的图书虽然仅排在第四位，但却是基金规划的重要选题之一，可以观察到明显的上升趋势，且相关图书的发行量非常大，可以达到几万册。这与基金规划的目标定位有关，该项目旨在通过影响青少年而扩大莫斯科文化的影响力。

此类主题图书具体包括童话故事（2015～2017 年共出版 7 种）、科普文章（2015～2017 年共出版了 9 种）等图书。其中，2015 年出版的《你的城市莫斯科——难以置信的调查：给热心的孩子和他们父母的书》，发行量为100000册；2016年出版的《谁和我们生活在一起：关于莫斯科动物王国的故事》，发行量为103000册；2017年基金规划支持出版了一套系列儿童绘本，名为《有趣的动物》，如《我是河马》《我是老虎》《我是考拉》等，这套书文字精炼朴实，图画可爱有趣，每本介绍一个动物，科普效果极佳，年均发行量在3500册左右。

（5）文学

2015年出版历史地理类主题图书6种，2016年7种，2017年出版6种，三年共出版19种，约占总图书品种数量的11.4%，位列第五。俄罗斯是文学阅读大国，据俄罗斯版本图书馆①官方发布的2015～2017年俄罗斯图书出版数据，文学类图书平均每年出版17000种左右，占全部图书的15.3%左右，是非常受欢迎的图书选题。

基金规划支持出版的文学主题图书涉及文学介绍、文学评论、诗集、散文集等。例如，2015年出版的《赫尔岑、奥加列夫及其随从：国家文学博物馆收藏的专辑目录》，发行量为1000册；2016年出版的《一百年前的莫斯科文学》，俄文版发行量为1400册，英文版发行600册；2017年出版的《您的屠格涅夫——散文诗集》，发行量为1500册，普希金著名的四小悲剧之一《石客》，发行量为100000册。

（6）军事

2015年出版历史地理类主题图书2种，2016年8种，2017年出版2种，三年共出版12种，约占总图书品种数量的7.2%，位列第六。俄罗斯是具有悠久军事历史、丰富战争经验的世界大国，是第二次世界大战的战胜国之一。莫斯科市多年来是俄罗斯各种对外战争的军事要塞，如1812年卫国战争、反法西斯战争等。莫斯科市及其周边地区出现过许多著名的军事战役，并在各种战役中涌现出了大批优秀的军事将领和作战人才。每年胜利日的时候，莫斯科都会举行相关的盛大纪念活动，例如每年一度的红场大阅兵。从

① 俄罗斯版本图书馆官网地址：www. bookchamber. ru。

表1基金规划出版的图书主题统计看来，军事历史等知识的普及是该项目关注的重点之一。

此类主题图书涉及军事武器设备介绍、军事历史故事、军事知识科普等内容。例如2015年出版的《伟大卫国战争期间的莫斯科(1941～1945年)》，发行量为37000册；2016年出版的关于莫斯科战役的系列图书《莫斯科战役：防御》《莫斯科战役：反攻》，发行量均为2000册。

（7）工业技术和生物医学

2015～2017年，工业技术选题的图书在2015年出版了4种，约占总图书数量的2.4%，而生物医学选题的图书在2017年出版了2种，约占总图书数量的1.2%。这两种选题类型的图书都是专业性较强的知识类图书，相比其他选题，出版数量较少，且分布不均衡，并不是常规图书选题。

2015年出版的4种工业技术主题图书主要介绍了莫斯科的地铁建设、载人航天发展历史、宇宙飞船自动化发展等，所涉及领域均是莫斯科或俄罗斯具备领先优势的行业。

2017年出版的2种生物医学主题图书均是关于病症的科普类图书。例如《染色体的故事》是关于白血病基本知识的科普介绍。这类图书对于公众健康而言同样重要，但由于其专业性较强，导致图书的发行量和传播效果有限。

3. 图书发行量分析

莫斯科市政府出版基金规化2015年的图书发行总量为323500册；2016年为524400册，同比上升62.1%，涨幅十分明显；2017年出版品种数量大幅提升，但发行量下降明显，发行总量为227072册，这主要与2017年缺少巨大发行量的图书品种有关，因此整体来说，基金规划出版的图书发行量三年来较为稳定。下面从发行量与品种数量两个维度来具体分析三年来出版图书的发行情况。

从表2可以观察出，发行量为1001～5000册的图书占比最大，其中这类图书中发行量为 1500~2000 的图书占比较大。发行量为 1000 册以下的图书占总数的五分之一左右，这类图书中有一种特殊的类型，即俄文图书的英文版。英文版一般每年只发行 500 册或 1000 册，例如《我们的莫斯科》，其俄文版年发行量为 3000 册，英文版行量为 1000 册；《2015 年莫斯科国际灯光节（摄影集）》，其俄文版发行量为 1500 册，英文版发行量为 500 册。发行数量最大的、10 万册以上的两本图书分别是 2015 年出版的《你的城市莫斯科：难以置信的调查——给热心的孩子和他们父母的书》和 2017 年出版的《石客》。前者是一本带有贴纸的有趣的城市探险游戏书，非常适合孩子阅读或亲子交流，销量比较大，市场反响好，很受读者的欢迎与喜爱。后者是俄罗斯文学巨匠普希金的四小悲剧之一，属于经典文学名著，版本较多，再版的次数也多，读者需求量较大。

表 2　莫斯科市政府出版基金规划三年出版图书的发行量统计

发行量(册)	品种数量(种)	比例(%)
1000 以下	36	21.7
1001~5000	120	72.3
5001~10000	1	0.6
10001~100000	7	4.2
100000 以上	2	1.2
总数	166	100

（三）莫斯科市政府出版基金规划服务于城市文化传播

自 2006 年以来，莫斯科市政府每年均会向俄罗斯中小学免费赠送基金规划项目出版的相关优秀图书，旨在帮助俄罗斯青少年了关注、了解并认同其首都文化，提升莫斯科文化在俄罗斯国内的影响力。

在国际发展方面，莫斯科市政府出版基金规划通过俄罗斯派驻世界各国的外交机构及俄罗斯海外侨民来积极宣传和推广该项目出版的优秀图书。同时，莫斯科市政府大力支持该项目参加各种国际和国内的大型书展，重金打造莫斯科政府出版基金规划的国际化。在近二十年的时间里，该基金规划项目在莫斯科政府的支持下在全球50多个国家的230多个主要图书论坛上进行了展示宣传。例如，2016年8月参加北京国际图书展，2018年3月参加巴黎第38届LIVREPARIS国际书展；2018年5月参加第13届圣彼得堡国际书展等。在书展结束后，运至书展的相关规划图书会捐赠给书展主办方、当地的俄罗斯文化和教育中心、俄罗斯大使馆及图书馆、高校图书馆以及与语言文化有关的公共组织。值得一提的是，该项目出版的100多种图书获得了全俄书籍竞赛、国际图书比赛的多个奖项。

三　莫斯科市政府基金规划对北京文化国际发展的借鉴意义

（一）重视图书传播力量，推动城市优秀文化国际发展

城市文化国际发展的渠道很多，传播手段也比较丰富。随着时代信息技术的发展，人们越来越青睐借助网络、视频等多媒体产品进行文化输出和文化交流与传播。然而，必须承认的是，图书在文化传承、文化贸易、文化交流与文化传播过程中所扮演的角色仍然十分重要。图书传播虽然时效性较之网络传播略差，感染力不如音视频等多媒体产品，但是图书具有其独特的文化传播方面的优势，如成本较低、读者接受度较高、受众面较广、传播受时间和空间限制较小。同时，人们在阅读的时候会进行思考。这是一种润物细无声的方式，也是接受和保存文化信息最有效的方法。北京文化在国际发展的进程中，必须要充分重视图书版权国际贸易的重要性，在城市主题图书的遴选、出版和国际推广方面加大投入。

（二）设立专门机构，全面统筹北京主题图书的策划发行与版权输出

莫斯科出版基金规划的成功经验在于设立了专门的管理机构负责出版图

书的遴选、出版补贴的管理、出版图书的推广与宣传，它们分别是：城市图书出版专家委员会、莫斯科市出版商理事会与图书出版补贴管理委员会。北京和莫斯科有着很多相似之处，都是一国之都，都有着悠久的历史和精彩的当下。如能够在北京市政府的主持下，责成相关部门成立具有上述职能的专门管理机构，可以使北京文化的保护传承及国际发展工作进入常态化和可持续发展的轨道，建议可开展以下的具体工作。

第一，在城市图书出版专家委员会的主持下，每年确立一批可受政府资助出版的北京主题图书基本书目，兼顾北京文化的方方面面，如文学、历史地理、政治法律、文化科学教育体育、经济等。在基本书目的基础上，通过专家评审与海外图书调研相结合的方法，确立一批重点资助书目，由基金负责此类图书的策划和出版。以中俄图书版权贸易为例，根据《北京主题图书在俄罗斯出版情况调查分析》① 一文，俄罗斯读者更加青睐与北京相关的文学类和历史类选题，俄罗斯出版机构更关注和热衷于北京旅游类图书的出版发行。因此，文学、历史和旅游类图书可以成为对俄传播北京文化的重点培育对象，可精心遴选和策划出版这三类北京主题图书，并积极促成优秀北京主题图书的对俄版权贸易。对于其他国家而言，也应在充分调查对象国图书市场的基础上，遴选合适选题的图书进行有针对性的推介。

第二，充分利用好对中国友好、珍视中外友谊的国外知名汉学家，邀请他们撰写系列《外国人写北京》丛书，介绍北京、评价北京，从国外学者的角度挖掘和推广北京文化。

（三）积极参加国外大型书展，大力宣传城市优秀文化

莫斯科市政府出版基金规划始终大力支持城市主题图书参与国内外的有影响力的大型书展，例如巴黎国际图书博览会、北京国际图书博览会、圣彼得堡国际图书博览会等。在书展上，该项目大力宣传自己的特色书目，积极展示项目情况，带动莫斯科优秀文化对外输出；书展结束后，该项目将大批

① 刘森、于优娟：《北京主题图书在俄罗斯出版情况调查分析》，《中国出版》2018 年第 5 期。

运至展会的图书赠送给当地的外交机构、高校、俄罗斯文化中心等。这些举措有利于提高莫斯科文化在国际图书市场的影响力，让更多的读者接触、了解并熟知莫斯科城市文化。这种宣传方式力度强劲，效果良好，既提高了读者对莫斯科主题图书的关注度，又可以吸引越来越多的人选择阅读莫斯科城市文化图书，从而使莫斯科的优秀文化自然而然地获得了更好的国际发展。这种宣传手段不仅效率高，且易于读者接受。北京在致力于北京城市文化国际发展时，可以参考莫斯科的成功经验。

（四）发行多语种版本图书，注重图书遴选

莫斯科市政府出版基金规划除了支持俄文版图书的出版发行，还支持一些有城市特色、有代表性、有影响力的图书发行其英文版本。这样的举措可以推动该莫斯科城市主题图书的国际化，可以鼓励更多非俄语母语者或俄语学习者进行阅读，从而促进莫斯科文化的对外传播。因此，我们认为，应遴选具有北京特色、有代表性的北京文化图书，在汉语版的基础上，组织专家进行翻译，发行其多语种版本，借鉴《习近平谈治国理政》的成功经验，通过多语种图书对外宣传和推广北京城市文化，加快北京文化国际化的脚步，让世界各国人民有机会读到北京、了解北京、认同北京。

四　结语

莫斯科市政府出版基金规划项目通过出版莫斯科城市主题图书，有效宣传了莫斯科文化，大力促进了莫斯科文化的国际发展。该项目的成功经验非常值得我们借鉴和学习。北京在打造具有影响力的世界文化中心时，可参考莫斯科市政府出版基金规划项目的成功经验，服务于北京文化的国际发展，以期更加经济、便捷、高效地扩大北京文化的国际影响力，提升北京文化的国际渗透力与接受度。

B.14

北京市文化保税区政策分析

《首都文化贸易发展报告（2018）》课题组

摘　要： 2014年，北京开启了建设国家对外文化贸易基地的新征程。事实上，建设国家对外文化贸易基地是中国顺应文化经济全球化及对外文化贸易迅猛发展之势的有力之举。目前，因为我国对外文化基地相继在北京、上海、深圳三地落地，环渤海、长三角、珠三角逐渐形成三大外向型产业聚集区，中国对外文化贸易格局得以形成。在这样的竞合格局中，如何推进北京国家对外文化贸易基地文化保税区创新和跨越式发展，将其建设成集文化贸易口岸、协同创新平台、企业集群式发展于一体的国家级文化贸易示范区[①]成为当下的重要课题。

关键词： 文化保税区　对外文化贸易　文化保税政策

一　文化保税区的发展背景

（一）文化贸易推动经济发展和文化软实力建设的作用日益凸显

2017年，中国文化产品和服务进出口总额为1265.1亿美元，同比增长11.1%。其中，文化产品进出口总额为971.2亿美元，同比增长10.2%；

① 《北京对外文化贸易基地在天竺综合保税区开园》，http：//www.bjshy.gov.cn/Item/63740.aspx。

文化服务进出口总额为293.9亿美元，同比增长14.4%。[①] 文化始终是推动国家间相互理解和认同的最佳载体，尽管文化软实力与硬实力相比难以量化，但是，对外文化贸易却可以通过交易额、所占的国际市场份额等指标去体现和印证国家文化软实力。对外文化贸易具有经济和文化的双重属性，可以通过其“润物细无声”的渗透力，让世界从更多层面上了解中国，发展中国对外文化贸易，有利于中国在全球范围内全面展示与提升正面形象，有利于中国文化在世界范围内取得更大的认同，同时，能够抵制敌对势力的抹黑，扫清文化扭曲的障碍，强化国家之间的深入理解与合作，使各国与中国建立更加深厚的互信关系，降低与交往国之间发生冲突的可能性，强化软实力建设。发展中国对外文化贸易，不仅意味着要在国内文化市场挖掘优秀文化资源，而且要将文化资源转变为优秀的文化产品与服务，变“送出去”为“卖出去”，能够吸引更多的贸易伙伴和国际朋友。在“一带一路”倡议实施进程中，需要精准、有效逐步拓展海外文化市场，以文化贸易方式柔化中国发展的形象。[②]

（二）国家对文化贸易的重视、支持

为了推进对外文化贸易的快速、健康发展，2014年，国务院及各部委密集出台与文化发展相关的政策，为对外文化贸易提供全方位的支持，力度可谓空前。在这些政策意见中，首推《国务院关于加快发展对外文化贸易的意见》。《意见》明确了推动对外文化贸易工作的指导思想，强调了坚持“统筹发展、政策引导、企业主体、市场运作”的基本原则，[③] 优化了审批流程，加大了财税支持力度。[④]《意见》反映了当前中国对外文化贸易发展的新形势、新要求，是对外文化贸易发展的重要里程碑。

---

① 《2017年我国文化产品和服务进出口总额同比增长11.1%》，http：//www.xinhuanet.com//culture/2018－02/09/c_ 1122390889.htm。

② 李嘉珊、任爽：《“一带一路”战略背景下海外文化市场有效开拓的贸易路径》，《国际贸易》2016年2月20日。

③ 《国务院关于加快发展对外文化贸易的意见》，《辽宁省人民政府公报》2014年4月23日。

④ 《国务院关于加快发展对外文化贸易的意见》，《辽宁省人民政府公报》2014年4月23日。

（三）优化国家对外文化贸易结构的需要

根据联合国教科文组织《文化贸易全球化：文化消费的转变——2004—2013 文化产品与服务的国际流动》报告中发布的数据，中国 2013 年文化产品出口总值达 601 亿美元，高出排名第二的美国 279 亿美元一倍多，成为全球文化产品最大出口国。[①] 在中国出口的文化产品中，占据大部分出口额的是与制造业相关的文化产品，如瓷器、游戏机、光盘等，而文化服务贸易方面则一直处于逆差状态。近些年来，我国频频引进国外优秀的文化作品，比如美国的影视作品和英国的戏剧作品等，然而，我国本土优秀影视作品、演艺版权“走出去”却鲜有成绩。可以发现，我国文化贸易呈现出“文化产品强势、文化服务弱势”的失调结构，在国际文化贸易市场上，我国文化贸易似乎又成为“世界文化产品加工厂”。文化保税区是中国对外文化贸易领域的一大创举，它的设立为文化企业开展国际文化贸易、开展区域间合作搭建了重要的平台。文化保税区的建立有利于文化保税制度政策以及保税行业创新性发展，有利于文化保税功能深化，同时，也有利于引导示范中国文化企业“走出去”与优化中国对外文化贸易结构。

二　建设文化保税区的主要功能

与保税区规范而被普遍认同的概念相比，文化保税区概念看似新颖，却仍然在保税区概念框架下进行阐释，尚未能有认识上的重大突破。

所谓保税，指进口货物暂不缴纳进口税，而是先将其存入特定区域，并可在该区域内进行加工、装配、制造、展览、包装、拆装、贴标、转换、改装、取样及不同原料混合等工作。保税区是指经主权国家海关批准，在其海港、机场或其他地点设立的允许外国货物不办理进出口手续即可连续长期储

---

① 《联合国教科文组织发布报告称中国成文化产品最大出口国》，《人民日报》（海外版）2016 年 3 月 11 日，第 4 版。

存的区域，具有进出口加工、国际贸易、保税仓储、商品展示等功能，享有“免证、免税、保税”政策，[①] 实行“境内关外”运作方式，是对外开放程度最高、运作机制最便捷、政策最优惠的经济区域之一。随着外向型经济业务总量的持续增长和区域经济的发展，出口加工、转口贸易、保税仓储和商品展示等功能将随着保税区形式的升级而出现整合趋势。

所谓文化保税是指将保税区、出口加工区、保税港区等各类海关特殊监管区域的功能和政策运用到文化产业的贸易环节上，并加以创新应用。[②] 文化保税区，即依托综合保税区的平台，将国际贸易中针对普通商品的保税政策及通行做法运用在文化领域，并根据文化产品创意、设计、生产、存储、销售特点进行政策资源整合和制度创新。

文化保税区是保税区功能的延伸，但是随着实践的发展，其功能也在逐步创新。

（一）业务拓展创新功能

文化保税区最为直接的业务功能是税收减免。文化保税区内进出口贸易与区内企业间交易具有得天独厚的税收优惠政策，包括关税豁免、增值税和消费税免除、保税及出口退税、所得税减免等，各种税收优惠措施有利于文化产品生产和降低贸易发生成本。同时，在文化保税区内，通过为文化企业提供全套保税服务，包括进出口通关、物流、储藏、交割等相关文化产品的展出，从而达到简化文化产品与服务进出口手续、扩大文化企业影响力的目的。以北京文化保税园（文化保税区中的“园中园”）为例，[③] 当然，还可以根据文化产品创意、设计、生产、存储、销售特点进行政策资源整合和制度创新，形成适应精神产品生产规律、促进文化对外贸易的专门保税形态。

---

① 季琼：《基于工业区位论的北京文化保税区区位优势分析》，《中国市场》2016 年第 4 期，第 92 ~95 页。

② 《艺术品保税，别成了地产华丽的“黄袍”》，http：//news. ifeng. com/gundong/detail_ 2013 _ 03/25/23480806_ 0. shtml。

③ 《北京“文化保税区”：减免税费 护航进出口》，http：//culture. people. com. cn/n/2015/0328/c172318 -26763308. html。

（二）服务平台支持功能

目前，国内主要的文化保税区同时也是我国重要的对外文化贸易基地，它们在业务拓展创新的同时正发挥着重要的服务平台功能。其一，文化保税区在吸引大量文化企业入驻的同时，也为集聚在区内的文化企业提供各种便利和服务。如按照规定境外物品入关展览时间不能超过6个月，否则视同销售，需要征税，但是有了文化保税区后，快到6个月，可以回到位于文化保税区的展示交易中心，相当于出关，再回来又可以做6个月，由此，在很大程度上方便了境外企业开办各种展览的积极性，节省了展览公司的时间。[①]其二，为国内外文化企业发展搭建起文化贸易、文化交流等功能信息平台。如面对我国对外文化交流日益增多，相关服务却难以满足市场需求的状况，文化保税区可以提供保管、养护、信息沟通等各种支持服务。其三，为我国资本深度参与国际文化产品制作提供平台，国内文化制作企业可以依托文化保税区深度参与外国文化产品的制作和加工。在保税区的影视服务行业中，企业既可以提供设备的保税租售，同时，还能在得到主管部门的批准后，参与影视作品的后期加工环节。

（三）试验引导示范功能

作为实践创新的文化保税区，在我国文化“走出去”创新过程中，既是政策“试验田”，也是创新“示范区”，同时，也发挥着实践的引导功能。特别是在我国建设自由贸易试验区，同时在与其他国家签订自由贸易协定步伐加快的背景下，文化保税区在文化贸易政策创新领域的空间不断拓展。如2015年，北京文化保税区新增业态四类。一类是动漫企业，目前，已有来自美国的两大动漫品牌入驻文化保税区，这些动漫品牌带来品牌、资本、授权等内容，并形成一种新的业态，将生产、人才培训、品牌授权、主题乐园

① 罗颖：《“文化保税区”让艺术品交易更便捷》，《北京晚报》2013年4月7日。

投资等结合在一起，带动中国动漫产品生产并向全球分销。[①] 这对于其他地区的文化保税实践无疑具有示范引导意义。

文化保税区概念的提出既是对现实发展和实践的回应，又是理论方面的自觉探索。对于当下的中国而言，为顺应文化经济全球化的浪潮，推动我国文化大繁荣大发展，必须要在文化与经济的结合上进行平台创新、体制创新。文化保税区无疑将成为未来中国推进保税区发展以及文化大发展的极好的突破口。

三　文化保税区现状

设立文化保税区与落地城市的城市发展水平有不可分割的联系。一般来说，设立文化保税区有几个必要条件：较高发展水平的社会经济条件；良好的产业与消费结构；经济区位优势明显；交通条件便利。因此，我国目前文化保税区的设立初见规模的是以北京、上海、深圳为首的三大城市圈。

（一）北京、上海、深圳文化保税区概况

上海是国内首个推行文化保税的城市。早在 2007 年，类似的“文化保税区”就已经在上海外高桥保税区成立，搭建了上海国际文化服务贸易平台，设立的目的在于探索保税区对外文化贸易的突破口。2011 年，上海外高桥国际文化服务贸易平台正式由文化部命名为“国家对外文化贸易基地”，由此启动了国家对文化保税区的宏观调控程序。2012 年，北京歌华文化发展集团与北京天竺综合保税区共建北京国际文化贸易服务中心，成为第二个国家对外文化贸易基地。2013 年，深圳开始设立文化保税区。

我国文化领域的开放采取的是稳中求进的方式，不同于市场经济完善的发达经济体，我国创新发展的文化保税区模式是具有中国特色的实践探索和

① 《北京“文化保税区”：减免税费　护航进出口》，http：//culture. people. com. cn/n/2015/0328/c172318 –26763308. html。

创新。上海外高桥保税区起步早，发展步伐坚实。北京天竺综合保税区虽起步较晚，但发展强劲。就目前而言，上海外高桥保税区和北京天竺综合保税区走在前列。

1. 北京天竺文化保税区

“文化保税区”实行“境内关外”的监管方式，进口艺术品在保税区，企业不用缴纳关税，节省了大量成本，便于面向国内外市场组织销售。在此之前，国外能够提供文化艺术品保税服务的国家只有瑞士、美国。而北京的“文化保税区”是我国首家提供类似服务的海关特殊监管区。[①]

作为全国文化中心的首都北京，近年来大力推动文化创意产业和对外文化贸易的发展。虽然相关服务平台建设起步没有上海早，但是发展迅速、有声有色。其平台建设除了功能拓展外，区域扩张是其一大特点。

2011 年，北京国际文化贸易服务中心开建，该中心是由北京歌华文化发展集团与北京天竺综合保税区管委会合作，“北京文化保税区”建在天竺综合保税区内，以“园中园”的形式建立而成。园区主要有三个功能区，分别是国际文化商品展示交易中心、国际文化仓储物流中心、国际文化贸易企业集聚中心等。2014 年 8 月，北京文化保税区正式开园。涉及诸多包括文化产品与文化服务等交易服务。打破了交易与否都要交税模式，不发生交易不用交税。

天竺文化保税区建成之后，将成为绘画、雕塑、图书、影视产品、设计产品、动漫网游、舞台设备等展示交易中心，成为国际文化商品的体验中心以及以文化商品交易所的身份为中国资本参与国际文化产品的大宗交易提供便利。[②] 同时，保税区已经成为落实保税政策的服务平台，文化产品与文化服务能够在这里享受到免除进出口许可证的待遇，不再需要通过一部分报关环节，文化产品与服务的国际转运效率得到提高。另外，保税区范围内的企业间交易，可以申请免征交易税。同时，在保税区内，进口货物不征税，出

---

① 《艺术中国：首批 592 件艺术品入北京文化保税区》，http：//bj. orgcc. com/news/44433. html。

② 《全国首个“文化保税区”下月在北京开建》，http：//www. lawtime. cn/info/shuifa/sfdt/2011102166878. html。

口货物可退税，企业能够享受到国内唯一空港保税区的特殊政策。这一文化保税区将成为未来亚洲规模最大的文化产品集散中心。

2. 上海外高桥保税区

早在2007年，上海外高桥保税区的成立拉开了筹建上海国际文化服务贸易的帷幕，2011年11月，该平台成为文化部命名的全国首个“国家对外文化贸易基地”。

上海外高桥保税区成立最早，也是众多保税区中成绩最好的一个。2010年，上海外高桥保税区在《金融时报》旗下的FDI杂志中被评为世界自由贸易区综合排名第一。上海外高桥保税区的建立是为了加强保税区之间的联系互动，从而能够更好地为上海经济社会发展做出贡献。早在2009年11月18日，上海综合保税区正式揭牌成立，标志着上海港洋山港区、外高桥港区、浦东机场空港，以及洋山保税港区、外高桥保税区、浦东机场综合保税区“三港三区”联动工作开始启动，为向自由贸易区发展铺平道路。[①] 而上海国际文化服务贸易平台就设在外高桥保税区，拥有10万平方米的物理载体和服务配套设施，利用保税区“进区备案、区内自由、结算灵活”的优势，已吸引国内外60余家中外文化企业入驻。

上海国际文化服务贸易平台所获得的成绩主要来源于园区实行的多项“先试先行”政策。首先，入驻平台的文化企业能够利用保税区的优势作为海关的特殊监管区域，文化产品与服务进出口区保税的特殊政策得到实施，实现“文化的保税”。为了强化激励，新进入的文化类企业，其实现的增加值、营业收入、利润总额，浦东新区地方财力部分两年内给予100%的补贴，其余年度给予50%的补贴；在保税区内，文化类企业可以自由开设外汇账户和人民币账户，外汇收入可全额留存，不实行强制结汇制度，允许自行购汇，方便企业的业务运作。[②] 此外，文化“走出去”专项扶持资金由上海市委宣传部与浦东新区人民政府共同设立，资金用于大力支持平台对国内

① 《上海：综合保税区坚持先行先试　口岸环境持续优化》，《解放日报》2011年11月10日。

② 《上海综合保税区十二五财政扶持政策》，https：//max. book118. com/html/201710330198003545. shtm。

外文化市场的开发与开拓，致力于为企业创造更多补贴性优惠。目前，平台已与40多家国际、国内文化机构建立了合作关系，还建立了保税仓库和物流服务体系，加快了口岸通关速度，致力于建设完整的文化“走出去”服务链，聚集文化产品“走出去”服务贸易提供商、文化服务贸易商、文化产品国际采购商，以及保险、拍卖、经纪等延伸服务机构，成为一个促进文化服务贸易发展的综合性服务平台。[①] 2013年，国务院正式批复建设中国（上海）自由贸易试验区为上海文化保税探索提供了难得的机遇。

依据当前中国实践，对外文化贸易服务平台指的是为了推进文化贸易的发展而建立起来的集信息提供、政策扶持、业务推动、经营管理等多种功能于一体的综合性服务机构或管理部门。它依托具体条件设立，呈现出公司、基地、保税区、自由港等空间实体与虚拟平台演进交织的形式，其内涵和外延伴随文化贸易的发展不断变化拓展。对外文化贸易服务平台在沟通、展示、促进中国对外文化贸易发展、加强中国与世界文化沟通交流联系等方面具有重要的作用。

3. 深圳前海和福田保税区

作为中国首个获得“设计之都”以及首个“国家创新型城市”称号的深圳，自从十多年前在文化部支持下创办文博会以来，一直致力于国家文化走出去，开拓文化新局面，也力求发挥作为经济特区、改革开放试验田的重要作用。深圳文化产业与对外贸易发展可谓如火如荼，也成为华南地区文化经济的排头兵。2005年，在文化部的支持下，深圳设立了国家对外文化贸易的理论研究基地。目前，深圳对外文化贸易服务平台已经初步建立起较为完整的体系，涉及中国（深圳）国际文化产业博览交易会（国际文化贸易展示交易平台）、创意城市网络文化交流合作平台、深圳文化产权交易所（国际版权交易中心）、中国文化产业投资基金（文化创意产业国际投融资服务中心）等四大功能平台，是深圳市已在运作的成熟平台资源。

---

① 《沪国际文化服务贸易平台先行先试　扶持文化“走出去”》，http：//mews. sina. com. cn/c/2011－06－01/151722569896. shtml。

2013 年 7 月，深圳市政府印发了《深圳保税区域转型升级总体及行动方案》，其中提及要在前海和福田保税区大力支持保税文化产业的发展。这也意味着打造国家保税文化贸易基地、推动文化保税是深圳的保税区转型升级的重要方向之一。

（二）北京文化保税区的特色

1. 基地的文化服务平台相对全面

首都国家对外文化贸易基地与上海、深圳基地相比，有着突出的特色和优势。它身处全国文化中心，依托空港和文化集聚园区，在运行机制的创新方面有着巨大的空间。国家对外文化贸易基地打造五大服务平台：北京国际文化艺术保护中心、国际文化贸易信息服务中心、国际文化贸易金融服务中心、口岸型文化交易平台、文化保税综合服务中心，为基地内外企业提供文化贸易综合服务。①

北京国际文化艺术保护中心是在国家文物局、市文物局指导支持下建设，利用意大利政府贷款进行专业设备和软性服务的建设。北京文保中心致力于建设成为以文化遗产和艺术品为主要服务对象的、最具权威性的独立第三方实验室，将依托北京文化艺术口岸，形成全球有影响力的文化遗产保护技术中心。中心可为文化艺术品的进出境、展览展示、交易活动提供检测，还可提供评估、鉴定、修复等服务；可为首都和全国文化艺术品收藏机构、个人提供市场化、商业化服务。这是北京建设文化艺术口岸、全球文化财富管理中心、宝石交易所的关键所在。

国际文化贸易信息服务中心利用云计算、物联网、大数据、移动互联等新一代信息技术，提升保税区文化贸易服务能力、创新文化贸易新模式、培育文化贸易新业态。中心依托基地优势资源，坚持“立足园区、服务北京、面向全国”的发展方向，着力打造面向国际国内文化创意产业和文化贸易领域云数据中心，支持全国对外文化贸易企业的云服务中心，促进国际国内

① 《国家对外文化贸易基地　打造五大服务平台》，http：//www. gehua. com/html/gehuajidi/html/park_ service/fwnr/。

文化创意产业信息化人才交流与培训的人才中心。成为国家对外文化贸易基地对外合作与交流的窗口，成为国际国内数字文化内容集成分发业务和文化产业综合信息化应用服务的重要平台。

口岸型文化交易平台，创设以进出口贸易、转口贸易及保税服务为核心特征的北京文化艺术品口岸交易所，为全球文化艺术产品交易机构提供公开交易的综合服务平台。交易所将依托北京文化艺术口岸，向国内其他保税区及境外自由港扩展保税延伸服务，与文化艺术行业参与主体共建一个覆盖全球的自由共享的文化艺术营商环境及口岸市场。北京文化艺术品口岸交易所通过建立规范标准，便利文化贸易，通过形成文化产品集约型平台的方式树立国家文化口岸形象。创设北京宝石交易所，推动多产业及跨区域的融合发展，建设国际宝石交易基准市场，建立国际宝石交易规则与模式，形成国际宝石贸易全球定价影响力。

文化保税综合服务中心为入区企业和区外企业提供关务、物流、进出口贸易、相关增值服务等多方面的服务。重点发挥保税区独有的功能优势和政策优势，致力于建设打通影视行业、设计行业国际国内两个市场的国际影视贸易中心、国际设计贸易中心等平台。

2. 文化保税区业务拓展创新一枝独秀

国家对外文化贸易基地的建设与文化保税区的推进几乎是重合并同步的。文化保税区最为直接的业务功能是税收减免。

以北京文化保税园（文化保税区中的“园中园”）为例，其涵盖宝石、艺术品、影视、设计贸易和仓储物流五大服务。保税园打破交易与否都要交税模式，不发生交易不用交税；引进文物修复设备，海外文物运入不用报关，更便捷；提供保税储存仓库，可直接转运，避免进出关麻烦；制订宝石贸易规则，引导宝石进出口标准化、规范化；提供设备保税租赁，分次摊销关税，降低演出成本。当然，还可以根据文化产品的一系列特点，包括产品创意、产品设计等方面进行政策资源整合和制度上的创新，促进专门应用于文化对外贸易的保税形式的出台。“文化保税区”实行“境内关外”的监管方式，进口艺术品在保税区，企业不用缴纳关税，节省了大量成本，便于面向国内外市场组织销售。在此之前，国外能够提供文化艺术品保税服务的国家只有瑞士、美国。而北京的“文化保税区”是我国首家提供类似服务的海关特殊监管区。[①] 作为全国文化中心的首都北京，近年来大力推动文化创意产业和对外文化贸易的发展。虽然相关服务平台建设起步没有上海早，但是发展迅速、有声有色。其平台建设除了功能拓展外，区域扩张是其一大特点。

大山子文化保税中心则是继天竺保税区之后，在文化保税区区位选址和功能延伸方面的又一次可贵尝试。2012 年 11 月，北京大山子文化保税中心成立，包括以 798 艺术区为核心的约 6 平方千米范围。该中心同样由北京歌华文化发展集团在海关总署、文化部、北京市委市政府支持下筹备建设。保税中心一期建设以文化公共保税仓库和保税展厅为主，可以为区内创意生产、贸易企业提供仓储、中转、物流、保管等系列保税服务；二期将推动建设物理围网和电子管理的海关监管区域，增强区域内生产、加工、展示、交易、金融服务保税功能；三期建设将积极拓展对整个大山子艺术区及全市文化创意产业提供文化保税服务，从而带动北京文化进出口贸易发展。[②]

3. 基地服务平台有强大的支持功能

目前，国内主要的文化保税区同时也是我国重要的对外文化贸易基地，它们在业务拓展创新的同时正发挥着重要的服务平台功能。其一，文化保税区在吸引大量文化企业入驻的同时，也为集聚在区内的文化企业提供各种便利和服务。其二，为国内外文化企业发展搭建起文化贸易、文化交流等功能信息平台。如面对我国对外文化交流日益增多，相关服务却难以满足市场需求的状况，文化保税区可以提供保管、养护、信息沟通等各种支持服务。其三，为我国资本深度参与国际文化产品制作提供平台，国内文化制作企业可以依托文化保税区深度参与外国文化产品的制作和加工。

---

① 《艺术中国：首批 592 件艺术品入北京文化保税区》，http：//bj. orgcc. com/news/44433. html。

② 《全国首个文化保税中心在京揭牌》，http：//www. xinhuanet. com/politics/2012 - 11/03/c_113596970. htm。

四　北京文化保税政策

（一）税收优惠

保税港区内可以开展下列业务：

1. 存储进出口货物和其他未办结海关手续的货物；
2. 国际转口贸易；
3. 国际采购、分销和配送；
4. 国际中转；
5. 检测和售后服务维修；
6. 商品展示；
7. 研发、加工、制造；
8. 港口作业；
9. 经海关批准的其他业务。

海关对保税港区与境外之间进出的货物实行备案制管理，对从境外进入保税港区的货物予以保税。从保税港区运往境外的货物免征出口关税。保税港区与境外之间进出的货物，不实行进出口配额、许可证件管理。对于同一配额、许可证件项下的货物，海关在进区环节已经验核配额、许可证件的，在出境环节不再要求企业出具配额、许可证件原件。

凡在顺义区纳税，且无其他特殊政策约定，自营业年度起，每年对企业按当年实现税收的区级财政收入留成部分的50%予以奖励，用于企业发展和员工福利。

（二）物流、通关、仓储便利化

促进空港贸易便利化。依托首都机场及天竺综合保税区，围绕口岸物流和大通关平台两个关键环节，通过流程再造、资源整合和政策创新，实现国际贸易在口岸运作环节的便利化，建设具有国际先进水平的空港贸易便利化示范区，推动航空枢纽港建设，进一步促进首都临空经济发展。①

实施“预报核放”，提高检验检疫通关效率；建立首次检验、登记核销管理模式，促进保税租赁、展示、拍卖业务发展；大力推进“即查即放”的现场查验放行模式；提供审批、备案“一站式”服务；给予24小时×7天预约服务便利措施。保税港区货物不设存储期限。但存储期限超过2年的，区内企业应当每年向海关备案。

（三）展览展示支持

经保税港区主管海关批准，区内企业可以在保税港区综合办公区专用的展示场所举办商品展示活动。展示的货物应当在海关备案，并接受海关监管。为国际服务贸易交易会、国际科技产业博览会等品牌会展提供优质的通关服务，加强展览品事中事后监管，积极解决通关环节有关问题。

（四）外汇结算

推进文化贸易投资的外汇管理便利化，确保文化出口相关跨境收付与汇兑顺畅，满足文化企业跨境投资的用汇需求。支持文化企业采用出口收入存放境外等方式提高外汇资金使用效率。简化跨境人民币结算手续和审核流程，提升结算便利，降低汇率风险。鼓励境内金融机构开展境外项目人民币贷款业务，支持文化企业从事境外投资。

区内与境内区外之间货物贸易项下交易，可以以人民币或外币计价结算；服务贸易项下交易应当以人民币计价结算。区内机构之间的交易，可以以人民币或外币计价结算；区内行政管理机构的各项规费应当以人民币计价结算。②

（五）鼓励外商投资

鼓励金融租赁公司利用境内综合保税区、自由贸易试验区现行税收政策

① 《北京海关支持北京市服务业扩大开放综合试点若干措施》，http：//www.scio.gov.cn/xwfbh/xwbfbh/wqfbh/35861/36994/xgzc37000/document/1559433/1559433.htm。

② 《国务院关于加快发展对外文化贸易的意见》，http：//www.wenming.cn/syjj/sp_syjj/201403/t20140317_1808983.shtml。

和境外优惠政策，设立专业子公司开展金融租赁业务，提升专业化经营服务水平。天竺综合保税区文化保税园允许外商投资者独资设立演出经纪机构，在全市范围内提供服务。

进一步下放外商投资企业登记审批权限，探索开展服务业企业跨区域登记工作，在全市逐步实现“就近办理、跨区登记”的通办服务。①

（六）金融支持

加快建立多层次、多元化企业融资服务体系，形成促进企业良性发展的长效机制。对处于创业期的企业，积极引导风险投资基金、私募股权投资基金投向临空经济区创业期企业；鼓励银行创新金融产品，建立绿色通道，为高新技术企业提供便捷服务；积极发展小额贷款公司，拓宽企业贷款担保渠道。

对处于成长期的企业，搭建政银企金融服务平台，对符合政策的企业给予固定资产贷款贴息和补助，引导企业通过集合票据、集合信托等渠道融资。

对处于成熟期的企业，鼓励利用资本市场，引进战略投资者、私募股权投资基金，扶持经营状况好、有市场、有规模、有专利、有品牌的企业上市直接融资，在企业改制、上市辅导和发行阶段给予奖励，促进资本市场的“顺义板块”做大做强。②

推动文化金融创新，在国家政策允许的情况下推动离岸金融试点工作，逐步引进外资文化艺术保险、文化艺术基金，尝试设立离岸文化投资基金和致力于投资文化艺术的民营银行等金融机构，探索建设文化金融服务贸易口岸。积极争取金融政策支持，引导金融机构为基地提供结售汇、外币兑换、跨境结算、清税、融资租赁等方面的专业服务。逐步开展文化贸易的仓单质押融资、贸易融资、保险代理、外币清分业务，引导基地内的文化企业使用发行集合债券等直接融资工具。③

---

① 《国务院办公厅关于促进金融租赁行业健康发展的指导意见》，http：//www.gov.cn/zhengce/content/2015－09/08/content_ 10147.htm。

② 《顺义区关于进一步优化临空经济区发展政策环境的若干意见》，http：//www.investshunyi.bjshy.gov.cn/policy/show－209.aspx。

③ 《北京市人民政府、文化部关于加快国家对外文化贸易基地（北京）建设发展的意见》，https：//wenku.baidu.com/view/523cdf560c22590102029dd7.html。

（七）人才支持

由区人力社保局、市公安局顺义分局为入区企业提供人事人才服务。天竺综保区管委会对入区企业的高级人才发放“顺义绿卡”，由顺义区总部企业高管人员服务中心落实相关服务。绿卡发放数量由企业所实现的区级财政收入额度确定。鼓励高级人才到天竺综保区从事科技创新活动，天竺综保区管委会优先协助其申请国家和北京市各项鼓励科技创新的资金支持。对于天竺综保区入区企业引进的高级人才，区人力社保局优先推荐其配偶及子女就业。

加强高管人员激励。经认定的企业高管人员，按其所缴个人工薪收入所得税的40%予以奖励。经认定的重点企业，可适当放宽奖励范围。企业上年度累计获得的企业高管激励资金，应从其上年度纳税形成区级财政留成部分列支，总额不超过企业上年度纳税形成区级财政留成部分的6%，支持企业人才引进。①

（八）办公经营配套支持

入区企业在天竺综保区自建用房（含办公、生产、仓储等）的，给予适当扶持；在天竺综保区购买用房的，按1500元/平方米的标准给予一次性补贴，最高补贴面积不超过10000平方米（含本数）；在天竺综保区租赁用房的，从起租之日起，前3年租金分别按市场价格的50%、30%和20%给予补贴。

天竺综保区管委会在天竺综保区内设立“一站式”服务大厅，集中办理各类行政许可事项及其他事项，实行一个窗口受理、集中办理、限时办结、跟踪服务等制度，并设置专人具体负责行政许可事项及其他事项的办理工作。为入区企业提供工商注册、税务登记、外汇登记等相关服务，以及工商年检、报税、统计、优惠政策兑现等协调服务。

入区企业享有以下优惠措施与服务：积极协调市、区属融资担保机构，解决企业贷款融资需求；区人力社保局为企业办理养老、失业、工伤、生育

① 《顺义区关于进一步优化临空经济区发展政策环境的若干意见》，http：//www. investshunyi. bjshy. gov. cn/policy/show－209. aspx。

和基本医疗保险提供便捷服务；为法律、会计、保险、银行等行业提供集中办公场所，方便企业办理相关业务。

充分挖掘利用存量资源，鼓励航空服务、金融、文化创意、软件信息及总部型、设计研发等企业入区发展，年纳税形成区级财政留成部分在 300 万元人民币以上的，给予如下奖励。

第一，租赁办公用房的，从起租之日起，前 3 年租金分别按照市场价格的 50%、30% 和 20% 予以补贴。第二，购买办公用房的，按照 1500 元/平方米的标准给予奖励，总额不超过 2000 万元人民币。第三，购买闲置资产的，参照购买办公用房企业的政策执行。第四，租赁或购买用房等不直接占地经营企业，还可按照如下标准享受奖励：自第一个完整的财政年度起，上年度纳税形成区级财政留成 300 万元人民币以上的，对企业按区级财政留成部分的 20% 予以奖励；上年度纳税形成区级财政留成 500 万元人民币以上的，对企业按区级财政留成部分的 30% 予以奖励；上年度纳税形成区级财政留成 1000 万元人民币以上的，对企业按区级财政留成部分的 50% 予以奖励。

加强企业住房支持。积极帮助企业解决高管和员工住房问题，对上年度纳税形成区级财政留成 300 万元人民币以上的，可给予相应住房支持。[①]

（九）鼓励跨境电子商务

跨境电子商务零售进口商品的单次交易限值为 2000 元人民币，个人年度交易限值为 20000 元人民币。在限值以内进口的跨境电子商务零售进口商品，关税税率暂设为 0%；进口环节增值税、消费税取消免征税额，暂按法定应纳税额的 70% 征收。超过单次限值、累加后超过个人年度限值的单次交易，以及完税价格超过 2000 元人民币限值的单个不可分割商品，均按照一般贸易方式全额征税。[②]

---

① 《顺义区关于进一步优化临空经济区发展政策环境的若干意见》，http：//www. investshunyi. bjshy. gov. cn/policy/show－209. aspx。

② 《关于跨境电子商务零售进口税收政策的通知》，http：//www. zgrlcs. com. cn/show. asp？id＝3802。

五　北京文化保税区的发展趋势

首都国家对外文化贸易基地与上海、深圳基地相比，有着自身突出的特色优势和相对的劣势和局限。它身处全国文化中心，依托空港和文化集聚园区，在运行机制的创新方面有着巨大的空间。要充分利用各方面的优势和条件提高基地运作效率和竞争力。

（一）扩大禀赋优势，强化融合机制

推进优势发挥特色，不断扩大贸易行业领域，形成具有国内外影响力的文化贸易基地。在创新文化保税实践过程中，要进一步开发利用文化资源，发挥并扩大人才、技术等方面的比较优势。通过科技引领、渗透，产业集聚、示范，政策扶持、引导等措施，促进文化与科技、文化与不同行业的融合。一方面，推进对外文化贸易领域静态比较优势向动态比较优势，乃至竞争优势转化，尤其是已经颇具规模和竞争力的文化制造业，将其做大做强，培育具有世界影响力的跨国文化制造企业；另一方面，推动新兴文化行业，特别是特色文化服务行业的成长。所谓特色，一是通过融合产生的新行业，能够代表新技术、新产业发展方向；二是体现文化经济发展潜力和文化产业高度的行业领域。在此基础上，通过保税等多种方式加大文化企业品牌、产品和服务品牌的建设力度，努力培育对外文化贸易中的国际知名品牌。要在文化保税区建设过程中积极推动城市文化贸易发展，将文化与城市经济贸易发展密切结合、融为一体，着力打造具有国内外影响力对外文化贸易，如创意设计、数字出版、平面媒体、网络游戏等行业中心和基地。

（二）创新管理模式，拓展交易机制

推动灵活高效的对外文化贸易系统建设，形成具有国内外辐射力的对外

文化贸易促进平台。要大力弘扬改革创新的精神，依据文化保税及对外文化贸易实际，创新贸易及保税管理模式——不仅加强文化进口贸易及保税的管理，更要强化文化贸易出口及保税的管理，丰富管理思路和手段，尤其是在保税实践过程中针对文化产品和服务的贸易定价、贸易渠道、贸易促进和交易机制等方面，探索科学的管理方式，如艺术品海外贸易、文化版权贸易以及利用现代网络科技等开展的跨境交易。全力推动以文化产品和服务价值链和产业链为线索的从创作生产到跨国交易的迈进，整合相关管理部门和第三方机构、社会组织等职能的灵活高效的对外文化贸易及保税系统建设。特别要重视文化中介机构的建设，同时，要依托现有的文化展会，形成具有国内外辐射力的对外文化贸易促进平台。

（三）科学规划布局，加强合作协调

促进对外文化贸易行业联盟和联席机制稳定，形成具有国际竞争力的对外文化自贸自由贸易试验区。对外文化贸易及文化保税实践发展绝非一个城市的事情。在文化经济全球化的背景下，必须要有区域集群、规模和竞争力的概念。因此，要依据各城市文化经济、地缘文化状况，科学引导文化行业发展和保税区空间布局，强化协作协同效应，形成以不同都市圈为核心，辐射腹地经济的文化产业、对外文化贸易分工竞合的空间格局。同时，要努力推动相关城市、区域建设稳定的对外文化贸易和文化保税行业联盟和联席机制，加强对内、对外合作协调。

（四）注重顶层设计，创新政策措施

打造全方位的对外文化贸易支持体系，形成特色彰显、资源共享、协同创新的有序完善的文化贸易市场竞争格局。国务院《关于加快发展对外文化贸易的意见》将对外文化贸易发展提升到国家战略，并且提出了较为系统的推进措施，成为我国促进对外文化贸易发展的极为重要的指导性文件。在实践中，一方面要落实文件精神，更重要的是以文件为引导，从我国当前对外文化贸易和文化保税发展实际，注重顶层设计，以其他相关文件和规划

为依据，制定专门的对外文化贸易发展规划，打造涉及财税、人才等全方位更加体现文化保税区域发展实际的对外文化贸易支持体系以及与文化企业相关的创新激励体系、风险保障体系和协调服务体系。要大力发展包括民营经济在内的多种文化所有制，鼓励个人、企业等从事文化保税贸易，形成特色彰显、资源共享、协同创新的有序完善的文化保税和对外文化贸易市场竞争格局。

参考文献

《北京对外文化贸易基地在天竺综合保税区开园》，http：//www. bjshy. gov. cn/Item/63740. aspx。

李嘉珊、任爽：《“一带一路”战略背景下海外文化市场有效开拓的贸易路径》，《国际贸易》2016 年 2 月 20 日。

《国务院关于加快发展对外文化贸易的意见》，《辽宁省人民政府公报》2014 年 4 月 23 日。

《联合国教科文组织发布报告称中国成文化产品最大出口国》，《人民日报》（海外版）2016 年 3 月 11 日，第 4 版。

季琼：《基于工业区位论的北京文化保税区区位优势分析》，《中国市场》2016 年第 4 期，第 92 ~95 页。

《艺术品保税，别成了地产华丽的“黄袍”》，http：//news. ifeng. com/gundong/detail_ 2013_ 03/25/23480806_ 0. shtml。

《北京“文化保税区”：减免税费　护航进出口》，http：//culture. people. com. cn/n/2015/0328/c172318 -26763308. html。

《艺术中国；首批 592 件艺术品入北京文化保税区》，http：//bj. orgcc. com/news/44433. html。

《全国首个“文化保税区”下月在北京开建》，http：//www. lawtime. cn/info/shuifa/sfdt/2011102166878. html。

《上海：综合保税区坚持先行先试　口岸环境持续优化》，《解放日报》2011 年 11 月 10 日。

《上海综合保税区十二五财政扶持政策》，https：//max. book118. com/html/20171/0330198003545. shtm。

《沪国际文化服务贸易平台先行先试　扶持文化“走出去”》，http：//news. sina.

com. cn/c/2011 - 06 - 01/151722569896. shtml。

《国家对外文化贸易基地　打造五大服务平台》，http：//www. gehua. com/html/gehuajidi/html/park_ service/fwnr/。

《全国首个文化保税中心在京揭牌》，http：//www. xinhuanet. com/plitics/2012 - 11/03/c_ 113596970. htm。

《北京海关支持北京市服务业扩大开放综合试点若干措施》，http：//www. scio. gov. cn/xwfbh/xwbfbh/wqfbh/35861/36994/xgzc37000/document/1559433/1559433. htm。

《国务院关于加快发展对外文化贸易的意见》，http：//www. wenming. cn/syjj/sp_syjj/201403/t20140317_ 1808983. shtml。

《国务院办公厅关于促进金融租赁行业健康发展的指导意见》，http：//www. gov. cn/zhengce/content/2015 - 09/08/content_ 10147. htm。

《顺义区关于进一步优化临空经济区发展政策环境的若干意见》，http：//www. investshunyi. bjshy. gov. cn/policy/show - 209. aspx。

《北京市人民政府、文化部关于加快国家对外文化贸易基地（北京）建设发展的意见》，https：//wenku. baidu. com/view/523cdf560c22590102029dd7. html。

《关于跨境电子商务零售进口税收政策的通知》，http：//www. zgrlcs. com. cn/show. asp？ id = 3802。

B.15

北京服务业扩大开放试点对文化服务发展的影响

《首都文化贸易发展报告（2018）》课题组

摘　要： 文化服务是北京市服务业扩大开放试点领域中重要的部分，北京服务业试点的实行加大了对文化服务的开放和优惠，使得北京文化服务的转型升级有了质的提升，产业标准不断向国际化的标准看齐，外资和民营资本对文化服务的参与度越来越高。可以说，北京服务业扩大开放试点对文化服务的发展有着重大的意义，并且，对北京文化服务产业和贸易在微观行业上也有很大的促进作用。本文主要介绍在试点开放过程中，采取的与文化服务直接相关的政策措施，并就一些措施的影响和促进作用进行详细解读。

关键词： 服务业　文化服务　北京

北京是全国目前唯一一个服务业扩大开放综合试点城市，自 2015 年 5 月经国务院批复同意开展试点期为三年的服务业扩大开放综合试点，希望通过放宽市场准入、改革监管模式、优化市场环境等开放政策，在北京的实践过程中形成能够在全国范围内复制和推广的宝贵经验。北京市在成为试点城市之后，确定了六大服务领域作为试点的重点发展领域，包括科学技术、互联网和信息、文化教育、金融、商务和旅游、健康医疗等方面，以面向全球的姿态，进行有步骤、有重点的服务产业的开放与合作。由于北京市试点工作进行顺利，2017

年6月25日，国务院再次批复《深化改革推进北京市服务业扩大开放综合试点工作方案》，这意味着北京市的试点工作开始进入全新的升级版的阶段。服务业扩大开放试点的尝试不仅向世界展示了我国愿意主动开放市场、为各国提供贸易平台、推动全球互惠发展的态度，也对我国的服务业整体水平的提升有巨大的探索意义。当今世界，服务化趋势日益明显，这种探索更加切合服务业和服务贸易发展的内在规律，更好地满足国家全方位主动开放的要求。

一 选择北京为试点城市的优势

北京作为全国政治中心、文化中心、国际交往中心、科技创新中心，既有着丰厚的历史人文底蕴、优质的人才储备资源，又拥有完善的城市基础设施和相对成熟的产业基础，因此被确定为全国第一个和目前唯一一个服务业扩大开放试点城市有其特有的优势。

首先，优势之一便是北京的产业结构。北京的经济结构由服务业主导。服务业已经成为整个北京经济发展的重要组成部分，服务业比较发达，各种业态齐全，国际化程度较高。在这种情况下，北京更具有代表意义，也符合与国际接轨的试点需求。其次，北京的服务业市场在国际上具有一定的吸引力和竞争力，作为试点城市可以更强烈地引起国际市场的反响。并且，北京作为一个国际化的市场，是国际交往的中心之一，拥有很旺盛的服务需求，北京生产性的服务业比较发达，很具有吸引力。更重要的是，外国投资者对于北京的服务市场实际上是非常看重的，中国利用外资在服务领域的比重日趋提升，这说明国际投资者对北京消费市场还是非常感兴趣的，我们需要进一步扩大开放，以提升对国际投资者的吸引力。最后，由于北京在服务业改革和发展方面有一些经验，在一些局部区域和一些重点行业进行试点，为建设北京整个服务业扩大开放的综合试点奠定了一定的基础，并且，中国（北京）国际服务贸易交易会从2012年开始知名度越来越高，在国务院的关心支持之下连续办了三届，现在的品牌知名度得到了大幅度提升，成为北京服务业的一个标志性展会。因此，从这三个方面来看，北京作为服务业的试点的优势不仅在于自身服务市场的吸引力和服务业改革发展的基础，而且具有相对高的国际竞争力。

二　北京服务业扩大开放试点对文化服务的意义

文化服务是北京市服务业扩大开放试点领域中重要的部分，北京服务业试点的实行加大了对文化服务的开放和优惠，使得北京文化服务的转型升级有了质的提升，产业标准不断向国际化的标准看齐，外资和民营资本对文化服务的参与度越来越高。可以说，北京服务业扩大开放试点对文化服务的发展有着重大的意义。实际上，我国的文化服务相比出口一直剧增的文化产品，国际竞争力非常弱，在一般情况下，几乎可以忽略不计。如何提升文化服务贸易的发展，提高我国在国际市场的占有率，让文化贸易平衡发展，成为一道难题。“开放促进国内改革”是北京服务业试点带来的新路径和新突破口。

（一）汇聚各方力量，发展文化服务

北京在试点方案中提出发展文化服务的主要思想建立在培育具有高水平的文化团体和创意人才，形成具有引领作用的龙头企业，建成有核心竞争力的产业集聚区以及打造展现中国文化自信和首都文化魅力的文化品牌基础之上，构建统一开放、要素集聚、竞争有序的现代文化市场体系。[①] 这一整体的规划需要各方面的部门给予大量的支持。

在科技融合方面，融合科技产业促进技术创新和产品研发是文化服务业继承历史文化、连接当代生活、开创未来可能性的核心，因为内容是决定文化服务业质量的重要标志，而科技能够给传统的、现代的文化服务行业带来更多的呈现方式。并且，积极运用云计算、大数据、物联网和移动

① 《北京市委、市政府印发〈关于推进文化创意产业创新发展的意见〉的通知》，中央人民政府，2018 年 7 月 5 日，http：//www. gov. cn/xinwen/2018 -07/05/content_ 5303724. htm。

互联网等新一代信息技术，能够积极推动基地跨境文化电子商务的发展，为文化服务的贸易提供更多的便利性。在资金支持方面，不仅充分发挥财政资金的杠杆作用和税收政策促进作用，而且，更注重给予民营资本最大的自由、给予外资更多开放的利好政策，同时，积极开展文化金融创新行动，探索文化金融融合发展模式，确保文化服务业在发展的过程中能够有源源不断的资金支持和保障。在海关跨境方面，建立健全文化贸易标准体系，依托文化保税区和对外文化贸易基地，尽可能提高通关便利性，以市场的方式推出中国文化。在法律法规方面，进一步加强对知识产权的保护，重视知识产权的运营服务，帮助企业进行海外知识产权维权活动以及知识产权托管等。总而言之，由于北京服务业开放试点的运行，各个部门紧密地联系在一起，为优化构建高端文化服务产业体系，开展产业促进行动奠定了坚实的基础。

（二）集中攻克文化服务金融难题

在金融方面，文化服务有着与一般服务业相似的困境，甚至更加严重。试点在金融方面的尝试和创新，给予文化服务业在资金上很大的自由探索空间。试点方案鼓励金融机构充分考虑对外文化贸易的特点，依托国家文化产业创新实验区和文化金融合作示范区，先行探索文化金融融合发展模式，促进金融产品、服务模式创新，打造国家文化金融创新高地。健全完善文化创意产业投融资服务体系，鼓励文创企业合理利用债券、票据、定增、并购等资本市场工具，扩大直接融资规模。开通文创企业上市“绿色通道”，建立拟上市、新三板挂牌企业储备库，培育资本市场的“北京文创”板块。探索建设北京市文创企业股权转让平台，促进文化版权和文创企业股权的交易或流转。鼓励金融机构设立支持文化创意产业发展的专业性机构或业务部门，积极推动文创银行建设。实施“投贷奖”联动，发挥财政资金放大效应，撬动社会资本服务文化创意产业。鼓励保险机构加强文化创意产业保险产品创新，积极开展知识产权、影视、演艺、体育、会展、旅游等方面的保险保障服务，完善文化企业无形资产评估、产权交易体系和担保机构建设。[①] 开发符合文化企业特点的信用评级和信用评价方法，通过直接担保、再担保、联合担保、担保与保险相结合等方式为文化企业提供融资担保服务，多渠道分散风险。[②]

2017 年，北京市在文化财政金融领域实现诸多创新：一方面，在文化财政领域，不断完善各区文化创意产业发展专项资金的管理，创新了文化消费支持方式，细化文化财政扶持政策，同时，联合金融机构实实在在地助力了中小微文化企业发展；另一方面，在文化金融领域，银行不断深化文化产业金融方面的服务，充分利用众筹的方式推动传统文化产业的发展，将 PPP 模式灵活运用到服务文化产业，让资本在文化产业中“活”起来。然而，目前依然存在两个需要持续关注的问题：第一是由于文娱行业领域资本市场波动较大，需要谨慎投资，不能盲目投资已经处于红海市场的文化产业项目，还要防止“投机取巧”，企图通过并购完成“空壳上市”，或者单纯为了股价上涨进行毫无意义的资产重组；第二个是对于中小微文化企业“短、小、频、急”的融资需求，以及抵押物少、信用评级低的特点，还需要寻找更合适的金融服务模式，拓宽更合理的融资路径。

（三）全面提高贸易便利性

海关的支持对于文化服务的进口和出口有着非常重要的影响。海关对服务业便利性的普遍提高，为支持服务业扩大开放营造良好环境。以前，口岸作业部门效率不高，“提货难、集港慢、易出错、效率低”的现象非常普遍，申报数据传输和回执缓慢，口岸作业效率低下，口岸收费项目繁多，各种缴费窗口纸质交接易出错，人工跑单成本高。海关通过单一窗口建设，无

① 《北京市委、市政府印发〈关于推进文化创意产业创新发展的意见〉的通知》，中央人民政府，2018 年 7 月 5 日，http：//www. gov. cn/xinwen/2018 －07/05/content_ 5303724. htm。

② 《北京市人民政府办公厅关于加快发展对外文化贸易的实施意见》，北京市人民政府办公厅，2016 年 3 月 11 日，http：//zfxxgk. beijing. gov. cn/11001/szfbgtwj/2016 －03/11/content_ 7dofooeb511a4dc9bad26b562ed9c51b. shtml。

纸化通关等一系列积极的改革尝试，在国际贸易中实现多种简便申报功能，大力清理不合理收费行为，提高服务效率，大幅降低综合成本，并且，积极探索跨境电子商务政策创新，在跨境电子交易、支付、物流、通关等环节中，探索技术标准、业务流程、监管模式和信息化建设等方面的新思路、新举措，推动利用保税进口模式开展跨境电商业务。

在北京海关支持北京市服务业扩大开放综合试点采取的措施中，直接相关的文化教育服务领域的利好政策有以下四项。第一，积极拓展保税展示业务发展，允许符合条件的企业在海关特殊监管区域及保税监管场所内开展与文化创意等产业相关的保税展示活动，允许企业在向海关提供相应担保后在区外指定场所开展保税货物展示。第二，推动国家对外文化贸易基地发展。以国家对外文化贸易基地为依托，鼓励国际知名文化企业入区操作，支持中国海外文物回流，吸引文化艺术品评估、鉴定、修复、仓储等配套服务产业入区发展，促进中外文化艺术品交流。[①] 第三，推进北京宝石交易中心建设，支持开展宝石实物交易业务，带动加工、设计、拍卖、展览等上下游服务产业链协同发展。第四，支持文艺演出“走出去”。对社会信誉好、品牌价值高的本土文化艺术团体实行信任式管理，对境外演出人员、道具和器材给予通关便利。当然，对于商务和旅游领域的政策，包括提升会展业国际化水平，深化境外旅客购物离境退税政策试点，做好 72 小时过境免签海关监管，[②] 深化旅检渠道监管改革等，都为文化服务的贸易带来了巨大的便利性。

（四）知识产权的运营和保护得到重视

在北京市服务业扩大开放综合试点的措施中，知识产权作为贯穿各个

① 《北京市人民政府文化部关于加快国家对外文化贸易基地（北京）建设发展的意见》，《北京市人民政府公报》2014 年第 27 期。

② 《北京海关支持北京市服务业扩大开放综合试点若干措施的通知》，国务院新闻办公室，2015 年 12 月 11 日，http：//www. scio. gov. cn/xwfbh/xwbfbh/wafbh/35861/36994/xgzc37000/document/1559433/1559433. htm。

服务行业的重要组成部分得到很高的重视。在第一阶段和第二阶段中，提出要建设全国知识产权运营公共服务平台，以市场化方式开展知识产权运营服务；并且，建立知识产权海外维权援助服务平台，帮助企业应对和规避知识产权海外风险；突破性地建立北京市重点产业知识产权运营基金；鼓励知识产权服务机构开展境外服务，积极引导科研院所、高校和企业在境外申请专利；出台《进一步推动首都知识产权金融服务工作的意见》，促进知识产权与金融进一步融合；特别是对于中小微企业，不断推动知识产权托管扶助工作；最重要的是建立健全知识产权保护长效机制，打击各类侵权行为。

北京 12330 开展海外知识产权维权援助工作让很多中国的企业受益匪浅，在发生海外知识产权纠纷时，由于对当地法律环境的陌生，语言上面临的困境，以及经常会伴随不菲的诉讼成本，加上企业本身较为薄弱的维权能力，很多企业普遍都有畏难情绪。从 2013 年到 2017 年，接受过北京 12330 维权援助公共服务的项目总数达 28 个，领域覆盖信息技术、生物医药、新材料、新能源、高端装备制造等北京市大力培育和发展的战略性新兴产业、重点产业。2017 年，北京 12330 还指导筹建了北京海外知识产权保护联盟。该联盟由从事海外诉讼维权、投资并购等服务的律师事务所、代理机构、评估机构及“走出去”的企业共同发起成立，旨在整合国内外高端知识产权维权服务资源，广泛开展国际知识产权法律研究、海外知识产权风险防范和应对研究及培训等。①

三　北京服务业扩大开放试点对文化服务的微观影响

北京服务业试点的各项措施对文化服务的各行各业都有所涉及，具体地给予了很多利好的政策和开放的条件，为出版、演艺、影视等文化服务核心

① 《开展海外知识产权维权援助北京 12330 护航企业运行》，国家市场监督管理总局，2017 年 7 月 19 日，http：//www. sipo. gov. cn/mtsd/1072054. htm。

行业提供了良好的发展环境，为优秀文化作品、文化资源的“引进来”和“走出去”打通了更加便利和快捷的渠道。以下是北京在开展服务业扩大开放综合试点城市过程中，对文化服务各个方面的影响。

（一）民营企业参与对外出版，政府专项资金保驾护航

在北京市服务业扩大开放综合试点第一阶段试点措施清单里，由北京市新闻出版广电局牵头的一项措施是推进非公有制文化企业参与对外专项出版业务试点。这个措施是源于党的十八届三中全会中提出的允许非公有制文化企业参与对外出版的精神，国家新闻出版广电总局据此于2014年10月出台了《非公有制文化企业参与对外专项出版业务试点办法》。[①] 在实行这一措施之前，对外专项出版权仅是部分国有企业的“专利”，民营企业并没有对外出版权。

北京华语联合出版有限责任公司通过国家新闻出版广电总局印发的《关于同意北京联合出版有限公司与北京时代华语国际传媒股份有限公司联合设立有限责任公司方案的批复》和《关于同意设立北京华语联合出版有限责任公司从事对外专项出版权业务的批复》，成为第一家获得对外专项出版权、由北京市新闻出版广电局主管的公司。国有企业北京联合出版有限公司只占有20%的管理股，新公司拥有对外专项出版权，北京时代华语国际传媒股份有限公司因此成为第一个参与对外出版的民营企业。北京华语联合出版有限责任公司的第一个项目是在2015年底推出《文化苦旅》、《古建筑之美》（全十册）、《中国之谜》等系列图书的英文版，通过英格拉姆公司面向中国境外全渠道发行；同时，全面启动版权输出代理业务，希望打造全国首家中国版权输出基地。

民营企业和国家企业的联合，极大地激发了企业的活力，通过充分利用国际上优秀的版权资源，通过国际化运作的代理公司体系，使中国图书版权

① 《非公文化企业参与对外专项出版试点启动给予新公司从事对外出版的专项出版权明确实行特殊管理股制度》，《中国新闻出版报》2014年10月13日，http：//www.gapp.gov.cn/news/1656/228785.shtml。

输出从零敲碎打迈向整体化规模化，实现根本性提升，使以图书版权为主导的中华文化对外输出实现战略性突破。这是允许民营企业参与对外出版的重大举措，在我国出版史上具有里程碑式意义。北京市还展开了京津冀对外专项出版试点工作，计划在北京和河北寻找有意向的民营企业，与北京的企业合作，成立更多的混合所有制出版企业。

另一项在北京扩大服务业开放工作中与出版业相关的重大举措和成果是政府设立的海外出版扶持专项资金。为充分发挥首都全国文化中心、国际交往中心的示范引领作用，促进北京市出版业“走出去”提质增效，北京市新闻出版广电局与市财政局从 2016 年起，对出版业版权输出、境外投资、走出去平台建设的项目，设立了 3000 万元的提升北京市出版业国际传播力奖励扶持专项资金，扶持评审通过的项目，大力支持中国出版物在海外出版，并建设了全国首个提升出版业国际传播力项目库，从而加大对“走出去”项目的引导、孵化和培育。

（二）展播季走出国门，合拍片引进资源

电影电视业也是北京市的服务业扩大开放试点中、文化服务领域里成果显著的一项。其中，由北京市新闻出版广电局主办的影视剧展播活动对中国电视剧“走出去”有重大的影响。借助北京丰厚的影视资源，北京优秀影视剧海外展播季平台通过展示北京影视产业优势、特色和实力，分享优秀影视作品，为中国和国外的影视文化机构提供更多文化交流机会，促成中国与其他国家在影视合拍、版权保护、市场开发、科技共享、展播展映、人才培训等方面进行广泛深入的合作，为推动中国影视繁荣发展和对外交流交往做出贡献。

四大时代集团是北京影视剧展播在非洲的有力承办方，其已在非洲 30 个国家注册了公司，累计发展 800 多万用户，基本形成了覆盖泛非地区的星地结合的无线数字电视网络体系。“2017 北京影视剧非洲展播季”是北京影视剧非洲展播的第四届，将《咱们相爱吧》《奋斗》等 8 部优秀北京影视剧带去非洲，全年度将有 17 部中国电影和 400 集中国电视剧，以英、法、葡、

斯瓦西里、豪萨、约鲁巴和乌干达等7个语种播出。[①] 不仅让广大的赞比亚观众认识到中国的变化，感受到现代化的都市气息，同时，也拉近了两国人民的距离，促进了中赞两国民众的文化交流。同时，随着“一带一路”建设的推进，中国和欧洲各国之间经济文化交流与合作日益紧密。2017年9月，由北京市新闻出版广电局主办、北京百恒盛天文化传播有限公司承办的“北京优秀影视剧俄罗斯展播季”分别在莫斯科和圣彼得堡举行展映《大雪冬至》《剃头匠》《我这一辈子》等浓郁呈现京味文化和市井生活的影片，反映了中国自改革开放以来巨大的发展与变化。2017年“北京优秀影视剧海外展播季·英国”，北京市新闻出版广电局精选了电影《大鱼海棠》《全民目击》《金太狼的幸福生活》，电视剧《平凡的世界》《牡丹亭》《花千骨》，电视纪录片《指尖上的传承》《中国文化之旅》《亚投行之路》等22部作品，在英国普罗派乐卫视展播。英国广大电视观众得以感受中国博大精深的传统文化，体验日新月异的当代中国。这不仅为中英建立大使级外交关系45周年和北京与伦敦结好11周年献上大礼，也将为推动两国人文交流合作做出积极贡献，加强两国在影视领域的深度合作。

为了加强国内外文化企业交流合作，进一步繁荣文化市场，在北京市新闻出版广电局牵头下，北京对北京市文化企业与国内外机构合作建设、改造电影院、合拍影视剧十分鼓励和支持，并为企业购买版权、出口影视文化作品提供便利。截至2017年底，中国已经与韩国、印度、新加坡、比利时、法国等20个政府间签署了电影合拍协议，并且，这个数字还在持续拓展增加中，2017年，有84部合拍片获取电影局批准立项。可以直观感觉到的是，越来越多的合拍片出现在中国市场上，例如，《湄公河行动》《狼图腾》《功夫瑜伽》《功夫熊猫》《金刚：骷髅岛》《长城》等。而在国家新闻出版广电总局每年批准的约40部中外合拍电影中，北京的占比在半数以上。鼓励合拍片由境内外制片公司联合制作，

① 《北京：双向开放　文化服务业好戏连台》，中央人民政府，2016年9月26日，http://www.gov.cn/xinwen/2016-09/26/content_5112021.htm。

不仅能够在拍摄和发行阶段获得国外政府和市场的支持，而且更有利于中国的电影制作方更多地接触和学习国外一流的制片理念和技术，提升影片质量，从而推动本国电影产业发展。

同时，北京市也进一步放开政策，允许外资来京开办影城，精简注册环节，提供利好环境，并且，鼓励和引导外资与本市文化企业合作建设、改造电影院，优化审批程序，降低市场准入门槛，还为市场主体提供补贴。在一年时间内，包括卢米埃影城长楹天街店、万科店，以及 CGV 国际影城亦庄店在内的 3 家外资影院在京开业。目前，北京市已经拥有 25 家外资影院，其中，京港合资 20 家，中韩合资 4 家，香港独资 1 家。①

（三）演艺业开放引进独资外企

在北京服务试点措施中，对演艺业影响最大的是由北京市文化局牵头的一项政策：选择文化娱乐业聚集的特定区域，允许设立外商独资演出经纪机构，在北京范围内提供服务。在此之前，外商只能通过合资、合作经营方式投资演出经纪机构，而且，必须是内地合作者拥有经营主导权。而实施方案允许选择文化娱乐业聚集的特定区域，让外商独资投资演出经纪机构，在北京市域范围内提供服务。这意味着大量优质外国文化产品、娱乐形式和文化领域的人才将有机会流通和聚集到北京，开拓文化市场。类比于 2013 年上海自贸区允许设立外商独资演出经纪机构和娱乐场所，在试验区内提供服务，美国百老汇知名演艺经纪机构倪德伦环球娱乐公司在上海自贸区注册成为中国首家外商独资演出经纪机构，已经计划在沪运营管理四至五家 2000 座左右的剧院，与更多国内演艺制作企业携手合作，期待将上海打造成为未来的“东方百老汇”。

从消费市场来说，北京的市民将有机会“零时差”地欣赏到来自国外著名剧院的精彩戏剧，并且，戏剧价格由于去掉了很多中间成本而变得更加

① 《北京：双向开放　文化服务业好戏连台》，中央人民政府，2016 年 9 月 26 日，http：//www.gov.cn/xinwen/2016－09/26/content_5112021.htm。

亲民。从供给市场来说，外商独资经济机构进入后，可能会引入更多一手的演出资源，会让演出市场更加丰富。同时，致力于打造走出去和走进来的双向平台，不但要引入国际上最知名的戏剧，而且要借助在海外成熟的推广、运营经验，把中国优秀的节目推出去。

（四）国家对外文化贸易基地逐步进入角色

国际对外文化贸易基地（北京天竺综合保税区·文化保税园区）位于北京顺义区天竺综合保税区内，是中国首个文化保税园区，由文化部正式授牌，是立足北京、服务全国、在国际文化竞争与合作格局中发挥重要引领作用的综合型文化贸易服务平台和国际口岸型产品市场、要素市场，也是北京服务业扩大开放试点中的重要措施。其战略定位是首都文化创意产业功能区的示范区、国家对外文化贸易体制的创新实验区、国家文化贸易的专属口岸、我国文化走出去的能力培养区。

按照北京市委、市政府的部署，北京市文化投资发展集团于 2017 年 7 月全面负责国家对外文化贸易基地发展工作，新设成立北京文投国际控股有限公司作为基地的投资建设和运营管理主体。基地围绕“一带一路”发展倡议和文化发展战略要求，发挥空港保税政策、功能和服务优势，以国际文化贸易企业集聚中心、国际文化产品展览展示及仓储物流中心、国际文化商品交易服务中心三个功能区为国内外文化机构提供展示体验、交流推广、交易交割、孵化培育、融资投资与仓储物流等国际化服务。基地的建设发展立足北京、服务全国、面向世界，致力于将其打造成为全球文化展示、交流和交易中心。

文化保税区最为直接的业务功能是税收减免。文化保税区在进出口、区内企业间交易等方面具有独特的关税豁免、增值税和消费税免除、所得税减免、保税和出口退税等税收优惠，从而降低了文化生产和贸易的成本。此外，文化保税区可为文化企业提供进出口通关、物流、仓储、担保、交割、结算等全流程保税服务。境外文物或艺术品通过文化保税中心进入国内展示，可以有效简化手续、降低成本。天竺文化保税区建成之后，计划成为绘画、雕塑、图书、影视产品、设计产品、动漫网游、舞台设备等展示交易中心，成为国际文化商品的体验中心以及以文化商品交易所的身份为中国资本参与国际文化产品的大宗交易提供便利。同时，保税区将成为落实保税政策的实体服务平台，文化企业及其产品在这里能够享受免进出口许可证的待遇，节省一部分报关环节，提高文化产品的国际转运效率。另外，在保税区内发生的企业间交易，还可免征交易税。除此以外，在保税区内，进口货物不征税，出口货物可退税。同时，企业还可享受国内唯一空港保税区的特殊政策。这一文化保税区将成为未来亚洲规模最大的文化产品集散中心。

四 结语

北京市服务业的试点工作推进了文化服务领域的有序开放，涉及文化服务的措施具有很大的开放力度，也非常具有针对性。例如，在国家法律法规允许范围内，鼓励国内外著名文化创意、制作、经纪、营销机构与北京市文化企业合资合作；在特定的区域内，允许外商投资者独资设立演出经纪机构，在全市范围内提供服务；鼓励试点著作权、专利权、商标权等无形文化资产的融资租赁；创新文化服务海外推广模式，支持以传统手工技艺、武术、戏曲、民族音乐和舞蹈等为代表的非物质文化遗产与旅游、会展相结合的商业开发模式；借助知名艺术节、友好城市、文化机构，开展境外巡演、艺术品展览等商业化运作；探索以市场化方式将北京文化庙会推向世界。进一步精简文化、新闻出版广播影视行政审批事项，降低文化市场经营主体准入门槛，简化审批程序；鼓励北京市文化企业与国内外机构合作建设、改造电影院，合拍影视剧；鼓励广播影视、新闻出版等企业以项目合作方式进入国际市场。推进非公有制文化企业参与对外专项出版业务试点等。通过加强对外投资管理体制改革、完善市场监管和营商环境、强化国际人才保障、推动金融领域改革开放和提升贸易便利化水平，文化服务的整体水平有了质的提升，形成有效竞争的市场结构，推动管理水平和创新能力的提升。

五　附录：北京市服务业扩大开放综合试点与文化服务相关措施

1. 北京市服务业扩大开放综合试点第一阶段试点措施清单

直接相关政策				
序号	试点措施	措施未推出前	国家有关部门	市级牵头单位
1	选择文化娱乐业聚集的特定区域，允许设立外商独资演出经纪机构，在北京市范围内提供服务①	允许港澳投资者设立合资、合作、独资经营的演出经纪机构，其他外商投资者仅限合资、合作经营，且投资比重不得超过49%，内地合作者拥有经营主导权	文化部、商务部	北京市文化局
2	在扩大中外合资旅行社开展出境旅游业务试点中，支持在京设立并符合条件的中外合资旅行社从事除台湾地区以外的出境游业务②	外商投资旅行社不得经营中国内地居民出境旅游业务以及赴港澳台旅游的业务，但国务院决定或者我国签署的自由贸易协定和内地与香港、澳门关于建立更紧密经贸关系的安排另有规定的除外	国家旅游局、商务部	北京市旅游委
3	鼓励广播影视、新闻出版等企业以项目合作方式进入国际市场③	全国均没有相关奖励扶持专项办法		北京市新闻出版广电局
4	推进非公有制文化企业参与对外专项出版业务试点	党的十八届三中全会提出允许非公有制文化企业参与对外出版，国家新闻出版广电总局于2014年10月启动试点工作，并出台了《非公有制文化企业参与对外专项出版业务试点办法》，自2014年10月1日起执行	国家新闻出版广电总局	北京市新闻出版广电局
间接相关政策				
1	在符合相关法规的条件下，允许外资金融机构设立外资银行、民营资本与外资金融机构共同设立中外合资银行	根据《外商投资产业指导目录（2015年修订）》，限制外商投资银行	银监会	北京市金融局、北京市银监局

① 《深化北京市服务业扩大开放综合试点任务清单》。

② 《北京市服务业扩大开放综合试点总体方案》。

③ 《北京市服务业扩大开放综合试点总体方案》。

续表

间接相关政策				
序号	试点措施	措施未推出前	国家有关部门	市级牵头单位
2	简化境外投资核准程序,实行以备案制为主的管理模式	国家发展改革委、商务部和升级发展改革及商务主管部门对境外投资实行核准制	商务部、国家发展改革委	北京市商务委、北京市发展改革委
3	支持中关村示范区创造条件开展公募股权筹融资试点,探索形成社会资本(含外资)投向科技型、创新性、创业型企业的资本筹集机制	中关村示范区只开展了私募股权众筹项目,未开展公募股权众筹项目	证监会、中国人民银行	中关村管委会、北京市金融局
4	进一步下放外商投资企业登记审批权限,探索开展服务业企业跨区域登记工作,在全市逐步实现"就近办理、跨区登记"的通办服务①	外商投资企业办理工商登记,均由市工商局办理	国家工商总局	北京市工商局
5	全面简化服务业企业准入流程,推进全程电子化登记,实现"三证合一、一照一码"②	新设企业必须依次申请办理工商营业执照、组织机构代码证和税务登记证	国家工商总局	北京市工商局
6	在中关村示范区实行服务业工商登记制度先行先试改革	名称登记管理制度实行以登记机关为主题的登记审查方式;企业名称不得使用阿拉伯数字	国家工商总局	北京市工商局
7	依托北京高精尖产业发展基金,推进新一代移动互联网、自主可控信息系统、云计算与大数据等领域的重点企业、项目发展	此前未设立该专项基金		北京市财政局、北京市经信委
8	依托北京市外经贸发展引导基金和外经贸担保服务平台,对北京市服务业"走出去"项目提供基金支持	未设置外经贸发展引导基金和担保服务平台		北京市商务委、北京市财政局

① 《北京市服务业扩大开放综合试点实施方案》。

② 《北京市服务业扩大开放综合试点实施方案》。

续表

间接相关政策				
序号	试点措施	措施未推出前	国家有关部门	市级牵头单位
9	建立“开放北京”公共信息服务平台。依托互联网和信息化技术,建设集内外贸公共服务、双向投资公共服务、人才公共服务及相关配套服务等于一体的综合公共信息服务平台①	未设立统一的开放公共信息平台	商务部	北京市商务委
10	创新科技企业境外投资管理制度,简化中关村企业外汇资本金结汇手续	企业境外直接投资需经外汇管理部门核准,外商投资项下资本金结汇由外汇管理部门逐笔审批,银行凭外汇部门核准件办理	商务部	北京市商务委、北京市发展改革委、国家外汇管理局北京外汇管理部、中关村管委会
11	促进空港贸易便利化,启动快件渠道跨境电商试点,优化通城航班业务运作模式,运营商务旅客自助通关业务	对于快件渠道入境的跨境电商产品按照普通快件监管;选择“通城航班”的旅客,在其托运行李机检图像出现异常被布控后,海关和检验检疫部门需手工拦截旅客本人或其委托人到机场接受开箱查验,查验完成后才能转机,由于行李传输速度慢于旅客转机速度,极易造成旅客延误;未开通自助通关业务	海关总署、国家质检总局	北京市海关、北京市国检局
12	为在北京市的总部企业提供全国范围的一揽子通关服务②	从2014年7月1日开始,实施京津冀区域通关一体化改革,京津冀三地企业可实现跨区通关	海关总署	北京市海关
13	深化72小时过境免签政策,将北京口岸部分外国人72小时过境免签停留时间延长至144小时,并允许北京口岸过境免签外国人的活动范围扩大到河北、天津	自2013年1月1日起,北京对部分持有第三国签证的外籍人士实行72小时过境免签政策	国家旅游局、公安部	北京市旅游委、北京市公安局

资料来源:首都之窗,http://zhengwu.beijing.gov.cn/zwzt/fwykd/zcwj/csqd/t1468424.htm。

① 《北京市服务业扩大开放综合试点实施方案》。

② 《北京海关支持北京市服务业扩大开放综合试点若干措施》。

2. 北京市服务业扩大开放综合试点第二阶段试点措施清单

序号	试点措施	措施未推出前	国家有关部门	市级牵头单位
1	探索以市场化方式将“北京文化庙会”推向世界	已在台湾地区举办两届“北京文化庙会”	文化部	北京市文资办
2	推动北京市建设全国中医药服务贸易示范市，建立以国际市场为导向的中医药服务贸易促进体系①	中医药服务贸易促进体系有待进一步完善	国家中医药管理局	北京市中医局
3	在北京市和海外建设一批中医药服务贸易示范基地，将朝阳区建成北京中医药服务贸易示范区②	建设中医药服务贸易示范区对促进中医药服务贸易发展、弘扬中医药文化具有重要促进作用。目前，基地建设有待进一步发展	国家中医药管理局	北京市中医局
4	打造中医健康旅游示范基地和旅游路线	北京市优质的中医资源与旅游资源的融合尚不充分	国家中医药管理局	北京市中医局
5	发挥中医药服务贸易龙头企业的示范引领作用，拓宽海外市场推广渠道，梳理中医药服务的国际品牌	中医药海外发展路径不畅，海外市场有待拓展	国家中医药管理局	北京市中医局
7	建设全国知识产权运营公共服务平台，以市场化方式开展知识产权运营服务	尚未建立全国性知识产权运营公共服务平台	国家知识产权局	北京市知识产权局
8	建立知识产权海外维权援助服务平台，帮助企业应对和规避知识产权海外风险③	北京12330开展海外知识产权维权援助工作三年来，已为14家企业提供了16次海外知识产权维权援助，支持多家企业成功应对海外知识产权纠纷，援助项目的产业涵盖新一代信息技术、生物医药、新能源、新材料等北京市重点培育和发展的战略性新兴产业领域	国家知识产权局	北京市知识产权局

① 《北京市服务业扩大开放综合试点实施方案》。

② 《北京市服务业扩大开放综合试点实施方案》。

③ 《关于企业海外知识产权维权援助平台建设工作方案》。

续表

序号	试点措施	措施未推出前	国家有关部门	市级牵头单位
9	建设北京市重点产业知识产权运营基金	尚无北京市重点产业知识产权运营基金	国家知识产权局、财政部	北京市知识产权局、北京市财政局
10	深化首都科技条件平台建设，推动基础设施共建共享	北京没有统一的科研设施设备共享平台，数量众多的科研院所、企事业单位的科研设备设施无法实现共享共用	科技部	北京市科委
11	试点著作权、专利权、商标权等无形文化资产的融资租赁①	文化企业具有“轻资产、高风险”的特点，通过传统渠道融资比较难	国家版权局	北京市文资办
12	建立健全服务消费统计指标体系，引导服务经济转型升级	相关统计待完善	商务部	北京市统计局
13	推动国家对外文化贸易基地建设	国家对外文化贸易基地业务模式有待拓展，资金压力有待进一步释放	海关总署	北京海关

资料来源：首都之窗，http：//zhengwu. beijing. gov. cn/zwzt/fwykd/zcwj/csqd/t1468415. htm。

3. 北京市服务业扩大开放综合试点第三阶段试点措施清单

序号	试点措施	措施未推出前	国家有关部门	市级牵头单位
1	鼓励知识产权服务机构开展境外服务，积极引导科研院所、高校和企业在境外申请专利	知识产权服务机构人员少，业态单一，提供高端咨询、国际化服务的能力差；科研院所、高校和企业在境外申请专利数量少	商务部	北京市知识产权局

① 《北京市服务业扩大开放综合试点实施方案》。

续表

序号	试点措施	措施未推出前	国家有关部门	市级牵头单位
2	贯彻国务院、文化部关于审批制度改革的文件部署，取消文化市场经营主体设立和经营活动审批事项中所涉及的提供“资金证明”“财产评估报告”等中介机构出具的申报材料。取消“中外合资、合作经营的演出经纪机构设立”“中外合资、合作经营的演出场所经营单位设立”两个初审事项	在经营主体设立和经营活动事项审批中，需由申请单位提供由中介服务机构出具的“资金证明”“资产评估报告”。“中外合资”“合作经营的演出场所经营单位设立”由市文化局进行初审后，再由文化部进行终审	文化部	北京市文化局
3	精简新闻出版广播影视行政审批事项，取消包括可录类光盘、广播电台电视台变更台标等4项审批事项	“可录类光盘生产设备引进、增加与更新审批”、“地市级、县级广播电台电视台变更台标审批”、“可录类光盘企业视力”和“广播电台、电视台开办群众参与的广播电视节目审批”等4项行政审批事项；未开展京津冀跨省网上联合审批	国家新闻出版广电总局	北京市新闻出版广电局
4	设立中欧电影基金，支持中欧制片人共同制作影视和娱乐内容	中欧影视文化产业具有广阔的合作空间，有待进一步密切合作与交流		北京市文资办
5	鼓励北京市文化企业与国内外机构合作建设、改造电影院，合拍影视剧①	加强国内外文化企业交流合作，有利于进一步繁荣文化市场	国家新闻出版广电总局	北京市新闻出版广电局

① 《北京市服务业扩大开放综合试点实施方案》。

续表

序号	试点措施	措施未推出前	国家有关部门	市级牵头单位
6	创新文化服务海外推广模式,支持以传统手工技艺、武术、戏曲、民族音乐和舞蹈等为代表的非物质文化遗产与旅游、会展相结合的商业开发模式	文化服务海外推广模式有待创新、商业化程度不足		北京市文化局
7	借助知名艺术节、友好城市、文化机构,开展境外巡演、艺术品展览等商业化运作①	境外巡演、艺术品展览以政府部门牵头开展为主,商业化程度不高		北京市文化局
8	鼓励外商投资旅游业,参与商业性旅游景区(景点)开发建设,推动北京环球主题公园建设②	缺乏地标性的、大型主题公园建设项目	国家旅游局	北京市旅游委、北京市发展改革委
9	编写北京旅游咨询中心建设实施方案,修订旅游咨询服务中心设置与服务规范,规范存量咨询站,提升新增咨询站亮点和特色,探索咨询站监管新模式	咨询服务中心建设的标准化程度有待进一步提高,咨询站发展不平衡,运营保障较为困难,作用发挥不明显,存在“僵尸”站点		北京市旅游委
10	支持世界旅游城市联合会发展,充分发挥联合会的平台作用,加强与国际旅游组织合作,完善北京市旅游宣传推广体系,推动北京成为重要的入境游市场	北京及中国旅游在世界旅游的话语权、影响力需进一步提升,受周边国家(地区)间旅游目的地竞争加剧等多种因素影响,北京入境游市场面临较大的竞争压力		北京市旅游委

① 《北京市服务业扩大开放综合试点实施方案》。

② 《北京市服务业扩大开放综合试点实施方案》。

续表

序号	试点措施	措施未推出前	国家有关部门	市级牵头单位
11	出台《进一步推动首都知识产权金融服务工作的意见》,促进知识产权与金融进一步融合	没有专门促进知识产权金融服务工作的系统性文件		北京市知识产权局
12	推动中小微企业知识产权托管扶助工作	小微企业普遍缺乏知识产权意识和能力,通过托管扶助促进开展知识产权工作的企业不断增多,进而促进小微企业知识产权工作不断加强		北京市知识产权局
13	建立健全知识产权保护长效机制,打击各类侵权行为	打击侵犯知识产权和制售假冒伪劣商品工作统筹协调机制有待完善		北京市商务委、北京市工商局、北京市知识产权局、北京市文化执法总队
14	创新会展、拍卖等服务业企业所需国际展品、艺术品等的监管模式	海运进境展览品需经转关运至北京关区,环节多、耗时长、成本高;主要监管作业集中于进出境缓解,少部分到货晚、有问题的展览品会影响参展		北京海关、天竺综保区管委会

资料来源:首都之窗,http://zhengwu.beijing.gov.cn/zwzt/fwykd/zcwj/csqd/t1468415.htm。

4. 北京市服务业扩大开放综合试点第四阶段试点措施清单

序号	试点措施	措施未推出前	国家有关部门	市级牵头单位
1	允许外商投资音像制品制作业务(限于在北京国家音乐产业基地、中国北京出版创意产业园区、北京国家数字出版基地内开展合作,中方应掌握经营主导权和内容终审权)①	禁止外商投资音像制品和电子出版物的编辑、出版、制作业务	国务院	

① 《深化改革推进北京市服务业扩大开放综合试点工作方案》。

续表

序号	试点措施	措施未推出前	国家有关部门	市级牵头单位
2	选择文化娱乐业聚集的特定区域，允许外商投资设立演出场所经营单位，不设投资比例限制[①]	外国投资者可以与中国投资者依法设立中外合资经营、中外合作经营的演出经纪机构、演出场所经营单位；不得设立中外合资经营、中外合作经营、外资经营的文艺表演团体，不得设立外资经营的演出经纪机构、演出场所经营单位[②] 设立中外合资经营的演出经纪机构、演出场所经营单位，中国合营者的投资比重应当不低于51%；设立中外合作经营的演出经纪机构、演出场所经营单位，中国合作者应当拥有经营主导[③]	国务院	
3	选择文化娱乐业聚集的特定区域，允许外商投资设立娱乐场所，不设投资比例限制	外国投资者可以与中国投资者依法设立中外合资经营、中外合作经营的娱乐场所，不得设立外商独资经营的娱乐场所	国务院	

资料来源：首都之窗，http：//zhengwu. beijing. gov. cn/zwzt/fwykd/zcwj/csqd/t1468415. htm。

参考文献

王明亮：《北京：双向开放：文化服务业好戏连台》，中央人民政府，2016 年 9 月 26 日，http：//www. gov. cn/xinwen/2016 －09/26/content_ 5112021. htm。

《北京市服务业扩大开放综合试点实施方案》。

《关于企业海外知识产权维权援助平台建设工作方案》。

《深化改革推进北京市服务业扩大开放综合试点工作方案》。

《国务院关于深化改革推进北京市服务业扩大开放综合试点工作方案的批复》。

《营业性演出管理条例》。

① 《国务院关于深化改革推进北京市服务业扩大开放综合试点工作方案的批复》。

② 《营业性演出管理条例》第十条第一款。

③ 《营业性演出管理条例》第十条第二款。

比较与借鉴篇

Comparison and Reference

B.16
芝加哥：传统工业型城市的文化转身

杨树霞*

摘　要： 芝加哥不仅是美国中部的重要经济城市，而且是全球重要的文化创意城市。芝加哥依靠其丰厚的文化资源、积极的城市规划政策、大批高素质人才等优势，从传统型工业城市成功转型成为创意文化城市。本文介绍了芝加哥城市转型的概况，深入分析芝加哥结合本地优势资源与科技等现代元素，实现巨大经济价值、改善经济产业结构的原因。通过呈现芝加哥从传统工业型城市成为全球文化创意城市的成功历程，分析其驱动力因素，希望对传统产业型城市的转型探索起到一定的帮助作用。

* 杨树霞，北京第二外国语学院交叉学科国际文化贸易（英语语言文学）硕士研究生，国家文化发展国际战略研究院项目研究助理。

关键词： 传统工业　城市转型　文化创意　芝加哥

一　芝加哥城市转型历程概况及发展现状

芝加哥（Chicago）位于美国中西部的伊利诺伊州，是美国第三大城市；临近世界第一大湖密歇根湖，交通运输十分便利；城市人口近300万，是大量黑人、犹太人等居住之地。芝加哥具有多重身份，是美国最重要的铁路枢纽、航空枢纽、全球企业总部、高端商业服务中心，集文化及创意产业、旅游业等产业于一体，对美国经济的发展具有重大的影响力。

（一）芝加哥城市转型历程概况

芝加哥成为美国重要的经济城市，与其在20世纪60年代的美国工业型城市转型时期的成功转身有着直接联系。1837年，芝加哥市成立，传统工商业开始发展，1848年，伊利诺伊－密歇根运河建成，同时，铁路建设受到重视并逐步发展壮大，芝加哥开始成为美国中部的重要交通枢纽，为东西部的运输往来提供了极大的便利，也为本地工商业发展奠定了基础，并逐渐成为中西部重要的工业城市。20世纪50年代，芝加哥工业发展进入黄金时代。然而，由于世界经济结构在1960年代发生巨大变动，美国经济也被迫开始经济转型。在这一历史过程中，芝加哥作为“工业纽带”的核心，与底特律、匹兹堡等煤炭、钢铁重工业城市经历了经济衰退、人口流失、环境恶化等各种困境，其在困境中尝试、探索城市出路长达40年之久，到1990年代，依托美国经济繁荣的大形势，芝加哥最终实现全球性文化创意驱动城市的成功转型，重新成为经济全球化中的重要城市。2001年底，芝加哥的服务业（保险、金融、专业服务等）就业人口占总就业人口的53.5%。[①]其中，商业贸易、展览、旅游、会展服务、媒体等贡献巨大。芝加哥凭借其

---

① REM I 2001。

改革经营管理机制，施行多元化发展策略，引导文化创意产业及相关新兴产业的发展，突出文化资源的利用价值并进行深度开发，共同推动多元经济发展，并成为全球传统型城市产业转化升级、城市规划建设等方面的学习对象。

（二）芝加哥城市发展现状

芝加哥城市的发展进程是曲折的，经历繁荣——衰落——复兴时期，从传统工业型城市迈进国际创意城市之列，其迎来了高速发展的新时期。芝加哥已经成为美国主要的金融、文化、制造业、期货、教育和商品交易中心之一，2010 年，经济总量高达 5320 亿美元，居全美第三，并被评为美国发展最均衡的经济区。[①] 芝加哥的银行和金融机构在商业贷款数额上名列美国全国前 3 名，除此之外，芝加哥对美国谷物和牲畜的价格起到重要的调控作用。芝加哥依靠文化创新等一系列新兴产业复兴的同时，继续保持传统工业发展积攒的有利优势因素，使得经济高速发展、城市环境宜居，经济价值与社会效益相融合。芝加哥拥有世界上成型最早且规模最大的机场群之一，奥黑尔机场是目前世界上最大的机场，2016 年，芝加哥奥黑尔机场、中途机场、罗克福德机场的旅客流量达到 1.012 亿人次，这数据不仅能够表现出芝加哥城市地理位置的优越性，也能够展示其与交通运输及其相关的会展产业、旅游业等产业的良好发展状态。今天的芝加哥是全球性现代服务业大都市，它的成功转型对传统工业城市的未来发展方向提供了良好的示例。

二　文化产业助力芝加哥多元经济发展成为文化创意城市

20 世纪 60 年代之前，芝加哥拥有优越的地理位置，铁路、运河等一系列交通建设，以及周围的工业原料等为芝加哥城市发展商业贸易、制造业等重工业提供了非常有利的条件。但是，以能源消耗、环境污染为代价的重工业在 20 世

① 《芝加哥在美国的重要地位》，http：//www.beimeigoufang.com/newsd/newsdetail_ 20304.html。

纪60年代的美国也不得不进行改革，芝加哥作为美国重要的以钢铁、制造业等传统工业为支柱的工业城市不可避免地出现了一系列的社会问题，20世纪50年代后，芝加哥的传统制造业，尤其是钢铁煤炭等逐渐衰退，导致就业岗位不断减少，20世纪80年代减少15.2万个工业岗位，人口流失非常严重。

面对纷繁复杂的城市发展环境，芝加哥政府通过分析城市的产业结构和税收结构，发现第三产业对经济发展起到重要推动作用，于是采取了一系列措施改善产业结构，重点发展经济效益高、环境危害小的第三产业，同时，支持高端制造业等原有优势产业的发展，经过长期努力，芝加哥最终确立以服务业为主的多元化的经济发展模式（见表1）。

表1　2001年芝加哥市就业结构

单位：%

产业	占就业人口百分比
服务业（金融、保险、医疗、商业、零售）	53.5
工业	9.2
公用事业，交通运输	7.0
非政府组织（社区组织，文化教育）	4.7
其他	25.8

资料来源：张伟庭《为多元化的城市经济创建高质量的城市空间——芝加哥城市发展的一些做法》，《城市规划汇刊》2002年11月20日。

由表1可以看出，服务业在芝加哥产业中占有举足轻重的地位，然而，除了上述金融、保险等方面，芝加哥的建筑、公园、体育、文化艺术等资源十分丰富独特，这些文化资源是文化产业发展的天然优势。目前，芝加哥拥有30个历史保护街区、150幢地标建筑，这是芝加哥不可被复制的独特美丽的标志，除此之外，丰富的艺术生活——例如，歌剧、戏剧、体育等都是芝加哥转型成功的标志。文化产业的属性兼具文化和经济形态，文化产业作为服务业的重要组成部分，特点和优势是绿色环保、高附加值、消费群体广等，能够为城市经济的持续发展提供动力。当前，文化产业越来越成为全球经济发展中的支柱性、引领性产业，成为各国经济增长、文化发展的重要支撑。芝加哥是世界城市中最多元的经济体之一，据统计，地区年生产总值达5300亿美元，在其总额占比中，文化创业产业等相关产业经济产出值多达200亿美元，城市创意经济产出值在全美名列第三，现有的文化创意产业的创新与开发已经获得良好的经济效益。①

芝加哥由传统工业型城市成功转型成为文化创意城市，离不开政府的城市规划、开放政策，文化产业领域的科技创新，人才的培养与引进，市场的合理运行机制等各方面的协同发展。

三　文化产业对芝加哥转型成功的驱动力因素分析

（一）转变城市发展思路，探索经济发展模式

恰当的规划与政策能够促进城市的稳健发展，城市规划与政策是城市发展指挥棒，不断随时代发展而改善发展方案，有利于改善城市发展模式，创新发展思路，促进经济与社会效益双丰收。

在城市发展规划进程中，芝加哥从未停止过探索的脚步。1986年，芝加哥制定了历史上第一个城市文化规划。1995年，在其基础上增加了文化交流活动的内容，并明确提出芝加哥未来发展的目标是成为“有活力的国际文化中心”。2011年，拉姆·伊曼就任芝加哥市第55任市长。在他的领导下，芝加哥商会（WBC：World Business Chicago）成立城市指导委员会，并颁布《芝加哥经济增长与就业指导》（2012）。② 此规划按照“政府主持、专家探索、公众参与和多领域部门配合”的原则，明确提出了区域经济发展的方式，未来产业转型策略等，对教育、环境、安全、经济等方面进行了深入的研究和分析；同时，提出了关于文化及文化产业持续发展的措施，例如，文化活动的策划、文化资产的保护与管理、文化产业与其他产业的融

① 曾葆：《芝加哥公共文化建设的经验借鉴》，《特区实践与理论》2016年5月21日，第95～99页。

② 李海军：《产业转型和就业选择—全球经济背景下的芝加哥应对策略研究》，《国际城市规划》2015年1期。

合、文化活动涉及的群体等各个方面，为芝加哥近几年的发展指出明确的发展方向，提供有力的政策支持。芝加哥出台的《2012 文化发展规划》，作为文化发展的核心文件之一，目的在于促进城市转型发展成为国际创意文化城市。从经济总值来看，文化产业的发展对城市经济和城市建设的作用十分强大。

1. 合理进行空间规划，促进城市区域职能互利发展

准确定位城市区域功能发展方向，能够使城市区域之间互补互利，从而提高整个城市的发展速度。作为一个规划概念，芝加哥大都市区在规划的过程中区分三个区域范围，它们分别是：最大空间单元芝加哥大都市区范围、芝加哥市域范围、最小空间芝加哥中心区。

芝加哥重视中心区域和郊区整体发展。多个规划对中心区和郊区提出了针对性的功能定位，并以城市中心区为核心，充分利用各个区域优势资源，并致力于区域之间互补发展。区域内空间单元形成相互层级关系，并通过经济联系和功能互补协同发展。在芝加哥迈向全球城市区域的过程中，市中心区发展重点集中在金融、科技、文化等方面；而郊区则充分利用物流运输、交通等方面的优势，承担起城市生活服务中心的功能。

2. 加大公共文化建设，带动全民参与文化建设

作为美国第三大城市，芝加哥十分重视公共文化建设，并在全国处于领先地位。在城市转型时期，芝加哥着力建设文化设施，突出“便民性 + 地标性”原则。芝加哥历史文化底蕴十分丰厚，其中，已有 30 个街区被选为历史文化保护单位，此外，150 多处独具特色的地标性建筑是芝加哥在全球拥有的独一无二的宝贵文化资产。便利的公共文化设施遍布于各个居民社区，芝加哥市中心超过 70 个社区更是配备规模和功能各具特色的公共图书馆，在这些图书馆的网页上可以查询到每个图书馆的分馆地址。此外，类型丰富的博物馆、公园等文化景观一起使芝加哥城市沉浸在人文风景的熏陶之中。

当然，在这些惠民的文化建设中，政府充分尊重市民的意见和想法，把社会组织和公众的咨询、参与看作是城市发展一系列政策出台的重要依据，充分发挥公众的智慧、引导企业的资金投入。据统计，芝加哥出台的《2012 文化发展规划》就是全民智慧迸发出来的城市文化发展的重要纲领性

文件，在其第三阶段的公众参与环节约持续6个月的时间，占整个规划过程的一半的时间。美国公共文化服务体系最明显的特点在于强调效率和公平，也就是市场机制下的一种政府财政支出体系，其目的在于政府财政满足最基本的公共文化服务需求的同时，充分发挥市场资源配置的作用，使文化产业更多交付于市场化运作。

（二）促进文化与创新融合，驱动文化市场高速发展

产业与市场存在共生关系，文化产业的繁荣能够有效推动文化市场的高速发展，而文化产业发展的动因主要在于创新。芝加哥在1958年规划到2003年规划再到2011年规划中都包含了芝加哥向国际性的旅游和会展城市发展所做的各方面的探索和策略，并关注文化发展与历史保护，推进与相关产业的融合。芝加哥是一座有着多元文化的城市，它拥有美国4座最高的摩天大楼，多座世界一流的博物馆、剧院，世界著名的交响乐团，灵敏的新闻媒介行业，发达的会展服务体系，以及成熟的体育文化模式。随着芝加哥产业模式不断优化、经济结构不断升级，更加需要文化与旅游融合发展、文化资源与科技融合创新，发挥其对经济发展的强大引擎作用。目前，芝加哥城市创意产出值居美国第三，每年举办超过500场节日活动、2000多场展会，这能够充分带动旅游业、餐饮业以及酒店等行业的发展，创造大量的就业岗位，解决部分就业问题。

1. 文化艺术与旅游业深度融合

文化艺术，从其作用角度分析，既能够在无形当中影响人们的生活和社会环境，也能够化无形为有形使艺术内容成为艺术产品、有经济价值的演绎活动等形式，所以，艺术文化与经济的发展和社会效益息息相关。2017年9月27日，世界旅游组织秘书长Taleb Rifai在祝贺世界旅游日时指出，2016年，有12.35亿名游客跨过国际边界，到2030年，12亿将变成18亿。在全球化时代下，经济发展方式不断变革，旅游业越来越成为经济更优化发展的引擎，成为继化学品和燃料之后的世界第三大出口工业。旅游业的发展离不开城市优秀文化资源的支撑，文化资源同样需要旅游业等平台持续展示其价

值，二者深度结合发展，既能够传承与发扬本地的文化，又能够使文化持续焕发活力创造经济价值，在市场的机制下延续文化最大的生命力。

（1）音乐节活动吸引全球目光

2004 年，芝加哥在美国城市音乐会、音乐演出数量中名列第四位，其门票收入为 8000 万美元，排第 5 名。音乐在芝加哥当地文化中扮演着不可或缺的角色，有几百个音乐俱乐部聚集于此，其风格极为多样，涉及蓝调、爵士乐、Hip-Hop、摇滚乐、电音、古典乐等。芝加哥的音乐节活动具有很大的影响力，每月几乎都会举办音乐节，以 5～8 月份为最频繁时期，经过多年的发展，芝加哥已经形成了多个与音乐相关的全球性品牌，其中，最具代表性的是格兰特音乐节、蓝调音乐节，以及爵士音乐节，体现了芝加哥国际化发展目标与本地性结合的转变。

据 2004 年芝加哥城市音乐产业报告数据，芝加哥地区共有 13000 名居民从事核心音乐产业，其中，近 2000 名是音乐工作者，约 11000 名分布在音乐制作、出版、播放、出售或乐器修理等部门，其音乐就业者数量排美国第 3 名；同时，芝加哥音乐产业花费约 2. 82 亿万美元投入工作者的工资与福利中。

（2）体育水平领先世界

体育是一个城市的名片，城市体育活动的举办、体育运动员的夺冠都会为一座城市冠上响亮的名字，城市会得到更多关注，社会影响力得到提升，有利于带动其整体的发展。芝加哥城市的篮球发展历史享誉全球，于 2017 年第三次赢得 NBA 全明星赛的赛事举办权，2020 年第 69 届 NBA 全明星赛的举办场地选择为芝加哥公牛队的主场——联合中心球馆。芝加哥的城市职业球队拿过美国的四大职业体育联赛的冠军，篮球、棒球、冰球、橄榄球超级碗分别由芝加哥公牛队、小熊队、黑鹰队以及熊队获得，为芝加哥增添了耀目的体育标签。除了球类竞技，马拉松赛跑等也是芝加哥竞技水平的代表，曾多次创造世界纪录。2020 年的 NBA 全明星赛事以及耀眼的体育团队无疑将为芝加哥城市的旅游业带来更多的财富，此外，也为体育用品销售行业、餐饮业、酒店服务业、媒体传播等一系列相关的产业带来新的商机，与此同时，也能够大大提高城市的知名度，提升芝加哥城市的国际化品牌形象。

芝加哥的音乐、体育、剧院等文化艺术活动吸引着全球各地的旅客，在其创造财富的同时，也提高了芝加哥的国际影响力，使芝加哥成为美国重要的国际交往和交流中心之一。

2. 文化产业与科技创新深度融合

（1）公园、博物馆迸发现代魅力

芝加哥拥有 582 个公园、200 多家剧院。26 英里湖岸的 580 座公园让芝加哥成为户外运动的天堂。公园不仅代表着可供休闲的绿色空间，同样可以创造娱乐效应，展示其自然与科技的完美融合，其中，最著名的公园当属千禧公园。千禧公园的三大标志是露天音乐厅、皇冠喷泉和云门，它们是后现代建筑的典型代表，由巨大网架建造的容量巨大的音乐厅展现当代追求视觉冲击力的建筑风格；相对而视的两座喷泉外表为 15 米高的显示屏幕，交替播放 1000 个市民笑脸，每隔一段时间市民口中会喷出水柱，为游客带来许多惊喜；云门像一面球形的哈哈镜，既映照城市上空，也映照处在下面的人。

芝加哥博物馆种类十分丰富，其中，美国三大博物馆之一芝加哥艺术博物馆，修建于 1891 年，收集的展品类型极为丰富，涉及绘画、雕塑、建筑、纺织等，其藏品的时间跨度由公元前 3000 年古埃及的古陶乃至当代的波普艺术，涉及的地理范围有欧洲、亚洲、非洲、美洲等；芝加哥科学与工业博物馆，是世界上最大的科学博物馆之一，在馆内人们能够参观第二次世界大战缴获的德军潜水艇。

（2）“议会之城”云集多领域先进技术

会展行业是服务业活动的重要组成部分，对城市的经济增长乃至综合发展具有重要意义，逐渐成为衡量一个城市开放程度和发展潜力的重要标志之一。它不仅能够为城市创造直接的经济效益，包括场地租赁费、搭建装饰费、运输费等，并且为交通、旅游以及餐宿等提供有利的商机，增强与其他城市及地区之间的贸易往来和强强合作关系。芝加哥的会展行业历史悠久，展馆众多，现已成为全球重要的会展文化品牌之一。每年有超过2000个专业展览和会议在芝加哥举行，涉及众多行业，例如，建筑、交通运输、通信、培训、环保等产业，在会展活动过程中各个领域的创新技术、产品和思想向外传递，实现其价值。

由政府精心扩建的迈考密会展中心是芝加哥同时也是美国最大的室内会展中心，每年有超过100个会议和展会在此举行，展会数量仅次于拉斯维加斯和奥兰多会展中心，其参展规模十分巨大（如表2）。

表2　2018年芝加哥迈考密会展中心会展信息排期

展会行业	展览面积	商客流量	展商数量	参展费用	展会时间
建材展会	40万平方米	8.5万人	3500家	4万美元起	2018年1月22日至2018年1月24日
口腔会展	3万平方米	3万人	700家	4万美元起	2018年2月23日至2018年2月25日
口腔展会	2.5万平方米	3.5万人	900家	4万美元起	2018年2月25日至2018年2月27日
家纺布艺展会	3.5万平方米	3.5万人	800家	3.6万美元起	2018年3月7日至2018年3月10日
皮革展会	1.5万平方米	2万人	800家	3.4万美元起	2018年3月8日至2018年3月10日
家庭用品展会	3.4万平方米	3万人	3000家	3.4万美元起	2018年3月10日至2018年3月13日
美容美发展会	3.5万平方米	6万人	400家	4.2万美元起	2018年3月25日至2018年3月27日
家庭用品展会	2万平方米	1.4万人	70家	3.2万美元起	2018年3月27日至2018年3月29日
运输物流展会	3万平方米	2.5万人	1000家	4万美元起	2018年4月8日至2018年4月11日
家庭用品展会	3万平方米	3.5万人	1100家	3.3万美元起	2018年5月6日至2018年5月8日
照明展会	20万平方米	2.5万人	2370家	3.6万美元起	2018年5月9日至2018年5月11日
酒店用品展会	8万平方米	5.6万人	3200家	3.5万美元起	2018年5月19日至2018年5月22日

续表

展会行业	展览面积	商客流量	展商数量	参展费用	展会时间
通信展会	3.5 万平方米	3.5 万人	800 家	3.5 万美元起	2018 年 6 月 2 日至 2018 年 6 月 4 日
生物展会	1.9 万平方米	2.2 万人	596 家	3.7 万美元起	2018 年 6 月 19 日至 2018 年 6 月 22 日
食品饮料展会	2.5 万平方米	2.5 万人	1200 家	3.3 万美元起	2018 年 7 月 15 日至 2018 年 7 月 18 日
食品加工展会	2 万平方米	1.5 万人	1900 家	3 万美元起	2018 年 7 月 16 日至 2018 年 7 月 18 日
自动化展会	12 万平方米	11.6 万人	2035 家	3.6 万美元起	2018 年 9 月 10 日至 2018 年 9 月 15 日
机床展会	12 万平方米	11.4 万人	2035 家	4.6 万美元起	2018 年 9 月 10 日至 2018 年 9 月 15 日
医疗设备展会	10 万平方米	5.5 万人	5000 家	3.3 万美元起	2018 年 9 月 10 日至 2018 年 9 月 15 日

资料来源：美国芝加哥市展会，去展网（2018 年 3 月 22 日更新）。

会展规模的大小主要依据展览面积、展商数量，以及商客数量而定。[①] 芝加哥迈考密会展中心会展排期显示共有 19 场行业展会，从展会行业分析，家庭用品、运输、医疗、食品、通信、建材等行业比较普遍，其中，家庭用品展会为 3 场、食品加工展会为 2 场；从规模分析，自动化、机床、医疗展会的展览面积均为 10 万平方米以上，参展商家和商客数量领先其他行业，其展会的时间为 6 天。每一场展会的参展费用均为 3 万美元及以上起，其经济效益可见一斑。芝加哥的会展文化吸引着全球创新行业汇集于此，其会展行业的兴盛是城市文化和创新科技相互融合的结果。

（三）凝聚人才、吸引高精尖企业，让市场主体持续发力

城市的经济发展离不开文化创新的推动。而文化创新的进一步提升、文

① 《会展知识》，https：//wenku. baidu. com。

化产业实力的进一步增强，都必须把具有创造性的人才和活跃群体作为重要的核心力量。拥有大量的高素质人才，更有利于本地吸引更多企业聚集发展，从而为区域的整体发展营造一个良好的生产和消费环境，拉动经济可持续发展，提供多样化的工作岗位，满足人们对生活品质的追求，并且树立良好的城市形象，打造国际城市品牌。

芝加哥是美国中西部最重要的高等教育中心城市之一，在培养和吸引人才方面有着天然的优势。芝加哥拥有 88 个图书馆、150 多所高校，其中，芝加哥大学（2018 年 US NEWS 美国大学排名第 3 位）和西北大学（2018 年 US NEWS 美国大学排名第 11 位）最负盛名，每年都吸引着全球的留学生前往深造。强大的大学网络使得芝加哥成为伊利诺伊州最负盛名的大学城，每年从其毕业的博士生可达 4000 人、硕士生近 2 万人，近年来平均每年的毕业生总人数已接近 15 万人。芝加哥大学在 2017 年 QS（Quacquarelli Symonds，英国教育组织）世界大学毕业生就业率排名中名列第 17 位，西北大学排名第 26 位。

表 3 显示了芝加哥 2014 年 7 所社区大学的就业情况，其中一所大学的就业率达到 80%，四所大学为 75% 以上，两所为 65% 以上。社区大学良好的就业率能够说明芝加哥社区类型的大学培养的学生能够适应社会需求。

表 3　2014 年芝加哥毕业生部分就业情况

单位：%

College	Percent Employed
Richard J. Daley College	79. 2
Harold Washington College	77. 7
Kennedy-King College	68. 5
Malcolm X College	80. 3
Olive-Harvey College	67. 1
Harry S Truman College	76. 7
Wilbur Wright College	77. 5

资料来源：City of Chicago。

此外，芝加哥源源不断地向城市输送多种学科背景的人才，在政府相关政策的支持下，各个行业、企业纷纷入驻这座人才济济的城市，其中，超过400家企业把总部设在芝加哥，包括波音公司、摩托罗拉公司以及卡夫食品有限公司在内的30多家世界500强企业和300多家科研机构，在引入企业的过程中，芝加哥注重引入新兴科技产业，并大力推动其研发、管理等部门入驻。在积极吸引欧洲、环太平洋地区企业外资的同时，芝加哥积极引入本国的内资，例如，芝加哥开出丰厚条件使得波音公司总部迁入，帮助其解决办公楼场所、免缴一定时期的地产税等，换来的是一大批管理和技术专家，衍生出更多的工作岗位，提高行业地位，扩大国际影响力。企业是市场的主体，在政府有利的政策支持下，能够积极研发新技术、产品，更快地把创新性思想和理论转化成实际可行的产品与服务。

四　结语

芝加哥由传统工业城市成功转型为创意文化城市，有其丰厚文化资源的优势，同时，离不开政府的一系列城市规划和政策支持，以及企业和人才的创新活动。但是，芝加哥城市也存在其发展的局限性，例如，城市人口种族矛盾、贫富差距依然严峻，在未来的城市发展中，芝加哥在积极进行城市规划的同时，应进一步促进文化创意产业的发展，加强优势行业的竞争力，调解社会矛盾，进一步提升国际影响力。

参考文献

GrahamIsrailevich Schindler, Geoffrey Philip Hewings, "Chicago's Economic Transformation: Past and Future", *Economic Perspectives*, 1995, 9.

Harold M. Mayor, Richard C. Wade, *Chicago: The Growth of a Metropolis* (Chicago: University of Chicago Press, 1969).

何玉珍、林昆勇：《美国芝加哥城市转型及其文化力的彰显与启示》，《城市》2015

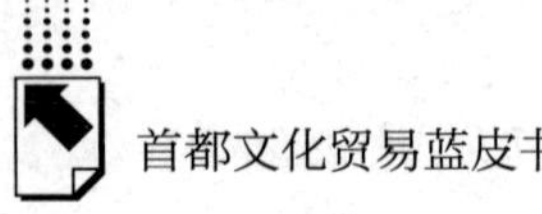

年 2 月 17 日，第 70 ~ 74 页.

王兰、叶启明、蒋希冀：《迈向全球城市区域发展的芝加哥战略规划》，《国际城市规划》2015 年 8 月 19 日。

王信东：《发展文化创意产业中生产性服务业，促进产业结构优化》，《工业技术经济》2012 年第 11 期。

张庭伟：《为多元化的城市经济创建高质量的城市空间—芝加哥城市发展的一些做法》，《城市规划汇刊》2002 年第 6 期。

张庭伟：《当代美国规划研究与芝加哥经济转型》，《国外城市规划》2006 年第 4 期。

B.17

伦敦：后工业时代的文化创意产业之都

刘颖异 *

摘　要： 伦敦是英国的政治、经济、文化和交通中心，也是世界大都市之一，17 世纪至 19 世纪，伦敦曾是世界上最繁华的工商业城市之一。由于经济的衰退，在 20 世纪后半叶，英国政府开始有意识地进行国内工商业经济向服务型经济转型。在此背景下，英国政府决定发展文化创意产业来实现经济复兴。因此，英国是全球范围内最早提出发展创意产业的国家。伦敦作为英国的首都，积极地发挥着先锋功能，利用丰富的人才资源和城市优势，扶持和推动了这些高附加值的、可持续的文化创意产业的发展。伦敦的转型发展经验为北京建设“世界城市”及京津冀地区的未来发展，有十分重要的借鉴意义。

关键词： 文化创意产业　数字化　伦敦

伦敦是英国的政治、经济、文化和交通中心，也是世界大都市之一，17 世纪至 19 世纪，伦敦曾是世界上最繁华的工商业城市之一。由于经济的衰退，在 20 世纪后半叶，英国政府开始有意识地进行国内工商业经济向服务型经济转型。在此背景下，英国政府决定发展文化创意产业来实现经济复

* 刘颖异，北京第二外国语学院交叉学科国际文化贸易硕士研究生，国家文化发展国际战略研究院项目研究助理。

兴。因此，英国是全球范围内最早提出发展创意产业的国家。英国首相布莱尔是英国文化创意产业发展的重要推动者，他成立了创意产业特别工作小组，发布了一份研究报告——《英国创意产业路径文件 1998》。报告首次对创意产业进行了定义，不仅分析了英国创意产业的现状，还提出了发展战略，详细诠释了创意产业通常包括出版业、广告、音乐、表演艺术、电视和广播、电影与录像、时尚设计、艺术和古董市场、手工艺品、交互式互动软件等。1999 年，伦敦政府设立了文化战略委员会，负责制定和实施伦敦文化发展的战略，并对伦敦市的各类文化机构进行规划和协调。从 1997 年起到现在，创意产业是伦敦产值年均增长最快的部门，伦敦作为英国的首都，积极地发挥着先锋功能，利用丰富的人才资源和城市优势，扶持和推动了这些高附加值的、可持续的文化创意产业的发展。伦敦的转型发展经验为北京建设“世界城市”及京津冀地区的未来发展，有十分重要的借鉴意义。

一　伦敦文化创意产业的发展现状

伦敦的创意产业涵盖 13 个部门，包括电影、电视、广播、设计、软件开发、出版、广告、视觉艺术、工艺制造、博物馆、音乐、流行行业以及表演艺术等，丰富的文化资源、完善的政策法规和巨大的国内国际市场是促使伦敦以及英国文化创意产业迅速发展的根本动因和制胜法宝，伦敦已然成为英国乃至世界的创意中心：伦敦拥有英国 40% 的艺术基础设施、70% 的电视制作公司、英国 85% 以上的时尚设计师和 40% 以上的出版业从业人员、75% 的广告业岗位，贡献全国设计业总产值的 50%、音乐产业总产值的 70%、出版业总产值的 40%。[①]

伦敦政府一方面积极开展与国际创意产业相关的交流活动，例如，展览、研讨会、讲座等，还与英国文化协会紧密合作，积极利用协会的全球网

---

① 陈琦：《伦敦创意产业的六大国际化战略》，光明网，http://theory.gmw.cn/2015-10/23/content_17462424.htm。

络，开展了一系列的文化传播和文化交流活动。提升行业的国际声誉，带头制定行业标准，充分展示伦敦的人文艺术魅力，宣传城市创意产品，推介城市优势文化服务，从而开拓海外市场，并成功地给伦敦打造了“国际创意之都”的形象。另一方面，也主动协同金融界和民间投资者大力支持和发掘有潜质的创新型个人和企业，建立了政府、银行、行业基金、创意产业间紧密的融资网络，设立了各种资金资助计划，制定了多样的扶持性税收政策，从资金上对创意产业予以绝对的支持。同时，成熟完善的法律和金融配套服务也是伦敦发展创意产业的优势之一，特别是在知识产权保护方面，伦敦拥有完善的法律服务体系，遥遥领先于世界水平。同时，作为全球老牌的金融中心，自由宽松的融资环境和强大的融资能力，使得伦敦创意产业对外资的吸引力和融资能力位列世界排名的前位。下面介绍伦敦几个特色最为突出的行业的发展情况。

（一）“老牌”戏剧业魅力依旧

对于英国人来说，戏剧已成为人们生活的一部分。进入剧场看剧对于伦敦本地人来说已经是一种习惯，而对于旅游者来说，这也是一种必做的文化体验了。伦敦共有 241 个专业剧场，规模从 30 座到 3600 座不等，总座位数是全球最多的，大约超过了 11 万个。但是，伦敦的票价相对亲民，据统计，在 2012 到 2013 两年间，伦敦共有超过 2200 万人次进入剧场，但 2012/2013 年度的伦敦剧场票价实际平均售价仅为 27.76 英镑，折合人民币 266 元（其中包括了话剧与音乐剧），可以说伦敦的剧场生态早已常态化。伦敦西区戏剧产业，推动了英国戏剧的传承和发展，促进了伦敦文化形象的塑造与提升，也助力了与伦敦旅游等相关产业的发展，直接和间接地对伦敦的经济做出了重要的贡献。

在伦敦，戏剧产业的分布极具阶梯化的状态，其中，西区构成了整个伦敦戏剧产业的核心集聚区和辐射源。伦敦的西区剧院是世界两大戏剧中心之一。伦敦的剧院主要有两种类型：一种是国家级的非商业性剧院，它们一般历史比较悠久、规模大，能够享受政府资金扶持和赞助；另一种是数量较多的商业性的剧院，由于不能获得政府资助，所以，它们主要是通过商业化运作获得发展动能。相比于美国纽约百老汇对待戏剧极度商业化的方式，伦敦的戏剧业更支持艺术的创新能力。为了降低成本，西区剧院一般采取“剧目成本转移”的办法，让政府担负艺术创作的成本，由此，可以经常尝试更富艺术水准和审美价值的剧目，一旦这些剧目能够获得认可，再转入商业性剧院演出，就能够大大降低剧目开发和创新的风险。20 多年来，伦敦每一年新制作的剧目基本保持在 200 部以上，甚至是 300 部，可见创新实力很足，例如，在 2014 年，伦敦有 280 个新作品，其中包括歌剧与芭蕾，产业呈现出欣欣向荣的状态，美国仅有 44 个新制作，其他大多数的作品自生自灭。①

在戏剧推广方面，伦敦超强营销水平也是其戏剧产业的强大保障。剧目制作公司大多会把剧目营销和推广外包给专业的公司，通过一系列的方式，来包装一个剧目。例如，大数据分析，利用“动态定价”的方式获得销售数据，分析受众的结构；全方位利用各种形式的媒体，包括纸媒、数字媒体、电视、剧院、广播等；在剧目内容和主题都和特定的人群有关时，进行针对性的宣传；说服包括零售商、信用卡公司、航空公司、酒店以及超市等在内的合作伙伴进行宣传；针对西区重要观众群体——旅游团队进行个性化的服务；利用社交媒体同时达到线上线下的口碑营造等。

（二）出版业海外输出强劲

从 2003 年起，英国就逐步取代美国成为世界排名第一的图书出口国，英国出版产业也是英国文化创意产业中最大的子行业。而伦敦是英国出版业的中心，绝大多数出版社或出版社总部都集中在伦敦。值得一提的是，非常著名的伦敦书展是全球最具影响力的出版交易平台，由英国工业与贸易博览会于 1971 年创办，是贸易版权型书展，参展图书涉及面广、影响力大、专业性强、交易环境活跃。经过数百年的发展，英国出版业已形成一整套市场运作模式，因此，经济低迷也没有对出版业造成特别大的冲

① 费元洪：《伦敦西区戏剧生态近况》，《上海戏剧》2015 年 5 期。

击，反而出版业越挫越勇，并随着经济全球化，呈现出国际化、集团化、专业化、网络化的新发展趋势，例如，2016 年，英国图书和期刊的销售额约为48 亿英镑，其中，纸质书销售额约为30 亿英镑，数字出版约为17 亿英镑。①

集团化和专业化的经营是英国出版产业发展过程中两个非常明显的特点。集团化经营是指通过兼并或收购的方式进行出版企业的不断扩张，形成了英国大型的出版集团，从而在不断的运作中，提高市场集中度，成为英国出版市场的核心。而对于英国数量更为众多的中小出版公司来说，是专业化出版战略让他们同样能站立在竞争如此激烈的市场中。这些企业敏锐地洞察读者的偏好，准确地定位于微观出版市场，并在各自专业化的领域成为权威，甚至将企业的商标变成了专业领域里的内容保证，在国际上都享有极高的声誉。

另外，海外拓展能力是英国出版业的一个强大优势。由于相对局限的内部市场，英国出版公司最重要的经营理念便是拓展海外市场，从图书选题、策划等方面，出版企业都特别强调国际化思维，并且，英国出版企业一般会选择在国外设立分公司或办事机构，兼并或收购国外的出版公司也是直接进入国外市场的方式。同时，为了给作者创造价值，从而获得作者有价值的版权，一些出版商会主动成立专门的作者运营部，提供多种语言服务，建立作者和读者之间的联系，提升作者知名度和作品的影响力。

不可否认的是，数字化技术的发展对出版业有着几近颠覆性的影响，虽然据统计，大多数英国人更倾向于阅读纸质书籍，但数字化出版增长的速度不可忽视，并且，诸如“增强版”电子书等产品的开发（即包含额外内容、有声版、插画版等附加产品电子书）成为纸质书籍的有力竞争者。传统出版向数字化出版转移是大势所趋，数字化产品是传统出版的延续，例如，英国出版社使用的书稿文件格式是世界出版行业唯一青睐的标准数字出版格

① 英国出版商协会，https：//www. publishers. org. uk。

式，具有跨媒介出版的巨大优势，可见，出版企业已经为适应数字化这一无法逆转的趋势做了功课。

英国政府对于出版业的发展给予了非常积极的扶持。一方面，制定了很多相关法律，高度重视版权工作，保护版权和开展国际版权贸易。另一方面，出台了相应的产业政策，通过减免税收和资助，甚至零税收等经济手段来促进出版业的发展；资助出版商参加海外书展和一些出口市场研究工作等。英国政府也将“数字英国”作为未来的发展目标，建立了相对完善的数字出版法律体系，对准入机制、出版内容、版权保护、行业规范与自律、政府监管等进行规范。

（三）影视广播业走出产业低迷

英国本土拥有世界一流的幕前幕后技术人才和影视公司，但近年来，由于英镑的持续疲软和英国推行的电影产业税收减免政策，影视产业增长势头迅猛，这将对英国经济起到巨大推动作用。一方面，英国政府的税收优惠政策吸引了国外的影视摄制公司，例如，2013 年，英国对每集制作成本超过 100 万英镑的节目减免税收。这些措施让英国的电影和电视节目领域迎来了黄金时代，同时，由于英国观众对影视作品兴趣的增加，对观影的投入大大增加，英国本土的电影票房收入创下新高。

同时，英国广播业仍然一直在英国的媒体产业版图中占据重要地位。英国广播公司（简称 BBC）是引领英国广播事业发展的典范。截止到 2016 年，BBC 的国内覆盖率达到了 95%。[①] BBC 五台逐步实现数字技术转轨，并陆续推出了多个数字广播频率，不仅增加了广播服务形式，实现频率专业化，还进一步细分了市场，规范了管理，增强了和观众的互动性。在 BBC 的“数字革命”历程中一个里程碑式标志是就是 BBC iPlayer 的推出。目前 iPlayer 已经实现与社交媒体的功能融合，通过与脸书、推特等社交媒体平台的联通，进一步增强了互动性能和社交属性。从 2016 年起，BBC 广播开始

① 高仁良：《英国广播电视业的发展特色》，《军事记》2013 年 3 期。

向网络发起进攻，成为网络首播的广播。

可以看到，在巨资支持的高新技术的开发和维护下，在对内容生产流程认识理念上的根本转变中，以及以用户为中心的融合传播模式下，英国广播公司已经基本完成了深度媒体融合的上层建筑搭建。

（四）国家层面推动旅游业的发展

伦敦世界级的景点、丰富的娱乐表演、全球闻名的博物馆和美术馆、各国风味且高水准的旅馆和餐厅，都让伦敦“全球最佳旅游城市”的称号实至名归。旅游业也是伦敦最大的行业之一，价值大约为166亿英镑，提供大约25300个全职岗位，来自海外游客的收入是伦敦旅游业收入最主要的组成部分。为了坚持发展旅游业，挖掘旅游业最大的潜力，伦敦市制定了伦敦旅游业行动三年计划（2003～2005），这标志着伦敦志在推动和发展旅游业。计划中指出，要在伦敦，特别是非伦敦市中心的地区，开发出更多的旅游景点，促进旅游业产生更均匀的经济效应。充分利用伦敦多元的文化资源，为旅游业界的中小企业发展提供机遇。振兴贫穷社区并创造就业。之后，基于残奥会和奥运会的召开，伦敦又颁布了伦敦旅游业行动十年计划（2006～2016）。计划有三个部分：2006～2009年建立旅游基金，为伦敦奥运会和残奥会提供资金支持；2009～2013年重点提供旅游产品；2013～2016年的行动计划将确保后奥运旅游的利益获取。计划的目的是希望在奥运会之后让伦敦成为一个全球性的可持续的旅游目的地，让旅客同时体验到充满现代活力和文化厚度的伦敦。

同时，近年来，英国在国家整体旅游促销中也是收获颇丰，例如，英国旅游局策划的“邂逅英伦发现惊喜”等大型市场推广活动，充分发挥了数字新媒体和社交媒体的优势，其中，2014年启动的“英国等你来命名”活动受到了中国人的欢迎，活动鼓励中国公众给一些很受欢迎的英国景点与一些冷门的但是很值得一看的景点提议更有意境的中文名翻译，获得极大的成功。

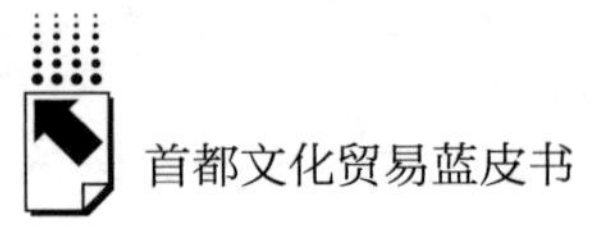

二　伦敦政府对文化创意产业的政策支持

伦敦政府的决定以及一系列的政策措施是推动伦敦创意产业快速发展的外部力量。在1999年，伦敦设立了文化战略委员会，负责进行发展规划，制定发展战略，协调在伦敦的文化机构；在2000年，政府提出要培育文化市场就应该从教育开始，让公众都能够接触到创意和享受到艺术，并且大力鼓励个人的文化创作；两年后，《伦敦创意产业研究报告》着重探讨了创意产业的发展，量化了这些发展对于伦敦社会和经济发展的贡献；2003年，政府设立了专门对伦敦创意产业发展进行评估和提供对策建议的委员会，并公布了《伦敦：文化资本——市长文化战略草案》，这是伦敦第一份关于文化发展的草案，草案的中心思想旨在把伦敦打造成为英国乃至世界上的文化中心；伦敦政府在2004年创立了名为“创意伦敦”的工作协调小组，主要负责融资、人才开发等一系列的项目，伦敦政府每年提供资金支持，并在各类资源供应的方面为创意团体和创意企业提供便利，营造良好的外部成长环境；2005年，为了给有才华和有创意的个人创造者提供支持和鼓励，伦敦特意设立了“创意之都基金”；2008年，伦敦政府基于2003年的第一份草案，发布了《文化大都市——伦敦市长2009～2012年的文化重点》，其中，最典型的就是加大了对草根文化的支持。

总体来说，伦敦政府支持文化创意产业的发展战略有以下几个特点：第一，政府会根据基础全面而专业的研究结果，对伦敦的文化创意产业进行全面的、长远的设计规划；第二，伦敦政府善于发挥其区位优势和多元文化资源，打造城市浓厚的人文环境，为创意和艺术提供了充足的生长空间；第三，伦敦政府致力于打造城市名片，开发其经济效益，用全球视野扩大了伦敦品牌创意产品的展示范围及国际影响力，实现了可持续性的经济效应；第四，对知识产权进行有效的保护，政府从法律和制度方面为文化创意产业营造了有利的社会环境；第五，注重对文化资金的多元性的开发，通过政策激励各类社会资本涌进创意领域，构建融资服务平台，保障资本和文化精准的对接；第六，大力培育文化市场，刺激文化的消费，提高市民参与文化活动的积极性和可行性；第七，注重人才培养，将“创造性”作为英国新文化政策的核心，为儿童和青年人提供创意教育的环境，支持和激励来自不同背景领域的具有创意才能的青年人从事创意职业。

三　数字时代伦敦文化创意产业新机遇

2009 年，英国经济遭受国际金融危机的重创，GDP 同比下降4.8%，创 1949 年以来最大年降幅。而在此背景下，数字网络在信息通信技术和广播领域的产值已经占到英国 GDP 的6%，营业额达到530 亿英镑，创造了超过 50 万个工作岗位。可以说，数字通信对英国经济的影响几乎已经蔓延到所有领域。英国政府试图通过信息产业的数字化升级来实现经济持续增长和改善国民生活的目的。英国政府文化、媒体和体育部与商业创新和技术部在 2009 年共同发布了白皮书——《数字英国》，从国家战略的视角，对数字化在英国社会经济和文化方面的发展进行了详细的规划。正如数字化技术改变人们生活的其他方面一样，它也改变着人们接触艺术和文化领域的方式，从在线观看博物馆藏品，到用手机购买剧院门票，观众随时都能以数字化的方式接触艺术和文化企业。伦敦的文化企业在不断地将数字化普及到各自的产品和服务中，英国其他地区也在探索中缩小与伦敦的距离。为了能够帮助更好地理解艺术和文化机构如何使用数字化技术，以及数字化技术对他们工作的影响。英格兰数字文化和艺术委员会（以下简称 ACE）与英国国家科学技术基金会（以下简称 Nesta）曾共同发起了一项针对科技在艺术和文化企业中的应用情况的研究，记录了半个世纪以来艺术和文化企业中数字化技术的发展。从 2013 年到 2017 年，这个研究记录了艺术和文化企业是如何用各种不同的方式使用数字化技术，因数字化衍生出来的机会和影响，以及这些机构面对的挑战，并出版了 2013 年、2014 年、2015 年和 2017 年的四份数字文化报告。从 2017 年的报告中可以看出，如今，人们对了解文化机构怎样利用数字化技术来提高他们所创造的价值的话题越来越感兴趣，以英格兰

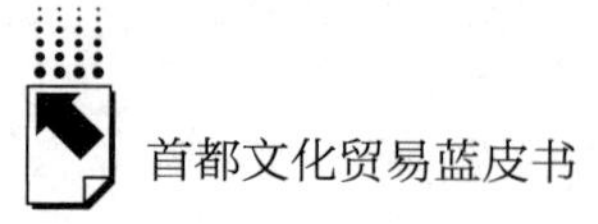

艺术委员会国家投资机构为例，从明年开始，被要求制定数字化政策和计划，并在其中较为详细地指出数字化技术是如何战略性地被应用。

虽然，英国的整体经济环境仍然充满挑战，但自 2013 年以来，艺术和文化企业对于数字化技术重要性的认知有了很大转变，他们认为数字化对他们的企业非常重要，尤其对大型企业来说更是如此。2017 年，有更多的艺术和文化企业反映，数字化技术给他们的商业模式和利润带来了积极的影响。例如，在很大程度上促使他们接触更广大、更多样、更年轻的观众的领域，报告数据显示：更多样或者更年轻的观众（从 2013 年的 55% 到 2017 年的 60%）；观众的宽度——接触更多的观众（从 2013 年的 57% 到 2017 年的 62%）；观众的深度——更多的与目前的观众接触（从 2013 年的 52% 到 2017 年的 60%）。同时，由于英国超过 60% 的在线时间来自移动端，文化公司中采取移动优化方式来应对这种趋势的企业从 2013 年的 33% 增加到 2017 年的 69%。另外，报告显示，数字化项目数量的减少并没有带来收益水平的下降，证明这些文化企业在将他们的精力和资源以更具有针对性方式集中在少数的项目上。

然而，一些由来已久的问题依旧存在。目前，对大多数的企业来说，数字化技术还只是市场营销的一个助力器，数字化对于保护、存档、操作、创造、经销和展览的作用认可度并不高，大多以数据为导向的项目数量自 2013 年来就保持比较稳定的状态，意味着大部分的艺术和文化机构并没有将数据使用在更重要的项目中，例如，用数据更好地分析他们的观众。另外，数据显示认为缺少资金（从 68% 到 62%）以及获取外部资金（从 61% 到 55%），是阻碍数字化发展的困境的机构百分比有巨大的下降，缺少资金和员工时间仍然对机构们构成最大的阻碍。

总的来说，科技带来的好处受到了艺术和文化部门的普遍认可，在与商业模式和产生利润有关的项目上带来了积极的改变，与观众相关的积极影响也得到了广泛的认可。但在利用数字化的许多方面仍是处于止步不前的状态，比如，如何利用数据，以及认识到数字化对创新的重要性而去开展更复杂的数字化项目等。

四　结语

英国经济在宏观上的产业结构转型和英国政府、伦敦市政府对于文化创意产业的大力支持，对于伦敦城市的成功转型、文创产业的快速发展密不可分。

伦敦所积累的实力软件，例如，经济、金融、法律、艺术氛围等也为伦敦创意产业的蓬勃活力奠定了基础。中国正处于经济转型与深化改革的机遇期，从中央到地方政府都已经将发展文化创意产业作为经济与文化发展的重要抓手，近年来也推出了一系列支持文化创意产业，尤其是支持该领域的国际产业合作的政策，2018 年召开的中华人民共和国全国人民代表大会和中国人民政治协商会议更是全面推动了政府管理体制的改革。北京立足于中国的政治中心、文化中心、国际交往中心、科技创新中心的定位，以打造“世界城市”为目标，如同 20 世纪后半叶的伦敦，正处于以政府政策助力文化创意产业发展的转折点，但在中国经济增速放缓但依然在发力的大背景下，北京全面建成文化创意产业必将更加迅速。北京应该学习伦敦政府的大格局规划，以建设卓越的、具有世界影响力的文化创意都市为中心，释放城市文化活力，给予法治保障，打造城市品牌，让北京具备引领影响世界文化市场的能力。

参考文献

Department for Digital, Culture, Media & Sport of UK, Creative Industries Mapping Documents 1998, 9 April 1998.

Department for Digital, Culture, Media & Sport of UK, Creative Industries Mapping Documents 2001, 9 April 2001.

NESTA, Digital Culture Report 2017, September, 2017.

张国：《创新驱动与首都“十二五”发展——2011 首都论坛》，《中国北京》2011

年 11 月 1 日。

洪涓、刘甦、孙黛琳、付建文：《北京与伦敦文化创意产业发展比较研究》，《城市问题》2013 年第 6 期。

左学金、王红霞：《世界城市空间转型与产业转型比较研究》（第 2 版），社会科学文献出版社，2017。

中国科学技术信息研究所信息分析研究中心：《英国文化创意产业发展概况及其启示》，《科技与管理》2005 年第 1 期。

李雪瑾：《英国工业城市的转型经验及其对我国城市的启示》，《中国管理信息化》2015 年第 6 期。

褚劲风、崔元琪、马吴斌：《后工业时期伦敦创意产业的发展》，《世界地理研究》2007 年第 3 期。

王喜文：《数字英国：力图打造世界“世界之都”》，《信息化建设》2010 年第 11 期。

北京外国语大学英国研究中心、社会科学文献出版社联合主办的《英国发展报告（2010～2013）》。

郑建涛、卜彦芳：《解读英国出版业的“达·芬奇密码”》，《编辑之友》2010 年 1 期。

冀前：《英国旅游业发展经验探析》，《中国旅游报》2017 年 6 月 2 日，第 3 版。

陈琦：《伦敦创意产业的六大国际化战略》，光明网，http：//theory. gmw. cn/2015 - 10/23/content_ 17462424. htm。

费元洪：《伦敦西区戏剧生态近况》，《上海戏剧》2015 年 5 期。

高仁良：《英国广播电视业的发展特色》，《军事记》2013 年 3 期。

B.18

东京：世界城市文化经济发展的代表

张宇航*

摘　要： 东京融合了中西方文化的精髓，从人们的日常生活中能够明显地感受到他们对自身文化拥有的强大自信。东京的内容产业的发达程度在世界上首屈一指。东京的漫画、动画和游戏产业一直领先全球，出版业处于黄昏时期但依旧散发着光辉。每年，大量游客观赏和参与传统文化如歌舞伎的演出和各种节庆祭典活动。随着东京内容产业的不断聚集和规模扩大，形成了较为完善的产业结构，而产业的发展又会反作用于城市文化的发展。

关键词： 内容产业　城市文化发展　东京

一　东京内容产业发展概述

（一）东京城市概况

东京（Tokyo）是日本首都，总面积约2155平方千米，其中，城区面积约621平方千米。东京都市圈总人口达3700万（2016年），是世界上人口最多的城市之一。

---

* 张宇航，北京第二外国语学院贸易经济专业（国际文化贸易方向）2015级本科生，国家文化发展国际战略研究院雏鹰计划成员。

1603 年，德川幕府将江户定为国家首府，也就是今天的东京。

四百多年后的今天，东京作为日本首都，一步步发展成为国家的政治中心和经济中心。日本的决议机关东京都议会和执行机关东京都政府地址设立于东京，从中央分设地方机关，实施严格的中央集权制度。

东京的第三产业分布较为集中，较第一、第二产业规模更大。据《国势调查资料（2001）》，东京都市圈分为东京都和外围的其他三县，数据显示四者的产业规模有着明显的地域分布特征，东京都第一产业分布比重最低，为 10.7%，第二产业略高于其他三县，为 31.4%，第三产业同样最高且远远超过其他三县，为 38.5%。也就是说，东京都市圈中的第三产业主要聚集于东京都地区，内容产业的发展优于外围三县。

（二）东京文化发展历史

二战后，东京将复苏和推进城市文化发展列为首要实施战略，并于 20 世纪 80 年代提出“文化立国”的重要方针。2000 年，东京实施了项目“文化政策手段的转换与着手”，从国家政策上支持东京追溯和发扬自己的传统文化，激发市民的内在活力，每个人都经历着文化洗礼和变革。

2002 年，日本经济产业省、东京都政府和相关动漫企业在东京举办了首届“东京国际动漫节”，邀请各国动漫领域企业和单位，为本国和世界各国的先进动漫厂商和创作者提供最佳的交流平台，分享对动漫创作和交易方法的独到见解，并促成国家间的友好沟通和往来。

往后的十几年间，东京都政府对自身和企业相继出台各种实施方案和指导方针。东京都政府出台的《东京都文化振兴方针》，对 2007 ~ 2015 年的文化发展做出了明确指导，确立了东京将文化感受型、文化富裕型和文化创造型特色都市作为走向国际文化领先地位应完成的目标。为进一步推动东京城市的文化发展进程，东京都政府于 2011 年出台的《〈十年后东京〉2011 行动计划》中对各文化产业进行更加详细的发展方向引导，其中，对于动漫产业的描述主要在于将与动漫相关的节庆、会展、观光、旅游等行业作为重点发展特色产业，提升其文化魅力和国际文化竞争力。①

（三）东京优势文化产业现状

东京是日本的文化和教育中心。日本规模最大的文化机构大多聚集在这里，有全国80%以上的出版社，有历史底蕴深厚的国立博物馆、西洋美术馆、国立图书馆等。全国大学总数三分之一的大学坐落于东京，而这些院校的学生占全国高校学生总人数的一半以上。此外，东京作为日本首都，还经常举办国际文化交流活动，如东京音乐节、东京国际电影节等。

东京的动漫产业聚集特点明显。东京聚集了日本78%的动漫企业，92%的日本动漫企业总部设于东京，生产了全球近60%的动漫相关产品。

日本是世界上最早提出政府级文化遗产保护计划的国家之一，由于起步较早，紧跟美国等文化贸易大国的发展步伐，表现出对文化遗产保护工作的高度重视。一个最直观的证据就是，截止至2013年12月4日，日本传统文化中的能乐、歌舞伎、阿伊努人的传统舞蹈、和食等22项无形遗产被联合国教科文组织计入世界非物质文化遗产名录；日本在文化保护初期就颁布法律，并在后来的发展过程中不断修订、完善，直至建成较为完善、操作性极强的法律法规体系。

联合国教科文组织在2017年度报告中指出，日本积极响应教科文组织对世界各个独具教育、文化特色国家的号召，重新设立了推进世界文化遗产及非物质文化遗产保护、ESD全球行动计划以及亚太地区教育与科学进一步发展的信托基金等项目，率先表达日本对文化溯源与发展的重视姿态。

① 王林生：《动漫节庆产业对城市发展的文化意义——以日本东京为例》，《同济大学学报》（社会科学版）2014年第1期。

二　东京内容产业发展现状

（一）传统文化的传承与内涵的延续

东京自明治二年（1869）被设立为日本首都，距今已有近150年的历史，其经济、文化、政治底蕴深厚，为内容产业的兴起、壮大与繁荣提供有利条件。其丰富的历史文化资源历久弥新，逐渐融合进建筑、服装、人们生活习惯等方面。

自2011年大地震和海啸后，日本旅游业从灾难性的打击中缓慢复苏。2017年，日本接待外国游客数量超过2800万人次，较2016年增加20%，连续五年呈增长态势，其中，亚洲游客占80%以上。旅游业的迅速复苏不仅仅归功于城市经济与法治的高度融通，更少不了传统文化与流行文化的相互交织。

1. 歌舞伎

东京的演出业相当繁荣，主要原因在于其能够深度发掘自己的传统文化。日本贯通古今、独具特色的传统戏剧形式多样，有即兴简短的笑剧狂言、当地最古老的剧种、木偶净琉璃等。

其中，最具日本传统民族特色的戏剧形式——歌舞伎，最能体现日本的传统审美与韵律。不同于中国的京剧等戏剧剧团的建立和演出主要由国家财政支持，歌舞伎完全是商业行为。银座歌舞伎座、国立剧场、浅草工会堂、大竹座等剧院形成良性竞争，维护市场交易的秩序，并且，通过细分市场和创新剧目增强竞争力。

歌舞伎是日本独有的一种戏剧形式，距今有410多年的历史。它的表演风格和服装设计独具特色，布景精致、复杂，服装颜色鲜艳，是一种唱歌和舞蹈兼备的艺术表现形式，最突出的一点是演员全是男性，这与其历史渊源分离不开。

同时，歌舞伎面临着一个普遍问题，年轻观众数量逐渐减少，各剧院明确自己的目标：保留传统精髓，在演出内容和形式上进行创新，迎合年轻观众的口味。为了紧跟时代发展的步伐，各种新流派歌舞伎的出现顺理成章。著名歌舞伎演员市川猿之助创立了“21 世纪歌舞伎组”，培养新一代年轻工作者，具备优秀专业素养和审美的年轻人群是传承和发扬传统技艺和文化的资本。

2. 东京的“祭”文化

对于东京本地人来说，“神田祭”是日本最盛大的三大节庆活动之一。其名声之大，活动场面之壮观，慕名而来的游客如过江之鲫，络绎不绝。据说早在德川家康时期就有此习俗，祭祀保佑江户的神灵，于每年距离 5 月 15 日最近的周六和周日举行。鲜艳的花车，穿着整齐服装的青年团拉动花车，游客和市民们围满了整个街道，敲敲打打，好不热闹。除了坐在花车上敲鼓吹笛的人，其他大多是有名望的前辈，更多的时候他们是严肃的，承载着整个城市人民的真诚和敬意向神灵祈福。

日本人常说：“人生的目的为祭”，“祭”指的是狂欢。在未来的一切不可知的情况下，把握当下，尽情狂欢，或许是他们此时此刻唯一的向往。外国游客们身处于全民狂欢，追求极致的氛围中，或许能够更轻易地体会到花车游行给人们身心上带来的享受和舒畅。而身处于这样的环境中，身边人的快乐会感染自己，就好像融入整个集体中，所有人拥有着同一个目标，这时人的思想是外放的，你会觉得自己真正触及了文化内涵的本质，得到前所未有的满足。

另一种非常有名的“祭”是“鲤鱼旗祭”，来源于中国的一种说法“鲤鱼跃龙门”，希望自家的男孩子有朝一日能出人头地。同时，日本人认为鲤鱼是力量和武士精神的象征，表达着父母们希望男孩子将来成为一名勇敢的武士。在公历的 5 月 5 日（男孩节）这一天，挂上成排的鲤鱼旗，为孩子们祈祷祝愿，颜色鲜艳、造型别致的鲤鱼旗随风摇摆，犹如活了一样，预备着跨过那一道天门。

当地人坚持依靠手工制作具有特殊工艺的纸，成本较高，耗时较长。相对来说，智能机械化制作在全球范围内成为主流，效率增加，成本降低。而

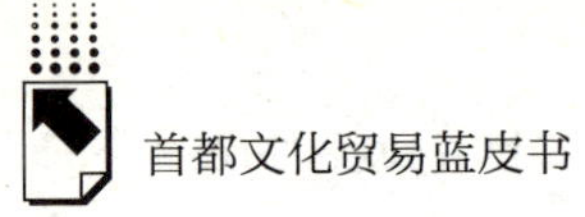

日本人依旧坚守传统，认为手工制作才能将劳动和精神价值赋予产品，这种精神令人震撼。

3. 博物馆

想要系统地了解一个民族或地区的传统文化，首先需要做的就是去当地的博物馆或艺术馆参观，那里面聚集了跨越历史年代的艺术精品，体现了当时的文化发展状态，有助于游客对当地文化架构的梳理，也为接下来的行程奠定意识基础。

墨田北斋艺术馆收藏了艺术大师葛饰北斋创作的最具时代意义和文化内涵的艺术品。北斋先生的作品具有超凡的时代意义。“浮生绘”是一种起源和兴盛于 16～19 世纪江户时代的画种，描绘了老百姓的日常生活，主要以风景、生活习惯以及名伎和相扑力士为题材。16 世纪，浮生绘量产和普及，人人得以欣赏这种艺术形式。19 世纪中叶以后，浮生绘流传并盛行于欧洲，更有一种叫作“日本主义”的特殊艺术表现风格普遍被群众所认知，风靡于以法国绘画界为主的欧洲地区，莫奈、梵高等享誉世界的油画大师留下了受浮生绘艺术风格影响的作品。

说到北斋先生的创作风格，一定要说其优异的设计性。他的作品并非完全的写实，而是将内容拆分成各个细小的元素，在创作时大胆地整合，我中有你，伸展有度。就像《富岳三十六景》系列中的《尾州不二见原》，画面的重心定格在中间大大的圆桶上，远处露出的雪白山尖是富士山，画面构图简洁而又丰富，以现代审美来评判依旧可圈可点。①

北斋先生的浮世绘和漫画与日本现代动漫能够为艺术大师所欣赏，被不同种族的人们所接受，突破了时间和空间的界限，吸引人们的注意，这是文化附加值独有的特性。懂得欣赏的人的共同点在于有自己独特的审美，无所谓过去和现在，新奇的艺术手法、多种文化的交融、作品内涵的浓厚韵味令人们着迷、追求。

① 《在墨田北斋美术馆中，从传统浮世绘发现新乐趣》，东京，最新亮点，资料库，2016 年 11 月，http：//www. welcome2japan. cn/magazine/zh/1612_ hokusai. html。

传统文化的传承不是一成不变，而是追随人们欣赏品味的改变而改变，与时俱进，历久弥新，在历史的长河中，传统文化势必与流行文化相互斗争，又相互借鉴融合，变成我们今天所看到的样子。

（二）纸质出版业的黄昏

根据出版科学研究所数据，2016 年，纸质出版物（书籍、杂志）年销售额为 1 兆 4709 亿日元，比去年减少了 3.4%，自 1981 年达到峰值以来连续 12 年销售额只降不增。其中，书籍年销售额为 7370 亿日元，同比减少 0.7%；杂志年销售额为 7336 亿日元，同比较少 5.9%。电子书籍出版市场年销售额为 1909 亿日元，较去年同比增长 21%。纸质和电子出版物 2016 年总销售额达 1 兆 6618 亿日元，比去年减少 0.6%。可以看出，纸质出版物常年呈现下降趋势，而电子出版物的大幅度增长并没有完全弥补纸质出版物销售金额的下降。①

日本版权贸易系统先进、完善。美国出版一本书，日本在其后两三天内甚至同时出版日译本。要知道版权交易的流程烦琐复杂、耗费人力时间成本巨大，主要包括版权交易的合同谈判与签订、邮寄书稿、翻译装订、复印发行等流程。日本经过多年积累的经验，依托较为完备的知识体系，培养专业人才，简化流程，积累人脉，最有效率地完成版权贸易工作。

专业书籍与报纸和杂志的价格差距体现了日本对知识产权的尊重程度。专业书籍价格普遍介于 3000 ~ 5000 日元，而每份报纸只有 100 日元，每份杂志 200 日元左右。教科书的价格同样很高，日本大学的学费非常之高，尤其是日本最高学府东京大学，学费和它的名声一样高。出版社给这些大学生提供了很好的兼职机会。在出版产业逐渐萎缩的如今，世界上唯一一版每日销售量超过 5000 份的《读卖新闻》，在每天早上上班前送达人们门前的邮箱，这其中很大一部分都是大学生每天 4 点多钟起床运送的。甚至非常人性

① 出版科学研究所，http：//www. ajpea. or. jp/ajpea/data/houkoku. html。

化的一点是，在下雨天报纸外面会裹着一层塑料袋，在寒冷的风雨中传递一份温暖和呵护。

东京聚集了大多数全国最有名、规模最大的出版社，其中，两大出版社出版物的内容风格迥异，直观地表现出现今日本国民的主流文化和兴趣导向。

其中之一的讲谈社，面向大众通俗文化，年轻人喜爱的漫画作品、动漫连载书籍、文艺小说、散文类书籍是讲谈社主要出版的图书种类。它肩负着推进下一代孩子们的读书兴趣培养事业的艰巨任务，在较低年龄段的群体中，宣传从小养成每日读书的良好生活习惯的益处，使孩子们了解到读书对自身的礼仪教化和知识层面的扩展益处颇丰。在这一方面，讲谈社做出了实际行动。2018 年 4 月上旬，讲谈社争取到与 49 家公司合作进行全国范围内 5500 本绘本的轮换工作。这些绘本以儿童为主要读者，内容新颖独具创新特色，是儿童读物中被精心挑选出最适合培养儿童的文化认知、兴趣导向和创新思维的读物，这也体现了这些读物对儿童成长所应发挥的重大作用。而这些读物破损率很高，每年需要轮换两次，其成本巨大，但其社会价值和人文价值是不可估量、不容忽视的。因此，讲谈社全国巡回轮换绘本的行动，在很大程度上引导着社会大众对儿童成长方面的重视和国民高素质的长远发展考虑。讲坛社有各种表彰制度，表彰杰出的文化创新人才。每年颁发“讲坛社出版文化赏”“讲谈社漫画奖”等一系列奖项，在纪实文学、随笔、插图、绘本及社会科学等各领域的优秀作品予以奖励。①

另一个大型出版社是岩波书店，岩波文化代表了知识分子文化，主要出版专业性、百科性、学术性书籍，在对经典作品和学术研究成果出版提供方便快捷的渠道的同时，也为文化的大众化做出贡献。

东京每个区都设立了一家中央图书馆，办理借书卡不需要押金，并且，免费向市民借阅书籍刊物。民众借书、看书基本不花费除时间外的成本，甚

① 讲谈社，http：//www. kodansha. co. jp/。

至大大降低了购买高价专业书籍的成本，这也是为什么在信息数字化越来越多地取代纸质媒体作为主流信息传播渠道的当代，东京市民的传统阅读习惯仍然保持的原因之一。

日本书籍刊物的出版和销售渠道看起来复杂，但很大程度上避免了恶性竞争。全国有70%左右的出版社严格遵守这一传统出版流通渠道，从出版社出版到经过大约两到三家的取次会社的流通，最后才到达书店。取次会社的存在事实上阻碍了出版社和书店的直接沟通，降低了出版物的出版效率，但也正是取次会社的中介机制为市场创造了良好和谐的竞争环境。

日本出版社共4500家左右，其中大部分是小型出版社，甚至总人数不超过十个人的出版社不在少数，他们主要面向年轻人或妇女等有意向表达自己的想法，但内容和影响力不足以达到大出版社的要求或负担不起自费出版费用的群体。支撑它们良好运营的原因有很多，最重要的一点是找到自己的特色并与时俱进。大出版社发行的报纸、书籍等普遍面向大众或高知识分子群体。而小型出版社必须具有自己的竞争优势，普遍针对和培养固定的消费人群，能够保证出版物的发行和阅读效率。书籍形态随着人类生活方式的改变得到创新。1946年宪法出台后，逐渐出现了文库热、全集热和百科事典热。日本最特别的现象，百科事典热主要表现在每年出版一本汇集最新数据和本年最热流行词解析和应用的百科全书。现在市场上比较流行的是轻薄短小，较便易携带的口袋本，深受年轻人的喜爱和欢迎。

与此同时，出版业面临着所有文化产品共同具有的文化属性和商品属性如何平衡的问题。比如，专业性较强的论文具有知识文化附加值高的特点，但人们很少看得懂类似的刊物，因此不愿意购买，其商品属性会很低，在这方面大量投入成本并不能得到很好的回报。现今，人们大多购买文化和商品属性叠加的双属性产品，在二者平衡方面日本出版方还在做不断的尝试。由于大量产业受到信息数字化的冲击，日本年轻一代对纸质书的热衷度不见提高，纸质出版产业呈现普遍低迷的现象。出版方尽可能地做出应对，但事实上只能削弱或延迟出版内容数字化的进程。一些出版社在自己的 APP 或官网上刊登新闻、时事评论等文章，但内容与纸质版报纸内容不相重合，如果想要了解更多确切详细的内容只能在报纸上看到。另外，出版社越发热衷于推出 CD 和 CDROM（Compact Disk Read Only Memory 计算机只读光盘光驱）产品，为消费群体提供更为便利的电子阅读材料和消费渠道。在很大程度上提高出版社的主营业务收入，并紧随时代步伐走进数字媒体时代。

（三）动漫和游戏的技术转型

日本是一个文化融合度很高的民族。将日本的传统文化进行现代化的加工和创造，使之转化为另一种元素符号，其传递文化信息的功能并没有被削弱，而是打破了语言和文化的差异，使受到不同文化教育的人群了解日本所渴望传递的文化内涵。

近年来，日本在动漫制作的数量和输出量上排名世界第一，其动漫产品在全球动漫市场上占据 60% 以上的份额。[①] 据日本动画协会公布的数据，2015 年，日本动画产业市场规模达到 1 兆 8255 日元。虽然在电视动画、影音制品、周边产品及游戏机市场略有缩水，但在动画电影、音乐、网络播出、海外收入和现场活动领域呈增长趋势见表 1。

其中，海外收入增长最为迅猛，销售额为 2568 亿日元，较 2014 年增长了 78.7%。令人惊喜的是，2015 年，海外收入产值第一次超过了周边产品，成为占据市场份额最高的产品销售领域，增长主要来源于面对中国市场调整的授权策略。2015 年，东映动画财报中显示，对中国授权的多部网络播出权的销售额为东映动画营业额做出了重要的贡献。中国互联网寡头公司参与日本动漫的投资与制作，并取得网络播出权，甚至在动画中加入经典的中国元素，对日本动漫海外市场影响日渐加重。

① 朱婷婷、刘莉：《日本动漫产业初探——兼论对中国动漫产业的启示》，《沈阳建筑大学学报》（社会科学版）2017 年第 1 期。

表 1　2010～2015 年日本动画产业各领域收入产值

单位：亿日元

年份	电视动画	动画电影	影音制品	网络播出	周边产品	音乐	海外收入	游戏机	现场活动
2010	895	338	1095	149	6274	297	2867	1226	—
2011	900	285	1067	160	5943	245	2669	2028	—
2012	951	409	1059	272	5732	230	2408	2272	—
2013	1020	470	1153	340	5985	246	2823	2427	245
2014	1107	417	1021	408	6552	237	3265	2981	311
2015	1072	469	928	437	5794	258	5833	2941	523

资料来源：日本动画协会。

值得关注的是，日本动漫网络播出的销量增长态势依旧强劲，2015 年，网络播出收入达到了 437 亿日元，较 2014 年增长了 7.1%。从表 1 数据可知，日本动漫新番的播出主要是以电视放送的形式，并且，大量新番被安排在深夜档播出，全日档近年减少了很多。即使网络播出方式日渐盛行对电视放送有一定的冲击，但从收入上看电视放送只有少量削减。

游戏产业自日本动漫产业兴起初期与动画、动漫同时成为日本内容产业并驾齐驱的三辆马车，这种状况一直延续到现在。游戏机领域产值占总产值的 16.1%，同比减少了 1.3%。日本游戏领域的发展一直处于国际领先地位，长时间的内容创作、市场运作和产业融合，完善了游戏产业链条，但同样引起了创意和市场的疲软。全球电子游戏业三巨头之一的任天堂一直致力于研发自己品牌的游戏机。2017 年 3 月，首发的家用便携式游戏主机 NS（Nintendo Switch）上架两个月全球销量 360 多万台，且连续两个月夺得北美家用游戏销售排行第一。与此同时，游戏软件商 Konami 首发游戏《超级炸弹人 R》第一个月的全球销量达 50 万套；日本 SOFT 发布游戏《魔界战记 5》NS 版在北美获得了喜人的成绩。北美地区一直更青睐电视游戏机，而日本则更喜欢掌上游戏机。这说明北美地区有大批潜在客户等待被开发。《魔界战记 5》原本是 PS4 版，但只能在家里玩，NS 版满足了玩家对于出门在外打游戏的需求。

由于日本继老龄化后出现少子化现象，动漫的目标销售群体越来越倾向于青年和中年人群。从2010年开始，深夜动画时长持续增长，终于在2015年首次超过了白天动画制作时长。日本动漫的受众广泛，过去主要以年轻女性为目标的动漫周边产品现都变成面向20岁左右的成年群众销售。日本推出经典动漫形象的周边产品，以唤醒人们的记忆和怀旧之情为目标，重燃中年群体的消费热情。① 伴随着大量科研经费的投入，日本钻研有助于提升各产业各领域生产效率、信息通信配给、人民福利水平的高新技术，日本的科技产出有了很大提升。在汤森路透评选出的《2015全球创新企业百强》中，日本企业有40家，超过美国的35家。日本新技术研发经费占GDP的比重排在世界第一，并且，专利申请的通过率高达80%。② 日本早已抛弃传统的制造业，而是将枯燥的耗费人力、时间又对提升国际竞争力的作用不凸显的制造业转移到国外，在劳动力成本低的国外设厂或是外包给外国公司，这样能将资源投入到能够提升国际地位和知名度的新技术和内容产业中去。

自从以皮克斯为典型代表的CG写实风格动画制作效果成为主流，日本大多以手绘为主的动画制作方法也是其制作成本居高不下的原因之一，人们对于日本动漫呈现风格的热衷处在瓶颈期。因此，作画方和动画制作方在转变创作技术手法上达成一致，将CG技术应用于动画中。但目前大部分画面仍是采用手绘的方法，另一部分采用手绘和CG结合的方式。2016年，日本电通总研所发表的《信息媒体白皮书（2016）》指出，日本将着力于持续发展3DCG动漫电影。

早前，日本动画电影市场面临美国3D动画的冲击，一些企业一直有“经典动画3D化”的企划，但碍于日本国内一直有干扰性的声音，比如，热爱动漫的宅男们经常说如果二次元变成了三次元，那还不如直接去看真人电影。漫画真人版大多以惨淡收场，使得日本国内的3D动画的发展困难重重。但事实证明，消费者对于2D或是3D并没有明显的偏爱，只要内容足够新颖，足以打动观众的内心，他们就愿意消费。

① 《2016年日本内容产业的发展趋势（白皮书）》，http：//www. a-site. cn/article/624956. html。

② 《日本的科技创新强大到什么水平？这5点中国企业必看!》，搜狐新闻，2018年3月30日，http：//www. sohu. com/a/226666254_ 100133603。

2014 年 3 月，在日本上映的《冰雪奇缘》自首映以来，连续 13 周获票房冠军，票房收入为 2.19 亿美元，成功夺得日本史上最卖座电影季军。① 它讲述的仅仅是一对姐妹情，但又不限于此，其中包含了两人深爱彼此却不懂得表达而引起的误会，通过欢乐或悲伤的音乐来感染观众以及最终的温暖结局正呼应着人们内心对于美好未来的向往等。再比如，2014 年，夏季公映的《STAND BY ME 哆啦 A 梦》夺得日本国内暑期票房冠军，其原著和改编动漫新番积累了大量的粉丝，内容上从来不缺少打动人的卖点，再有 3DCG 技术的加持，画面在视觉呈现上给予观众更强大的感官享受，这些在票房收入中体现得淋漓尽致。这给忧虑于动漫电影的 3D 技术应用是否能够获取更大利润的动漫电影设计者和发行人打了一支强心剂。事实证明，好的内容和创意永远不会缺少喜爱的人，3DCG 技术的应用更是如虎添翼。②

CG 技术产生多年，发达的技术完全可以支撑设计团队将真人图片渲染到最写实的地步，但没有一家公司这样做，即使有也是铩羽而归。如日本 2001 年上映的《最终幻想：灵魂深处》票房惨败，甚至制作公司史克威尔险些破产。而另一部最终幻想系列 CG 动画电影《降临之子》的收获却令人惊喜，他们迎合观众的审美进行剧情设计，并非将最耗费精力的 CG 技术运用作为产品设计和销售的重点，将更多的时间和精力投入在观众们喜爱的原版游戏剧情和亚裔造型、欧美名字人设上，将“日式国际”推向欧美市场，并在 2004 和 2005 连续两年受邀参加威尼斯电影节的电影展览。

高新技术的研发和应用，一方面使企业获得竞争优势，在企业发展的关键期占据有利地位，提升市场占有率；另一方面，高新技术转型是积累企业财富、产品优化升级、顺应市场发展趋势的奋斗目标和必然结果。

---

① 《〈冰雪奇缘〉燃爆日本票房“女王”奇迹是怎样炼成的?》，Mtime 时光网，2014 年 6 月 9 日，http：//news.mtime.com/2014/06/08/1528205.html。

② 《〈STAND BY ME 哆啦 A 梦〉：最温馨的儿时回忆》，搜狐娱乐，2014 年 9 月 11 日，http：//yule.sohu.com/20140911/n404206469.shtml。

三　日本内容产业发展对东京的城市文化发展的助推作用

东京城市文化发展程度日益加深，在全球众多城市中脱颖而出，一定有其独到之处。最成功的文化不是简简单单的欣赏和体验，而是扎根于生活、改变人们的生活方式，再一步步地感染其他人。

就如日本动漫题材多样、文化交融性极强，每一个片段都能够以平易近人的方式将饮食习惯、民族风情、宗教信仰等文化元素渗透进观众的心中，在观赏的同时，文化元素也伴随着记忆传导到人的生活中。文化产品源源不断的产出，消费者又有源源不断的需求，文化要素就以文化产品的形式存在着，不管是意识形态还是具有实质的物品都能够延续文化的血脉。

东京特色文化的发展得益于区位优势的提升，更得益于日本政府对东京这个城市的最初定位：具有独特文化符号的城市。

事实证明，随着东京都地区人们的生活水平的提高，促使劳动力向城郊或其他生存压力相对较小的核心区域转移，东京都地区空缺的部分会吸引更加专业化和资本雄厚者入驻，完善其产业结构，缓解因城市发展速度过快导致的资金短缺、环境污染等“大城市病”。

基于世界领先的基础设施完善程度和经济发展水平，东京一直着力于打造具有独特文化符号的城市。东京共分为 23 个区，动漫和电视产业聚集效应明显。动漫产业的承包商主要集中在东京生活水平最高的港区、中央区和涉谷区，有利于信息的接收与整合。同样地，日本五大电视台的总部设立于港区。而这也认可了动漫和电视产业对东京经济发展的积极作用，表明其在东京经济水平提高过程中发挥的巨大作用。此外，东京各区有专门用于参观游览的动漫场所，最突出的是秋叶原地区的动漫中心，汇集了各类动漫展演，服务到位，即使不会说日语也不用太担心沟通不畅。附近集合成一个小型电子商圈，从动画、动漫书籍、音视频、周边到游戏机硬件和软件一应俱全。产业聚集不仅带动了周边产业的发展，更体现在公用基础设施成本节约，信息资源交流更加便捷，合作实施阻碍减小。

东京的动漫产品在国际上同样具有很大的影响力。通过动漫新番和动漫电影的出口占据市场，加上与外国电影制片方合作加入日本最深入人心的动漫人物、日本料理、人文地理风貌的元素，以外国电影作为本土文化传播的助力，提高文化出口的效率。2018 年 3 月 30 日在中国上映的由美国华纳兄弟影业制作发行的电影《头号玩家》截止至 5 月 16 日全球累计票房达 13.94 亿人民币，[①] 全球热度依旧高涨。其中，有不少日本动漫元素，最令人记忆犹新的是在最终决战时刻一名角色操纵高达，也就是迄今为止日本最经久不衰、盈利最高的动漫系列当中的主要角色，与反派展开激烈对抗，为主角赢得致命一击的时间。与国外企业合作将日本文化元素融入国外产品中，不仅可以帮助外国企业激发日本国民的消费热情，其产品在日本取得更好的销量成绩，还有助于日本文化走出去的成功实施，提高产品的文化附加值。

此外，东京独特的文化以宝贵的记忆和文化产品等方式留在人们的心中。毫无疑问，东京的文化具有深沉的感染力，不管是节庆祭典的欢聚一堂、歌舞伎独一无二的审美和夸张的艺术表达形式，还是动漫情节人物的千奇百怪和游戏的无限张力，每一帧每一秒都含蓄又热烈地表达着东京所热爱的文化。

参考文献

王林生：《动漫节庆产业对城市发展的文化意义——以日本东京为例》，《同济大学学报》（社会科学版）2014 年第 1 期。

《在墨田北斋美术馆中，从传统浮世绘发现新乐趣》，东京，最新亮点，资料库，2016 年 11 月，http：//www. welcome2japan. cn/magazine/zh/1612_ hokusai. html。

出版科学研究所，http：//www. ajpea. or. jp/ajpea/data/houkoku. html。

---

① 数据来源于淘票票。

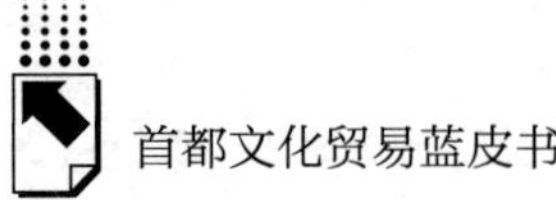

讲谈社，http：//www. kodansha. co. jp/。

朱婷婷、刘莉：《日本动漫产业初探——兼论对中国动漫产业的启示》，《沈阳建筑大学学报》（社会科学版）2017 年第 1 期。

《2016 年日本内容产业的发展趋势（白皮书）》，http：//www. a - site. cn/article/624956. html。

《日本的科技创新强大到什么水平？这 5 点中国企业必看!》，搜狐新闻，2018 年 3 月 30 日，http：//www. sohu. com/a/226666254_ 100133603。

《〈冰雪奇缘〉燃爆日本票房“女王”奇迹是怎样炼成的?》，Mtime 时光网，2014 年 6 月 9 日，http：//news. mtime. com/2014/06/08/1528205. html。

《〈STAND BY ME 哆啦 A 梦〉：最温馨的儿时回忆》，搜狐娱乐，2014 年 9 月 11 日，http：//yule. sohu. com/20140911/n404206469. shtml。

Abstract

The developing trend of Capital's cultural trade in 2017 is good: the cultural policy is gradually improved, the industrial base is continuously reinforced, the export-oriented private enterprises grew rapidly, and the construction of overseas investment and financing is highly effective. This report mainly focuses on the theoretical exploration and the practice of the development of Capital's cultural trade in 2017. Combining the special advantages of Beijing as the national cultural center, the implementation process of Beijing-Tianjin-Hebei integration and the opportunities and challenges brought by the "Belt and Road Initiative", the report studies the development of Beijing cultural trade from both of the macro and micro dimensions. By summarizing the developing characteristics and trend of Beijing's cultural trade, the report figures out some forward-looking and practical countermeasures in order to exert a positive influence on Capital's cultural trade during the 13th Five-Year Plan period and provide intellectual support for the development of international cultural trade.

Research report of Beijing international cultural trade (2018) begins with the *General Report on the Development of Capital's Cultural Trade in 2017*, and outlines the overall development of Capital's cultural trade. On this basis, the report are divided into four parts: Lease reports, Speical Topics, Policies and Comparison and Reference articles. The report comprehensively uses the methods of field investigations and typical case studies, analysis and comparative research on literature data to explore and analyze the hot issues in the theory and practice of Beijing cultural trade.

The part of Lease Reports study six core industries, including performing arts, radio and film, book copyright, game industry, cultural tourism and art. In general, the development of the above six industry sectors in Beijing in 2017 has a good trend, and they owns their own features and highlights in the development of foreign trade. However, trade deficits, lack of talents, and imperfect policy systems still exist. On the basis of the analysis and judgement of these problems, specific advice and suggestions are given to promote the healthy and sustainable development of industrial trade in the core industry.

The part of Special Topics selects the hot issues of cultural trade which has international influence in Beijing in 2017, including the international communication and market development of Beijing Opera, the market operation of Beijing International Film Festival, industrial upgrading and innovation, the construction of the Capital International Exchange Center, the innovative transformation and creative development of Chinese traditional culture and the development of the Yanqing cultural market in the background of the Winter Olympics, etc. The part of Policies involves the researches on the Beijing Cultural Free Trade Zone and the impact of the expansion and opening-up area of Beijing service industry on the cultural service development. The part of Comparison and Reference studies the cases of the successful cultural development of three world cities: Chicago, London and Tokyo to explore the cultural development of urban cities and provide reference for the high-quality development of Beijing as a international capital and megalopolis.

This report on the development of Beijing's cultural trade is based on a interdisciplinary perspective. In the national "13th Five-Year Plan" and the "13th Five-Year Plan" of Beijing, cultural development has been regarded as an important goal and content, which has brought new opportunities and challenges to the internationalization of Beijing cultural industry and foreign cultural trade. Driven by various favorable policies, Beijing is gradually exerting its leading role as a capital in the fields of the cultural trade which also makes this report more theoretical and practical.

Keywords: Cultural Trade; Cultural Market; Beijing

Contents

I General Report

B. 1 Research on the Development of Capital's Cultural Trade in 2017 *Li Jiashan* / 001

Abstract: In 2017, the scale of cultural trade in Beijing continued to grow, the structure was further improved, the role of cultural trade exchange platform was gradually emerging, cultural enterprises had obvious advantages of "going out" and the mode of culture "bringing in" was constantly innovated. Overall, the foundation of Beijing's cultural and trade industry has been graduallyconsolidated, the policy has been improved, the export-oriented cultural enterprises have grown rapidly, and the deepening of overseas investment has achieved remarkable results. The reason lies in the promotion of the construction of the national cultural center, the promotion of the integration of Beijing, Tianjin and Hebei, and the help of the "one belt and one road" initiative. To promote the development of cultural trade in Beijing, it is necessary to create cultural products and services of higher quality and more styles, attract and bring up more high – quality cultural market subjects, foster consumer groups with payment ability and aesthetic taste, construct a good internal operation mechanism of the market, and improve market rules and make full use of cultural bonded policies.

Keywords: Cultural Trade; Cultural Industries; Beijing

Ⅱ Lease Reports

B. 2 Research Report of Beijing Performing Arts Trade

Zhang Wei / 014

Abstract: In 2017, the Beijing Performing Arts Market steadily increased. Different types of performances have increased. The development of performing arts clusters and the compounding of the ticket market have become the highlights of the 2017 performing arts market in Beijing. The trade surplus of trade in performing arts is still a reality. And the integration trend of the national performing arts market, the country's stronger support policies, and the coordinated development of the Beijing-Tianjin-Hebei region have created more possibilities for changing the structure of Beijing's performing arts trade. Beijing performing arts trade is continuously generating optimization and upgrading in the process of facing problems and solving problems.

Keywords: Performing Arts Trade; Performing Arts Market; Beijing

B. 3 New Era, New Broad Casting, New Beijing: Research Report of Beijing International Trade of Radio Film and Television

Li Jidong, *Wu Qian* / 033

Abstract: The Radio, film and television industry of Beijing in 2017 continuously to strengthen the construction of international communication and cooperation mechanism, widen the support for promoting international communication power of the film and television, based on these policies , Beijing ' film lead the national creative movie box office, phenomenal films emerge endlessly, number of award-winning films was at the first class of the whole national , Beijing theme film and television overseas show were fruitful , the

Beijing film and television brand further improved the international influence, The signing amount also ranks the first in international film festival. With the coming of the new era, the radio, film and television industry in Beijing should be based on the new globalized national discourse system to upgrade industry value chain, give full play to the synergistic effect of the Beijing-Tianjin-Hebei region, improve the mechanism of the film and television of international trade, at the same time strengthen training for universal talents and further improve the creativity of radio, film and television.

Keywords: Radio Film and Television Industry; International Trade; International Influence; Culture Center; Beijing

B. 4 Research Report of Beijing International Trade of Book Copyright *Sun Junxin*, *Cheng Ke* / 040

Abstract: This article based on the data and the market quotation of the foreign trade on Capital Book copyright in 2017 years, analyzes the present situation of the foreign trade on Capital Book copyright development , the development characteristic and the corresponding question, has put forward the specific opinion and the suggestion to the capital foreign trade of the book copyright. The Foreign trade of Beijing Book copyright overall growthing fast, the boof exhibition's effect are remarkable, governments also pay attention to train the citizen reading habit, but still has huge trade deficit, the export of book category is more unitary, the export product quality still has space on. In terms of the suggestion, promote the development of the foreign trade of Beijing books by enriching the contents of books, strengthening the copyright protection and adjusting the export of the book copyright comprehensively.

Keywords: Books Copyright; Cultural Trade; Beijing

B. 5 Research Report of Beijing International Trade of Game Industry

Sun Jing / 053

Abstract: Video game industry has been one of the most important parts of Beijing foreign cultural trades, which takes a huge portion of the income of Beijing ACGN industry in 2017. Therefore, it is quite necessary to pay attention to this new cultural industry, especially to game products that have been targeted on foreign market. This report gives a panoramic review of main game companies, game products and game media in Beijing area, pointing out the current problems in Beijing game industry before offering related suggestions in terms of academic research, industrial innovation, game media and game productivity promotion.

Keywords: Beijing; Game Industry; Overseas Trades; Game Culture

B. 6 Research Report of Beijing Cultural Tourism Service Trade

Wang Haiwen, *Ma Qianhui* / 067

Abstract: In the context of the deep integration of culture and tourism, the cultural tourism service trade in Beijing has a strategic opportunity for rapid development, not only in the "four centers" city function orientation which is leading to a high level of development, but also in the integration of culture and tourism, production and trade foundation, cooperative development and so on. However, there are also problems and shortcomings in the cultural tourism service trade in Beijing, such as the innovation ability of the development model, the market allocation ability of the element resources and the ability to cultivate the brand. Therefore, Beijing cultural tourism service trade should give full play to the guidance of urban function positioning, strengthen regional trade synergy and the level of opening to the outside world, enhance the degree of integration of culture and tourism and promote the promotion of brand cultivation and international competitiveness.

Keywords: Cultural Tourism; Trade in Service; Beijing

B. 7 Research Report of Beijing International Trade of Art Market

Cheng Xiangbin, *Nian Qing* / 080

Abstract: Beijing's art market possesses unique conditions, it has obtained a certain scale of development after years. Further, the year 2017 can be a node of it's development, in which the adjustment period of the art market ended, and the market began to enter a new stage. Galleries and auction enterprises have all witnessed new growth points in 2017 and achieved rapid development. However, Beijing's art market inevitably has some problems that need to be resolved through policy support and market guidance.

Keywords: Art Market; Art Policy; Cultural Trade; Beijing

Ⅲ Annual Special Topics

B. 8 International Communication and Market Development of Jingju

Jin Fei, *Chen Fei* / 101

Abstract: Jingju, as the quintessence of Chinese culture, reached its peak in the Republic of China, and became the most representative local cultural and artistic form in the 20th century. It was not only popular in both north and south of China, and social strata, but also become the pioneer of Chinese culture and art's "going out". When the western culture and art "invasion" China, knowledgeable people represented by the master of Jingju art Mei Lanfang in a timely manner to achieve the spread of Jingju, which for the poor and weak China won valuable cultural confidence and international honor. However, the current situation of Jingju is not satisfactory, the market downturn, the audience is scarce. Reviewing the history of Jingju's external transmission and re-evaluating its historical role objectively, and comparing it with the present situation of Jingju, we can get a lot of enlightenment, find the gap and find out the problems. Jingju is a cultural business card in the capital of Beijing. the international spread of Jingju and the expansion of international cultural market are of great significance to the development of cultural trade in the capital of Beijing and even in the country. In the implementation of "the Belt and Road Initiative" and "enhance the soft power of culture" and other national strategies today, Jingju should shoulder the historical responsibility of showing and spreading the excellent traditional Chinese culture, to participate in the mainstream of international cultural trade. In recent years, the state has issued a series of policies and measures to foster the development of opera, and the folk are actively exploring for the development of opera. Since its establishment, the Jingju review society has done a lot of basic work and beneficial attempts for the promotion of Jingju and its participation in international exchanges, which have created opportunities and favorable conditions for Jingju to get out of the predicament and realize international communication and cultural trade.

Keywords: Jingju; Mei Lanfang; International Communication; Cultural Trade

B. 9 Master, Public, Big Market: 2017 Beijing International Film Festival *Wang Bogang* / 119

Abstract:: Beijing international film festival, as one of the representative of China and even Asia international film festivals, has achieved all-round developments, innovations and breakthroughs in the past seven years. The 7th Beijing international film festival has made new breakthroughs in marketization, as one of the greatest film trade platforms in China, it has promoted industry development, built the international exchange platform, been popularized and achieved new operation mechanism. Beijing international film festival has made great process in the specialized communication platform, market-oriented operation mechanism and becomes to be an international and professional film festival now. Guided by the market, it has gathered all sectors, including government, industry and academia, and cultivated the market operation mechanism, realizing the function of the platform and bridge of film trade and cultural exchanges.

Keywords: Film Festival; Film Trade; Cultural Communication

B. 10 Exerting the Advantages of Cultural Trade and Strengthening the Construction of the Capital International Exchange Center

Hao Jingqing / 130

Abstract: This paper studies the important meaning of strengthening the construction of the capital international exchange center by expanding the path of cultural trade from the aspects of improving the image of the capital city, developing urban festivals, holding international exhibitions, and creating Beijing cultural symbols and contents with clear intellectual property rights. Then, it conducts a specific analysis of Beijing international cultural trade policy in the context of constructing the international exchange center and puts forward the corresponding adjustment proposals.

Keywords: Cultural Trade; International Exchange Center; City Image; International Exhibitions; Beijing Cultural Symbols

B. 11 Research on Promoting the Creative Transformation and Innovative Development of Traditional Culture *Gao Qi* / 146

Abstract: The creative transformation and innovation development of traditional culture requires the development of cultural industry, and the content of the culture business innovation and development to traditional culture nourished. In this report, the concept of the Chinese traditional culture as the breakthrough point, to explore the creative transformation of Chinese traditional culture and the connotation of innovative development, the necessity and the concrete path. Based on the above background, summarizes the article further analysis group to promote the traditional culture industry practice and experience of the development of creative transformation and innovation and the construction of industrial ecological system and effective operation mode, and gives the relevant policy Suggestions.

Keywords: Traditional Culture; Innovative Development; Cultural Investment; Cultural Enterprise

B. 12 Grasp the Opportunity of the Winter Olympic Games Expos Promoting Yangqing Culture Going out

—Preliminary Exploration on the Path of Yangqing Cultural Market

Qi Zenghua / 181

Abstract: Beijing city master plan (2016 –2035) and claimed: " Beijing is the capital of the People's Republic of China, is the national political center, cultural center and international communication center, science and technology innovation center. " Beijing is having a construction of national cultural center. As one part of the capital ecological headwater, Yanqing has a profound history and culture, is an important part of the construction of the national cultural center. With the 2019 world horticultural exposition and 2022 winter Olympic Games will be held in Yanqing, it will attract the eyes of the world. By making full use of the opportunities brought about by the two great things, it will play an important role to accelerate the Yanqing culture to the market, adapt to social development trend better, improve the process of Yanqing culture going-global and help the construction of the national cultural center.

Keywords: Cultural Export; Winter Olympics; EXPO; Yanqing; Beijing

Ⅳ Policies

B. 13 Experience for the International Development of Beijing Culture from the Moscow Publishing Fund

Liu Miao, *Zhang Jialing* / 187

Abstract: This paper introduces and analyzes the operation mode, book publishing category and international development model of the Moscow Publishing Fund project supported by the Moscow Municipal Government. There is a detailed statistical analysis of all the books published in the past three years was carried out in terms of the number of books, the topic selection and the circulation. Studies have shown that books are an important carrier for the spread of capital culture, and the capital book publishing project supported by special funds will certainly promote the spread of capital culture. The successful experience of Moscow City Government Publishing Fund Planning has important reference value for the international development of Beijing culture.

Keywords: Moscow Publishing Fund Planning; Russian Culture; Beijing Culture

B. 14 Analysis of Policies of Beijing Cultural Bonded Zone

Subject Group of Research Report of Beijing International Cultural Trade 2018 / 200

Abstract: In 2014, Beijing opened a new journey for building the National Base for International Cultural Trade. In fact, building the National Base for International Cultural Trade is a powerful move for China to adapt to the globalization of cultural economy and the rapid development of foreign cultural trade. At present, the establishment of National Base for International Cultural

Trade in Beijing, Shanghai and Shenzhen has formed three export-oriented cultural industry clusters in the Bohai Sea, the Yangtze River Delta and the Pearl River Delta. The overall layout of China's international cultural trade has been realized. In such a competition-cooperation situation, how to promote the innovation and leap-forward development of the cultural bonded zone in the Beijing National Base for International Cultural Trade, and build it into a national cultural trade demonstration integrating cultural trade port, collaborative innovation platform and enterprise cluster development, is an important issue at the moment.

Keywords: Cultural Bonded Zone; International Cultural Trade; Cultural Bonded Policy

B. 15 The Influence of Expanding Open Pilot Area of Beijing's Service Industry on the Development of Cultural Services

Subject Group of Research Report of Beijing International Cultural Trade 2018 / 221

Abstract: Cultural services is one important part of the Beijing municipal services to expand open pilot areas, and it also benefits from this reform as there are a series of opening and preferential treatments, which give the cultural services industries in Beijing a chance to upgrade, to chase the international standards, and allow more foreign and private capital to participate in cultural services. Therefore, this reform means a lot to the development of Beijing cultural service macroscopically and microscopically. This paper mainly introduces directly related and indirectly related treatments during the process of this reform, and give more detailed examples to elaborate their influences.

Keywords: Service Industry; Culture Services; Beijing

V Comparison and Reference

B. 16 Chicago: Cultural Transition of Traditional Industrial City

Yang Shuxia / 243

Abstract: Chicago is not only an important economic city in the middle of the United States, but also an important cultural creative city in the world. Relying on the unique advantages, such as, rich cultural resources, active urban planning policy and a large number of high-quality talents, the industry construction of Chicago have transformed from a traditional type into a creative cultural industry. This paper introduces the general situation of transformation in Chicago, and analyzes the reasons for the achievement of great economic value, the improvement of the economic industrial structure. Through the analysis of the successful course and driving force factors of Chicago from the traditional industrial city to the global cultural and creative city, this paper is hoped to be helpful for exploring the transformation of the traditional industrial city.

Keywords: Traditional Industry; Transformation of City; Cultural Creativity; Chicago

B. 17 London: The Metropolis of Creative Culture Industry in the Post-Industrial Era

Liu Yingyi / 257

Abstract: London was one of the most prosperous commercial and industrial city in the world in the 17th century to the 19th century, but as the recession of manufacturing industry, the British government began to consciously transfer the domestic industrial economy to service economy. Under this context, the British government originally put forward the idea of developing creative industry. Huge domestic and international market, abundant cultural resources, and mature policies and regulations are essential factors for the rapid development of creative industry in London, pushing London to the world creative center. The transformation and development experience of London is of great significance for Beijing to build a "world city" and the future development of the Beijing-Tianjin-Hebei region.

Keywords: Creative Industry; Digital; London

B. 18 Tokyo: The Representative City of the Development of Cultural Economy *Zhang Yuhang* / 269

Abstract: This paper centers on the development of content industry in Tokyo, which is second to none in the world. Tokyo's content industry combines the essence of Chinese and Western cultures, and their strong confidence in their own culture can be found everywhere from people's daily life. Her animation-cartoon industry has been ahead of the world, publishing industry is still in the twilight period. Every year, a large number of tourists appreciate and participate in traditional culture such as Kabuki performances and festivals. With the continuous gathering and enlargement of the content industry in Tokyo, a more perfect industrial structure has been formed, and the development of the industry reacts on the development of urban culture eventually.

Keywords: Content industry; Urban Cultural Development

皮书起源

“皮书”起源于十七、十八世纪的英国，主要指官方或社会组织正式发表的重要文件或报告，多以“白皮书”命名。在中国，“皮书”这一概念被社会广泛接受，并被成功运作、发展成为一种全新的出版形态，则源于中国社会科学院社会科学文献出版社。

皮书定义

皮书是对中国与世界发展状况和热点问题进行年度监测，以专业的角度、专家的视野和实证研究方法，针对某一领域或区域现状与发展态势展开分析和预测，具备原创性、实证性、专业性、连续性、前沿性、时效性等特点的公开出版物，由一系列权威研究报告组成。

皮书作者

皮书系列的作者以中国社会科学院、著名高校、地方社会科学院的研究人员为主，多为国内一流研究机构的权威专家学者，他们的看法和观点代表了学界对中国与世界的现实和未来最高水平的解读与分析。

皮书荣誉

皮书系列已成为社会科学文献出版社的著名图书品牌和中国社会科学院的知名学术品牌。2016 年，皮书系列正式列入“十三五”国家重点出版规划项目；2013~2018 年，重点皮书列入中国社会科学院承担的国家哲学社会科学创新工程项目；2018 年，59 种院外皮书使用“中国社会科学院创新工程学术出版项目”标识。

中国皮书网

（网址：www.pishu.cn）

发布皮书研创资讯，传播皮书精彩内容

引领皮书出版潮流，打造皮书服务平台

栏目设置

关于皮书：何谓皮书、皮书分类、皮书大事记、皮书荣誉、皮书出版第一人、皮书编辑部

最新资讯：通知公告、新闻动态、媒体聚焦、网站专题、视频直播、下载专区

皮书研创：皮书规范、皮书选题、皮书出版、皮书研究、研创团队

皮书评奖评价：指标体系、皮书评价、皮书评奖

互动专区：皮书说、社科数托邦、皮书微博、留言板

所获荣誉

2008 年、2011 年，中国皮书网均在全国新闻出版业网站荣誉评选中获得“最具商业价值网站”称号；

2012 年,获得“出版业网站百强”称号。

网库合一

2014 年，中国皮书网与皮书数据库端口合一，实现资源共享。

中国社会发展数据库（下设12个子库）

全面整合国内外中国社会发展研究成果，汇聚独家统计数据、深度分析报告，涉及社会、人口、政治、教育、法律等12个领域，为了解中国社会发展动态、跟踪社会核心热点、分析社会发展趋势提供一站式资源搜索和数据分析与挖掘服务。

中国经济发展数据库（下设12个子库）

基于“皮书系列”中涉及中国经济发展的研究资料构建，内容涵盖宏观经济、农业经济、工业经济、产业经济等12个重点经济领域，为实时掌控经济运行态势、把握经济发展规律、洞察经济形势、进行经济决策提供参考和依据。

中国行业发展数据库（下设17个子库）

以中国国民经济行业分类为依据，覆盖金融业、旅游、医疗卫生、交通运输、能源矿产等100多个行业，跟踪分析国民经济相关行业市场运行状况和政策导向，汇集行业发展前沿资讯，为投资、从业及各种经济决策提供理论基础和实践指导。

中国区域发展数据库（下设6个子库）

对中国特定区域内的经济、社会、文化等领域现状与发展情况进行深度分析和预测，研究层级至县及县以下行政区，涉及地区、区域经济体、城市、农村等不同维度。为地方经济社会宏观态势研究、发展经验研究、案例分析提供数据服务。

中国文化传媒数据库（下设18个子库）

汇聚文化传媒领域专家观点、热点资讯，梳理国内外中国文化发展相关学术研究成果、一手统计数据，涵盖文化产业、新闻传播、电影娱乐、文学艺术、群众文化等18个重点研究领域。为文化传媒研究提供相关数据、研究报告和综合分析服务。

世界经济与国际关系数据库（下设6个子库）

立足“皮书系列”世界经济、国际关系相关学术资源，整合世界经济、国际政治、世界文化与科技、全球性问题、国际组织与国际法、区域研究6大领域研究成果，为世界经济与国际关系研究提供全方位数据分析，为决策和形势研判提供参考。

法律声明